祖鲁战争史

HISTORY OF THE ZULU WAR

［英］阿瑟·威尔莫特　　著
薛晓华　　译

生存空间、丛林法则与南部非洲文明的进程

中国出版集团公司
华文出版社

图书在版编目（CIP）数据

祖鲁战争史 / (英) 阿瑟·威尔莫特著；薛晓华译. -- 北京：华文出版社，2020.9
（华文全球史）
ISBN 978-7-5075-5320-8

Ⅰ.①祖… Ⅱ.①阿… ②薛… Ⅲ.①祖鲁人—战争史 Ⅳ.①K478.2

中国版本图书馆CIP数据核字(2020)第106106号

祖鲁战争史

作　　者：	[英] 阿瑟·威尔莫特
译　　者：	薛晓华
选题策划：	盛世华章
插图供应：	029—85504182
责任编辑：	景洋子　胡杨
出版发行：	华文出版社
社　　址：	北京市西城区广外大街305号8区2号楼
邮政编码：	100055
网　　址：	http：//www.hwcbs.com.cn
电　　话：	总编室010—58336239
	发行部010—58336212
经　　销：	新华书店
印　　刷：	三河市国英印务有限公司
开　　本：	710×1000　1/16
印　　张：	19.75
字　　数：	265千字
版　　次：	2020年9月第1版
印　　次：	2020年9月第1次印刷
标准书号：	ISBN 978-7-5075-5320-8
定　　价：	75.00元

版权所有　侵权必究

出版前言

随着中国开放的大门越开越大，关注世界各国尤其是西方国家文明的源流、发展和未来已经成为当下世界史研究的一个热点，为了成系统地推出一套强调"史源性"且在现有世界史出版物中具有拾遗补阙价值的作品，我们经过认真论证，推出了"华文全球史"系列，首次出版约为一百个品种。

"华文全球史"系列从书目选择到人名地名的规范，从书稿中图片的采用到译者的确定，都有比较严格的遴选规定、编审要求和成稿检查，目的就是要奉献给读者一套具有学术性、权威性的高质量的世界史系列图书。

书目的选择。本系列图书重视世界史学科建设，视角宽阔，层级明晰，数量均衡，有所突出。计划出版的华文全球史中，既有通史，也有专题史，还有回忆录，基本上是世界历史著作中的上乘之作，填补了国内同类作品出版的空白。

人名地名规范。本系列图书中人名地名，译名规范，重视专业性。在人名翻译方面，我们坚持"姓名皆全"的原则，加大考据力度，从而实现了有姓必有名，有名必有姓，方便了读者的使用。在注释方面，书中既有原书注，完整地保留了原著中的注释；也有译者注，体现了译者的研究性成果。

书中的插图。本系列图书的一个重要特征是书中都有功能性插图，这些插图全方位、多层次、宽视角反映当时重大历史事件，或与事件的场景密切相关,涉及政治、军事、经济、社会、外交、人物、地理、民俗、生活等方面的绘画作品与摄影作品。功能性插图与文字结合,赋予文字视觉的艺术,丰富了文字的内涵。

译者的确定。本系列图书的翻译主要凭借的是一个以大学教师为主的翻译团队,团队中不乏知名教授和相关领域的资深人士。他们治学严谨,译笔优美,为确保质量奉献良多。

"华文全球史"系列作为一套具有较高学术价值的优秀的世界历史丛书,对增加读者的知识,开阔读者的视野,具有积极的意义。同时要看到,一方面很多西方历史学家的观点符合事实,另一方面不少西方历史学家的观点是错误的,对于这些,我们希望读者不要不加分析地全盘接受或全盘否定,而是要批判地吸收外国文化中有益的东西。

华文出版社

2019年8月

序　言

《祖鲁战争史》主要叙述了祖鲁战争的主要事件及其突出特点。为增强本书的可读性，书中省略了祖鲁战争中小规模战役漫长乏味的细节，而只对几次重要战争的起因、进展进行了比较公正翔实的叙述。人们必须牢记，在大大小小的众多战争中南非的卡菲尔战争确实是一场悲剧，而祖鲁战争只是悲剧之链的最后一环。从本质上讲，英国跟塞奇瓦约之间的战争与英国跟盖卡、缇斯兰姆比、丁冈、克雷利及桑迪利之间战争的性质是相同的。野蛮行为的浪潮已经周期性地退去，结果是要么白人必须彻底击退野蛮行为的浪潮，要么放弃南非。格莱内尔格·查尔斯·格兰特勋爵的愚蠢政策导致了1846年的战争和1852年的战争，其政策和亨利·巴特尔·弗里尔爵士的反对者提倡的政策在本质上没有区别。在概述性序言中，为了不添加冗长的言论，关于这一问题的论述将在附录中呈现[①]。

蓝皮书和通信人员的信必然是主要的权威信息。这本书的开头确实是必不可少的组成部分，希望它不要成为全书最无趣的部分。在祖鲁战争的最初叙

---

① 见《开普敦殖民者与土著人的对抗》及1879年2月12日亨利·巴特尔·弗里尔爵士的急信。——原注

述中，读者可能会发现许多疏漏和不准确之处，但笔者已经尽一切努力从最可靠的权威那里获得事实与真相，并且毫不畏惧、毫无偏袒、没有偏见地将其公之于众了。

阿瑟·威尔莫特

于伊丽莎白港

目 录

001 **第1章**
祖鲁国王：从夏卡到潘达

037 **第2章**
祖鲁人的法律、习俗和宗教

053 **第3章**
祖鲁战争爆发前的局势

075 **第4章**
伊桑德尔瓦纳战役

101 **第5章**
因耶赞战役

123 **第6章**
从坎布拉战役到埃科韦之围

147 **第7章**
英军收复伊桑德尔瓦纳

171 第 8 章
路易 – 拿破仑·波拿巴王子之死

203 第 9 章
乌伦迪战役

235 第 10 章
祖鲁国王灭亡

257 附录 1

260 附录 2

265 附录 3

270 附录 4

279 考据 1
祖鲁君主世系

281 考据 2
祖鲁国王夏卡

291 译名对照表

第1章

祖鲁国王：从夏卡到潘达

精彩看点

卡菲尔人与荷兰人在南部非洲相遇——阿玛祖鲁部——祖鲁国王夏卡——夏卡的军队——夏卡的军事征服——夏卡之死——新祖鲁国王丁冈——彼得·雷蒂夫与新祖鲁国王丁冈——祖鲁人与荷兰人之间的战争——潘达之乱——丁冈之死——布尔人与英国的矛盾——亨利·克卢蒂——1842年到1843年的纳塔尔殖民地

大约17世纪中叶,两个不同的种族在南部非洲相遇。一个种族是从欧洲大陆中心迁移而来的卡菲尔人,另一个是来自欧洲最繁荣的文明国家的荷兰人。几乎与卡菲尔人来到大鱼河岸边同时,荷兰外科医生扬·范·里贝克也登上

大鱼河畔的定居者

了桌湾海岸。扬·范·里贝克到桌湾海岸的目的是给荷兰东印度公司出航和归航的船队设立一个"休整之所"。新殖民地的开拓缓慢、逐步地进行着,直到19世纪,英国的殖民开拓者才真正地控制了卡菲尔,英国政府也拥有了好望角的统治权。不过,多种原因使荷兰移民的后代对英国殖民者的统治感到非常不满。1837年,一部分荷兰移民的后代迁入了纳塔尔东部,并与卡菲尔人中最勇敢、组织最良好的阿玛祖鲁部开始接触交往。阿玛祖鲁部最初是一个很小、受人轻视的部落。阿玛祖鲁人都是"烟草销售商"或者烟草贩子。19世纪初,阿

扬·范·里贝克

扬·范·里贝克在桌湾登陆

玛祖鲁人开始在黑乌姆沃洛西河和白乌姆沃洛西河之间的地带贩卖烟草。经商尽管与他们的本质相反,但象征着他们的理想追求。因此,他们给自己的民族选取了一个他们所能选取的、最令人骄傲的名字——祖鲁,因为在卡菲尔语中"祖鲁人"意味着"神仙"或者"天上之人"。19世纪初,祖鲁人中诞生了一位伟大的领袖——"乌茨卡",即"夏卡"或"带来曙光之人"。后来,夏卡成了非洲南部的"成吉思汗"。他以自己的努力和获得的成功为祖鲁人开创了一个新的纪元。

夏卡从未临阵脱逃过,也从未遭遇失败。在谋杀了自己的叔叔[①]并登上王位之后,夏卡便将原来充满小商小贩的国家缔造成了一个遍地勇士的国家。

[①] 还有一种说法是夏卡杀死了他的弟弟,然后登上了王位。——译者注

夏卡

夏卡极其重视军事训练,他的军队装备与古罗马士兵征服世界时使用的强大武器——短剑或者锋利的长矛——相同。夏卡命令每位士兵只能携带一件武器。因此,除非战死沙场,士兵们要么带着武器凯旋,要么作为懦夫被处死。士兵们尽管可以得到性欲的满足,但绝不会获准结婚,所以没有一个士兵能够享受到妻子的柔情蜜意及子女与家庭带来的天伦之乐。为建设一支不可战胜的军队,夏卡抛弃了祖鲁人一项最古老、最重要的仪式——割礼。他认为,无论多么神圣、重要的仪式,都没有比建设不可战胜的军队更神圣、更重要,因此一切都要为此让步。夏卡担任军队总指挥,同时统领一些较大部落的酋长。夏卡的军队按照不同年龄段编为三支部队:第一支部队由老兵组成,叫"阿马多达";第二支部队由年轻人组成,叫"埃布托";第三支部队由"埃兹布托"或"勤务兵"组成,经常吸纳一些败兵。每支部队至少有一千五百人,并由一位将军率领,每位将军麾下还有很多副将。全国各地都散布着驻扎军队的克拉尔,即由栅栏围起的军营。这种栅栏通常呈椭圆形,面积很大。夏卡检阅军队时,在他的克拉尔前的一片开阔的场地上,人们载歌载舞,同时举行骑士竞技,从而为士兵们助威,提振士气。一旦夏卡确定发动战争,其行事便会极其隐秘。与此同时,他派出密探小心侦察。他还让祭司或巫师念咒献祭,以确保战事顺利。夏卡会派出一位身着兽皮、面相凶恶的先锋来到士兵中间。先锋大声高喊道:"必胜!必胜!"此时,为了鼓舞士气,夏卡会发表一场鼓舞人心的演说。然后,将士们开始奔赴战场,奋勇杀敌,以身殉国。五万名精心组织、坚定

跳起舞蹈的祖鲁士兵

刚毅的勇士，会毫不留情地杀死无数男女老少，甚至将家禽家畜屠戮殆尽。有个士兵曾描述过夏卡的野蛮军队的一次猛攻的情景：

夏卡麾下的马塔贝列人①的部队猛如雄狮，发出死神般的呐喊扑向了被征服的目标。这是胜利的呐喊。马塔贝列人低沉的呵斥声

马塔贝列人

---

① 马塔贝列人是祖鲁人的一支，又称"恩德贝莱人"。马塔贝列人中出现过一位伟大的国王——姆济利卡奇。他建立了一个幅员辽阔的国家。——译者注

一名手握长矛的马塔贝列人

和空洞的叹息声似乎诉说着自己在死者中前进的悲壮。敌军几百人仅仅几分钟就倒在了地上。盾牌的碰撞声是胜利的号角。夏卡的军队怒吼着攻进了城,刺死乳母,烧死婴幼,无所不用其极。接着,他们宰杀牲畜,喜庆战功,载歌载舞,通宵达旦。夏卡的军队越战越勇,节节胜利。然而,连续的征战让士兵们疲惫不堪,心生厌倦。

夏卡不仅亲自指挥,而且常常将亲手抓到的第一个战俘挑上长矛刺死。征服领地周围的许多小部落后,夏卡高举胜利的武器——枪炮和利剑,继续沿着德拉肯斯山脉的山坡一路前进，所向披靡。夏卡取得的最重要的胜利是征服了德文达瓦人。接着，夏卡率军击败了乌姆特瓦人，很快又向勇敢的阿马卡比人发起进攻。阿马卡比人占据着图盖拉河两岸，图盖拉河形成了纳塔尔现在的边界。残酷的杀戮换来了胜利，一系列征战终于在乌姆西沃沃河河岸停止了。

1828年，英国人范尔威尔中尉、亨利·弗朗西斯·弗恩及其他几个人获准觐见夏卡。当时，夏卡住在离纳塔尔殖民地德班港东北约一百五十英里的地方。这些英国人受到伟大的祖鲁国王夏卡的隆重接见。九千名全副武装的勇士列队，唯令是从；所有臣民慑于专制君王夏卡的威严，诚惶诚恐。夏卡慷慨地赐给亨利·弗朗西斯·弗恩一块土地，随后赐给金中尉另一块土地。严格地说，所有恩惠都不过是分封领地的仪式，夏卡依然拥有这些封地的最高统治权。从

19世纪的德班

莫斯利卡西

此,这些封地形成了纳塔尔的第一个欧洲人聚居地。夏卡手下最优秀的中尉背叛了自己的国家,最终沦为从德拉肯斯山脉以北到巴曼格瓦托运送武器的工具。这位中尉就是被哈里斯上尉称为"北方之狮"的莫斯利卡西。夏卡的军队无论走到哪里,留下的总是毁灭与死亡,而且夏卡很快会在被征服者的坟墓上建立起残酷的军事专制。

夏卡派去征战的最后一支军队因一种奇怪的军事判断而折戟,这种情形与亚述王辛那赫里布的军队遭受的失败如出一辙,令人匪夷所思。夏卡命令军队去征服一个住在帕卢拉河附近的民族。于是，军队向帕卢拉河开拔。然而，还未到达目的地，军队中就爆发了一种可怕的疾病——"血腥病"。血腥病具有极强的致命性，结果大军中只有寥寥几人活着回来。他们向夏卡汇报了此事。不料此事刚刚发生时，暴君夏卡就遇刺身亡。事情的原委是这样的：当时，夏卡正在位于乌姆沃提河附近的克拉尔里安详地坐着，大臣们围坐在他的四周。突然，以夏卡的弟弟丁冈为首的一伙亡命徒冲到了他们面前。这伙亡命徒一拥而

丁冈

上，扑过去抓住夏卡，并把长矛刺进了他的心脏。"祖鲁人的拿破仑·波拿巴"就这样被他的手足亲手杀死了。然而，夏卡既没有怀疑自己会遭遇任何背叛，也没有料到有人会背叛他巩固已久的政权。

毫无疑问，丁冈这个可怜的家伙是受到很大一部分祖鲁人的暗中怂恿才发动叛乱并夺取王位的。夏卡已故，他的一些大臣和朋友或者逃走，或者被抓住处死。都城也从乌姆沃提河附近迁至白乌姆沃洛西河附近。新都城到大海的直线距离为四十五英里，距离德班大约一百六十英里。夏卡曾赐给与亨利·弗朗西斯·弗恩一起抵达纳塔尔的几个英国人一些封地，而这位新的继任者——丁冈——采取完全相反的政策来对待英国人。丁冈派遣一支由三千名士兵组成的军队开往德班，英国定居者九死一生才得以逃脱。英国人的房屋被付之一炬，不留丝毫痕迹。几年后，这里才慢慢恢复了平静，逃脱的英国定居者又慢慢回到了德班。1833年，丁冈还派间谍去调查英国人在德班的举动。

丁冈袭击英国人

1835年，艾伦·嘉丁纳船长来到新都城并前往王宫。根据先前签订的条约，艾伦·嘉丁纳船长带回了几名打算逃离祖鲁国王丁冈残酷统治的俘虏。这几个俘虏本来要被处死，是艾伦·嘉丁纳船长为他们求情并向丁冈做出保证，丁冈才赦免了他们。一个遭遇不幸的囚犯诺里亚曾悲伤地说："丁冈现在打算折磨死我们！"当时，像诺里亚这样的囚犯正遭受着饥饿的折磨，最后都被残酷地折磨死了[①]。

1835年，由于各种原因，特别是对英国殖民统治的不满，一些荷兰农民离开了开普敦殖民地。1837年，这些荷兰农民又在彼得·雷蒂夫的带领下翻越德

艾伦·嘉丁纳船长

---

① 说来也怪，多年以后，艾伦·嘉丁纳船长在南美洲也遭遇了同样的惨死结局。——原注

拉肯斯山脉,进入了纳塔尔。荷兰农民的领袖彼得·雷蒂夫计划前往丁冈所统治国家的首都,希望通过谈判达成和平协定并获得正式割让的土地。1838年1月最后一周,在七十名精挑细选的骑手陪同下,彼得·雷蒂夫渡过布法罗河。1838年2月2日,他们抵达国王丁冈的克拉尔。国王丁冈将1838年2月4日定为正式割让土地的日子,同时将纳塔尔一片广袤的土地割让给了荷兰移民——布尔人。割让土地所需的文件由传教士欧文先生和丁冈一同起草并正式签署。此事圆满结束后,彼得·雷蒂夫及其随从来到克拉尔向国王丁冈告别。按照要求,他们没有随身携带武器,而将武器留在克拉尔外面。进入克拉尔,彼得·雷蒂夫和他的随从周围都是国王丁冈最喜欢的士兵。彼得·雷蒂夫与国王丁冈非常友好地交谈着。正当他们喝着"马镫杯"里的玉米啤酒时,突然有人大声喊道:"布拉拉·玛塔加蒂!""杀死那些巫师!"此话一出,就意味着一场残酷的大屠杀将要爆发。在场的所有荷兰人都被殴打致死。这些不幸的荷兰人太可怜

彼得·雷蒂夫与丁冈签署条约

了，他们单纯地相信祖鲁人所做的承诺和祖鲁人表现出的诚实。荷兰人的尸首被拖出克拉尔，扔到附近的一个小山丘上，任由那里的野狼和秃鹰撕扯啃食。

丁冈认为，屠杀徒然信任他的彼得·雷蒂夫等荷兰人只是祖鲁军队对荷兰人敌对行动的开始。丁冈很快就下令派遣十支部队去消灭所有的荷兰移民。正当这些荷兰移民毫不怀疑地等待着他们的丈夫和亲属归来时，一支祖鲁人的部队悄悄地向他们最近的营地挺进。荷兰移民的营地靠近布劳克兰茨河，

彼得·雷蒂夫等荷兰人被杀害

祖鲁人屠杀韦纳的荷兰移民

紧挨着现在的韦纳——或者叫"哭泣的小镇"。黎明时分,灾难毫无征兆地降临。镇上所有的男人、女人和孩子都遭到了残忍的杀戮。更加残忍的是,其他荷兰移民聚居地几乎无人幸免。祖鲁大军迅速南下,朝大海方向前进。无论到哪里,祖鲁大军只要采用"车阵"战术,无一例外就会取得胜利。令人意外的是,在布什曼斯河附近的尼希特拉格战役中,一些勇敢的荷兰勇士成功地抵御了一支强大的祖鲁部队的进攻。战斗持续了整整一天,就在荷兰农民的弹药消耗殆尽的危急时刻,他们临时装配在牛车后面的一门三磅火炮炸死了祖鲁部队的几个将领,导致祖鲁部队突然溃退,战斗因此很快结束。战斗结束后,人们如果目睹了战场,就会因恐怖、悲惨的场景而感到毛骨悚然,不寒而栗。目之所及,尸横遍野,血流成河。一辆辆牛车被毁得七零八落,男女老少身首异处,惨状触目惊心。到处可见红眼的野兽啃食着荒野上的尸体。韦纳镇上充斥

祖鲁人在布什曼斯河包围荷兰人

祖鲁人与荷兰人在布什曼斯河交战

着成堆的死尸，人们只找到了两个幸存的年轻女孩，一个被长矛刺伤十九处，另一个被刺伤二十一处。虽然这两个女孩子免于一死，但严重的刺伤导致她们终身残疾。据估计，仅一周内就有六百名荷兰白人移民惨遭杀害，成了丁冈野蛮杀戮的牺牲品。

荷兰移民决定复仇。1838年4月，他们派出一支由四百人组成的部队。在皮特·厄伊斯和亨德里克·波特吉特率领下，部队经克勒普河流域向丁冈驻地进发。但不幸的是，在不久之前，一批来自德班的英国人和七百名友善的祖鲁人一起穿过图盖拉河，并在河口附近摧毁了一个土著小镇。这些英国人和祖鲁

亨德里克·波特吉特（左）

人突然遭到丁冈留守部队的包围，几乎所有的欧洲人都惨遭杀害[1]。丁冈的军队继续前进，节节胜利，直捣德班，迫使当时居住在这里为数不多的白人登上一艘叫"彗星"的船去避难。船停泊在海湾，避难的白人悄悄地躺在船舱里才躲过一劫。丁冈和他的主力部队密切关注着荷兰移民的动向。打探到皮特·厄伊斯和亨德里克·波特吉特率领四百人意欲入侵祖鲁兰时，狡猾残暴的丁冈故意让这些荷兰人向祖鲁兰的都城进发。荷兰人来到距离祖鲁兰都城几英里的两座小山之间的一个地方时，被诱入一个山谷。在山谷里，荷兰人与丁冈的部队展开了一场残酷的肉搏战。荷兰农民早已习惯了从马背上开枪射击，然后迅

荷兰人在马背上向祖鲁人射击

---

[1] 当时惨遭杀害的英国人中比较重要的一些人物有：R.毕加尔、凯恩、斯塔布斯、理查德·伍德、威廉·伍德、亨利·巴特、约翰·坎贝尔、托马斯·坎贝尔和托马斯·卡登。——原注

速向后躺在马背上重新装弹。但因位置不利,荷兰农民很快就被丁冈的部队彻底包围。不利的状况使他们无法克敌,他们孤注一掷,集中火力攻打丁冈部队包围圈的某一个方向,终于撕开一个缺口逃走了。但不幸的是,皮特·厄伊斯未能冲过这个缺口。皮特·厄伊斯与儿子一起英勇作战,最终一同战死沙场。这场损失惨重的交战使布尔人感到非常沮丧,因此军事行动一度中止。1838年8月,当丁冈派军队袭击荷兰人的临时防御营地时,荷兰人重新投入战斗,但他们节节败退,损失惨重。1838年12月16日,星期天,一支由一万名祖鲁人组成的军队袭击了住在乌姆斯拉托斯河附近的荷兰农民。当时,荷兰农民正驻守在一个四周筑有壕沟的营地。当初势如破竹的祖鲁军队强攻荷兰移民的营地三个小时,却没有攻下。荷兰农民的将领安德里斯·比勒陀利乌斯发现弹药

皮特·厄伊斯与儿子战死

安德里斯·比勒陀利乌斯

快要用完时，就命令两百人骑马出击，从侧翼包抄袭击祖鲁军队。此举取得了胜利，丁冈的军队丢盔弃甲，被迫逃离，而荷兰人则俘虏了一大批祖鲁士兵[①]，俘获了五千头牛，并且将自己的营地向前延伸到一个小山丘，这里散落着彼得·雷蒂夫及与他一起惨遭丁冈杀害的勇士们的遗骸。人们在小山丘上看到可怕的一幕：破碎的头盖骨散落在地上，上面依稀可见被圆头棒和石头重击而破裂的痕迹，还有无数断裂的腿骨和手臂。彼得·雷蒂夫的尸骨很容易就被辨认出来了，因为他的尸骨上留存着一个皮革弹带，人们从里面找到了丁冈签署

---

① 荷兰人说他们在战场上杀死了三千名祖鲁人，但这个说法可能有些夸张。——原注

的协定。协定载明:"将人们称为'纳塔尔港'的这个地方连同已被荷兰人占有的所有土地,都割让给迁徙至此的荷兰农民。也就是从图盖拉河到乌姆西沃沃河,从大海到北方,只要能为我丁冈所用并且属于我丁冈所有的土地,都可以为荷兰移民所用。"

对祖鲁人的攻击大获成功之后,迁徙出去的布尔人又回来了。此时,布尔人惊讶地发现,英国陆军少校查特里斯受命于开普敦殖民地总督乔治·托马斯·纳皮尔爵士,率领一支苏格兰高地人组成的小分队占领了纳塔尔湾。英国这一举动的目的[①]在于:"结束开普敦殖民地某些移民对属于土著人的部分领土无理占领的状态,因为土著人已经是英国女王亚历山德拉·维多利亚陛下的臣民。"然而,此时英国人和荷兰人并没有发生冲突。1839年期间,荷兰人一直忙于彼得马里茨堡[②]和德班的城镇规划与布局。他们任命了土地法官和治安法官,为当地政府制订了规章制度。丁冈经常派驻前来联络的使者,但荷兰人很快就发现,这只是丁冈实施一系列间谍活动的一个计划。

丁冈有个弟弟,叫潘达。潘达不喜欢戎装征战,所以人们通常都将潘达看作一个纯粹追求物质享受的人,对他不屑一顾。祖鲁人中有一大批人已经厌倦了不断的战争和流血冲突。这些人表现出拥戴潘达的迹象。因此,潘达成了国王丁冈忌妒的对象。丁冈制订计划,试图擒获并杀死潘达,但他的计划以失败告终。计划败露之后,丁冈出逃。他穿过图盖拉河进入纳塔尔,并向迁徙至此的荷兰农民请求援助。第二年,即1840年,潘达对付丁冈的一个好机会来临了——潘达的一支由四千人组成的精锐部队中,加入了由安德里斯·比勒陀利乌斯指挥的四百名荷兰农民骑兵。当潘达和荷兰人的军队正在彼得马里茨堡集结时,丁冈的使者坦布萨来到这里,并带来了求和书。被扣押审问之后,坦布萨承认,他送信的目的之一是获取一切可能的情报,然后向主人丁冈报告。荷兰农民处死了坦布萨,甚至不愿意听坦布萨为同他一起被抓的年轻随从求情

---

① 刊登于《政府公报》的宣言书。——原注
② 以荷兰人彼得·马里茨的名字命名。——原注

英国女王亚历山德拉·维多利亚

的说辞。然而，这绝不能证明荷兰农民犯下的错误是情有可原的。荷兰农民刚刚处死坦布萨和他的随从之后，丁冈和潘达的军队就开战了。在这场激烈的战斗中，丁冈的两个团被歼灭。形势明显有利于潘达，而这仅仅是因为一部分部队背弃了丁冈。荷兰农民乘胜追击，丁冈逃窜至德拉瓜湾附近的一个小部落中避难。为了确保不受牵连，这个小部落的人们杀死了丁冈，以绝后患。

1840年2月14日，在乌姆沃洛西河畔，迁徙的布尔人支持潘达成为祖鲁人的国王，同时宣布布尔人的主权范围从圣卢西亚湾一直延伸至乌姆西沃沃河，

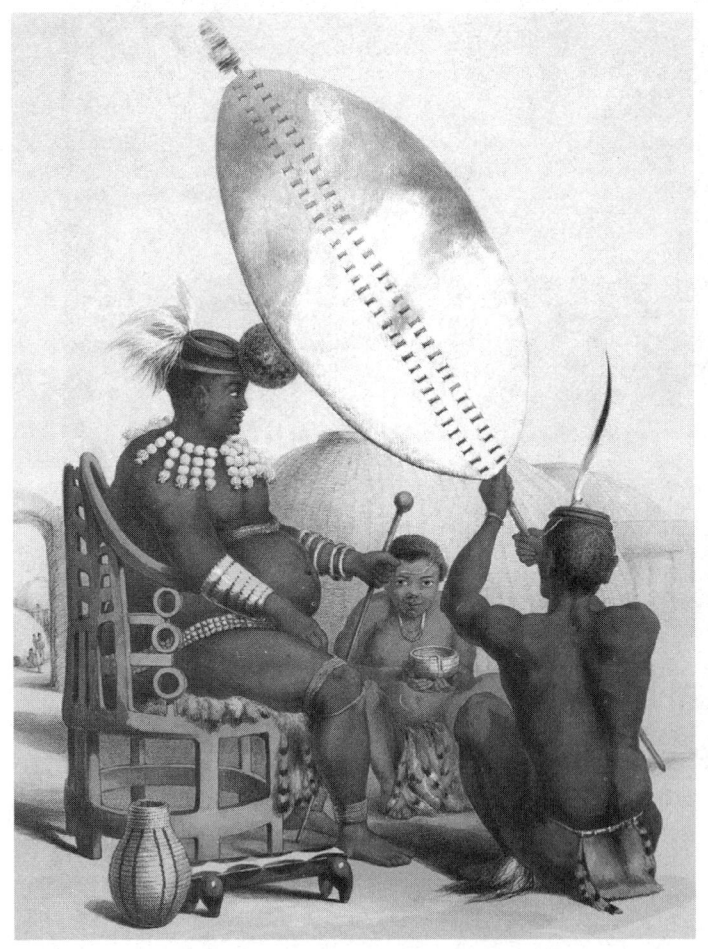

潘达（左）

迁徙中的布尔人

也就是圣约翰斯。此前不久,乔治·托马斯·纳皮尔爵士命令英国驻军放弃占领德班。担任当地驻军指挥官的杰维斯上尉在离开德班时说,他希望这里的居民享受和平和幸福,也希望他们能在宁静与繁荣的环境中耕种劳作并建设这片美丽的土地,"布尔人要永远尊重这里的人民的权利,因为布尔人已经占领了纳塔尔人的领地,把纳塔尔人的家园变成了自己的家园"。不管怎样,迁徙来的布尔人都理所当然地把纳塔尔视为自己的领地,英国政府甚至为了布尔人的利益而放弃了纳塔尔,这一点也不奇怪。布尔人帮助潘达打败了丁冈,还助潘达登上了王位,所以布尔人当然没有理由害怕当地祖鲁人会侵犯他们。新国王潘达赠予布尔人三万六千多头牛以示补偿、酬谢。这样一来,布尔人不仅能够和平定居下来,而且拥有了相当多的额外财富供自己生活。

这个由农民构成的社会所采取的政府管理制度，其性质是极不协调的，不久便证明其本质上是一种无政府主义，是不可行的。政府管理工作由二十四名成员组成的人民议会负责，立法权、行政权和司法权全部由人民议会集中掌握，人民议会每三个月在彼得马里茨堡举行一次集会，集中处理事务。人民议会的所有成员都无偿履行其职责，但如果治安法官被任命为各镇的镇长，包括德班镇和韦纳镇，那么每人每年会获得薪金一百英镑。人民议会的成员中刚好有两三个住在彼得马里茨堡附近，这几个成员就组成所谓的人民委员会，需要立即处理的事务就委托该委员会来执行。然而，无论人民委员会做什么决定，都必须提交人民议会批准。此外，奥兰治自由邦的温堡地区、卡利登地区和马德地区建立了邦联性质的联盟关系，这些地区各自派出代表参加人民议会。不过，人民委员会及其常任官员的做法做派，都遭到了人民议会的强烈指责，人民委员会的委员还常常会遭到肆意的人身攻击，这就严重阻碍了政府管理。法律法规几乎无人尊重，法官亨利·克卢蒂告诉我们，1843年当他以人民委员会委员的身份来到彼得马里茨堡时，彼得马里茨堡的治安法官告诉他，几个月前这位治安法官通过了一项判决——判定被告人返还非法扣留的霍屯督人的牛。这位被告人是居住在离彼得马里茨堡几英里外的一位受人尊敬的居民，而他一直拒不执行判决，所以该判决终成一纸空文。这位被告人公然宣称，谁第一个敢来他的住宅通知这个判决，他就开枪射杀谁。布尔人的人民议会向开普敦殖民地总督乔治·托马斯·纳皮尔爵士提出申请，要求开普敦殖民地政府承认并认可他们领地的自由与独立。虽然乔治·托马斯·纳皮尔爵士的答复没有表示丝毫反对，但开普敦殖民地总督府的做法很快表明其不可能批准布尔人的这一申请。1840年年底，纳塔尔农民的牲畜被盗，安德里斯·比勒陀利乌斯带领全副武装的民众，奉命去追捕窃贼。荷兰人一路来到阿玛巴卡族部落才找到了被盗牛羊的踪迹。这个部落里的人们立刻就遭到荷兰人的袭击，一些人被杀死，三千头牛、两百五十只绵羊和山羊被赶走，十七名儿童被抓走——实际上，这些儿童被抓去做了奴隶。安德里斯·比勒陀利乌斯的行动获得了人

霍屯督人

民议会的批准。乔治·托马斯·纳皮尔总督以最激烈的言辞谴责了这次行动。之后，乔治·托马斯·纳皮尔总督很快派遣英国军队前往位于凯伊河与乌姆西沃沃河之间的乌姆加西河。乔治·托马斯·纳皮尔总督拒绝与迁徙的布尔人再有任何交往，除非布尔人明确承认他们是英国女王亚历山德拉·维多利亚陛下的臣民。英国政府尽管当时非常不愿意扩张其殖民地范围，但向乔治·托马斯·纳皮尔爵士发去了一份公函。这份公函通知他，亚历山德拉·维多利亚女王陛下不容许自己的臣民在殖民地内搞独立。然而，当迁徙的布尔人得到军事力量支持，排除任何其他欧洲国家对他们领地的干涉之后，他们的贸易活动可以得到与英国其他殖民地的贸易活动一视同仁的待遇。当时，布尔人有权做出选择来确保自己进行自治的所有实质性有利条件。像现在德兰士瓦的状况一样，当时纳塔尔的状况亦是如此。但布尔人冥顽不灵的愚蠢行为激怒了人民委员会，布尔人居然发出了最后通牒，声明他们打算"保持与之前相同的立场"。接着，乔治·托马斯·纳皮尔爵士发表了一份公告。公告声明，迁徙的农民，即布尔人，拒绝承认或被视为英国臣民，并且他们最近通过了一项决议，依据该决议，所有居住在纳塔尔的卡菲尔人，未经布尔人同意，不能居住在纳塔尔，而要被迁往科萨人部落首领法库的领地，即蓬多兰——南非特兰斯凯的一个地区，所以英国军队将继续对纳塔尔殖民地进行军事占领。此后不久，驻扎在乌姆加西河营地的英国军队便奉命进驻纳塔尔。除了开普敦团的一支小分队和两支野战部队，还有一支由两百五十人组成的小分队也安全抵达德班。几天后，双桅横帆船"皮洛特"号在德班海湾靠岸，为德班的英国驻军送来物资和给养，同时运来两门十八磅大炮和大批弹药。很快，双桅纵帆船"马泽帕"号也随后到达了。

布尔人的人民议会对德班遭到军事占领一事，感到非常震惊和愤慨，安德里斯·比勒陀利乌斯及其手下的三百多人立即奉命出动。英军的一些牛被掠走，其后又收到一封信要求英国军队离开纳塔尔，这使英军小分队的指挥官A.M.史密斯上尉大为光火。因此，他对康格拉的荷兰人营地发动了夜袭。然

法库

而，由于作战计划不周，A.M.史密斯上尉的部队被击退，他自己也被缴了枪。A.M.史密斯上尉率领的一百四十人中，至少有一百零三人死、伤或失踪。当时，A.M.史密斯上尉感到自己精疲力竭，但还是不屈不挠，坚持不懈，奋战到底。在德班，英国军队用营地内的许多牛车，借助壕沟和土丘构筑了一种临时防御工事。可惜的是，由于反应不够灵敏，布尔人错失了获胜的良机。一场起初本来很容易取胜的战斗现在却变成了一场费时耗力的围攻战。相反，英军小分

理查德·金

队的指挥官A.M.史密斯上尉抓住机会向开普敦殖民地求援。理查德·金当时正住在德班的一间小茅屋里。他主动请缨帮助A.M.史密斯上尉去送求援信。G.C.卡托先生运送理查德·金和他的战马穿过德班海湾来到布拉夫。然后，理查德·金骑着马，同时牵着一匹备用马，疾驰而去。黎明前，理查德·金顺利通过乌姆科马斯河。过了乌姆科马斯河，他就不用再担心被追捕，但又不得不面对穿越两百多条河及一片野人居住的蛮荒之地的危险。此时，被困在纳塔尔的英国人命悬一线。布尔人首战告捷，大受鼓舞，继而一举打败了驻扎在纳塔尔的英军分遣队，并将大部分英国居民俘虏，然后将这些俘虏押到了彼得马里茨堡[①]。英军把所有的火力都集中于堡垒里面，A.M.史密斯上尉在堡垒里架起一

---

① 一艘小船——"马泽帕"号，船长是G.C.卡托，虽然遭到布尔人的攻击，但还是从纳塔尔港内逃了出来，然后前往德拉瓜湾寻求援助。但到了德拉瓜湾，却没有找到英国军舰，再回到纳塔尔时，英国军舰"南安普敦"号已经抵达这里。——原注

门十八磅重的大炮,并准备了充足的给养和弹药。布尔人用三门野战炮连续三天猛烈地炮击英军堡垒。直到几乎耗尽弹药,布尔人才变持久的围攻战为严密的封锁战。英军驻守部队两次出击都失败了。最后,驻守部队主要的食物只剩下干马肉。配备给将士们的给养只能以最低限度维持生命。最令人焦虑的是,理查德·金能否把求援信成功送到?开普敦殖民地的援军能否到来?人们望眼欲穿,焦急地盼望着援军的出现。1842年6月24日晚上,他们终于看到援军出现的迹象——焰火和蓝光。接着,一艘增援船到来了,他们才如释重负。

理查德·金成功地完成了使命。他穿越无人区、未知地和野人区,经过数百英里的长途跋涉,历经艰难险阻,终于在离开布拉夫的第九天安全到达开普敦殖民地。来到格雷厄姆镇的时候,他疲惫至极。得到求援消息后,东部省副总督海尔上校立即从伊丽莎白港派遣第二十七团的精锐连队乘坐双桅纵帆

理查德·金冒险送求援信

船驰援纳塔尔的英国人。乔治·托马斯·纳皮尔爵士在开普敦听到这一消息时,也立刻说服海军上将珀西派遣亨利·克卢蒂上校率领第二十五团乘坐旗舰"南安普敦"号前去救援。"南安普敦号"仅比"海螺"号晚一天抵达纳塔尔。尽管援军登陆时遭到轻微损失,但布尔人的部队还是被击退到了康格拉。一阵大风把"南安普敦"号吹到了海上,鉴于"南安普敦"号的补给非常匮乏,亨利·克卢蒂上校不得不向祖鲁人求助,请他们帮助看护牲畜以确保其安全。几个祖鲁人杀死了两名荷兰农民,这引起布尔人的极大恐慌,他们于是仓皇逃回了彼得马里茨堡。

由于恐慌、局面混乱,星期天,布尔人的人民议会在彼得马里茨堡的教堂召开了一整天的会议。会议期间,人们互相指责,争吵不断,高声叫嚷,意见纷纷。最后,布尔人终于达成一致,决定向亨利·克卢蒂上校提出和谈条件。然而,布尔人表现得头脑简单、十分无知,居然威胁亨利·克卢蒂上校说,之前他们已经借助一位叫斯梅勒坎普的商人向荷兰国王威廉二世送信了,他们会得到威廉二世的援助。经过几轮谈判,亨利·克卢蒂上校赦免了除四名头目外的所有人。至此,在英国政府的统治下,纳塔尔再次恢复了和平状态。这些事情都发生于1842年。1843年,亨利·克卢蒂被派往纳塔尔担任英国女王亚历山德拉·维多利亚陛下的专员。英国女王亚历山德拉·维多利亚陛下授予亨利·克卢蒂充分的权力,命令他在纳塔尔开创一种稳固的殖民统治制度,从而结束这里普遍存在的无政府状态和混乱局面。亨利·克卢蒂雄才大略,励精图治,终于得偿所愿。后来,亨利·克卢蒂又当上了开普殖民地最高法院的法官。然而,当时人民议会中有一个强大的激进派反对服从英国的统治,其采取了野蛮而愚蠢的方式,甚至计划暗杀求和派主要成员。安德里斯·比勒陀利乌斯是求和派的主要成员,也是英国明智而真正的朋友。发现这一阴谋之后,他就公开揭露,并使其始作俑者为此蒙羞。亨利·克卢蒂法官告诉我们,爱国者——安德里斯·比勒陀利乌斯——在会议上慷慨激昂地即兴发言,谴责卡提林纳时,他的气势几乎与古罗马雄辩家西塞罗难分伯仲。他滔滔的雄辩扭转了局势,有

荷兰国王威廉二世

力地打击了企图暗杀求和派的阴谋分子，彻底挫败了激进派的阴谋。之后，激进派才完全服从英国的统治。第四十五团的博伊斯上校接替A.M.史密斯上尉担任军事指挥官，马丁·韦斯特被任命为纳塔尔殖民地的第一任副总督。

第2章
祖鲁人的法律、习俗和宗教

精彩看点

西奥菲勒斯·谢普斯通爵士的政策——祖鲁国王塞奇瓦约——祖鲁人尚武——祖鲁女性被视为奴隶或牲口——祖鲁人信奉唯灵论——疾病和不幸是由巫术导致的——祖鲁祭司——祖鲁军队热衷于扩张

英国军队占领纳塔尔时，公开声称要保护土著居民。夏卡的不断征伐，已经将至少十万名逃亡者驱赶到了图盖拉河西边。如何统治这些数量庞大、增长迅速的土著居民，成为一个既困难又危险的问题。西奥菲勒斯·谢普斯通爵士是一名卫斯理派传教士的儿子。他通晓卡菲尔人的语言、习俗礼仪及生活习

西奥菲勒斯·谢普斯通爵士

惯，从而受命负责管理纳塔尔众多的土著居民。下面简述一下他采取的政策。为了使全部有色人种与白种人分开，西奥菲勒斯·谢普斯通爵士让不同人种的人们分地而居，遵守他们各自的法律，接受他们各自首领的管理，但所有人都要听命于他这个大首领。这片广袤的土地崎岖多山，和意大利一样气候宜人、得天独厚、土壤肥沃。不同部落的人们各自聚居，和平相处，繁衍生息。人们不再重视基督教和真正的文明，一个非常危险的"国中之国"便这样诞生了。那些为了逃离祖鲁暴君而颠沛流离的可怜的难民发现，比起过去朝不保夕的生活，现在在纳塔尔的生活无比幸福。生活的安逸、思想的蒙昧、对享受的追求逐渐把这里的祖鲁人变得毫无用处。当沿海的甘蔗种植园需要劳动力时，种植园主们不得不从印度引入劳动力。无论当地的政策实施得看起来多么顺利、有效，但有一个事实很快显而易见，那就是纳塔尔的两万白人实际上已经坐在了一座政治火山上，其危险不言而喻。三十万野蛮人有能力在任何时候奋起反抗

正在做饭的祖鲁人

并消灭白人，而且没有人怀疑野蛮人不会产生这种意愿。人们有意抛弃了宗教和文明对人的一切制约。毋庸置疑，祖鲁国王塞奇瓦约的确令人畏惧。如果塞奇瓦约在任何时候穿过图盖拉河来征服白人，那么殖民地内成千上万的祖鲁人都会出于恐惧而加入塞奇瓦约的征服队伍，还会为了尽快证明对塞奇瓦约的忠心而去残酷屠杀纳塔尔的所有白人居民，这绝非危言耸听，而是需要人们清醒认识并严肃对待的一个事实①。起初，纳塔尔殖民地政府对那些在纳塔尔寻求住所、食物和保护的难民——当时他们家破人亡，沮丧绝望——进行正确管控并不困难。如果采用正确的方法，那么非洲大陆上最优秀的一个种族，就会避免误入异教，从一种令人憎恶的堕落状态发展到一种文明开化的状态，还会成为白人有力的帮手，从而与白人共同努力使这片土地走向真正的繁荣。然而，实际的管控是放纵一夫多妻制的残酷奴役，允许男人压迫女人，逼迫妇女做苦役，而男人自己却过着毫无约束、无所事事的生活。这与英国政府的理想格格不入。人们容忍并允许各种极其不道德和不人道做法的存在，包括卑鄙、邪恶的巫术迷信等。在这种情况下，任何国家都不可能取得进步。因此，纳塔尔殖民地至今仍然远远落后于好望角。在这片土地上，没有一件事真正成功过，连把糖作为主要出口产品来生产的尝试也令人怀疑，因为种植甘蔗的过程中需要付出巨大的代价从印度雇用劳动力。这是一片可爱的土地，它既美丽可爱又肥沃丰产。但在绝大多数人看来，它受困于一种极不虔诚的基督教信仰和邪恶而愚蠢的管理体制。如果从一开始纳塔尔殖民地政府就设立相对较小的各种族聚居地，由英国地方法官负责管理并根据英国法律严格执法，那么对纳塔尔居民的管理就会很容易。此外，如果赋予纳塔尔土著居民个人权利，并授予每个人土地所有权，那么用牧师W.C.霍尔登的话②来说，纳塔尔殖民地大量土著

---

① 作者通过一些久居于此的居民确认了这一点，这些人像土著一样讲地道的祖鲁语，还和祖鲁难民一起生活。毫无疑问，如果塞奇瓦约率领一支战无不胜的大军进入纳塔尔，其结果是，这里会发生一场有记录以来最可怕的大屠杀。——原注
② 见《纳塔尔殖民地的历史》，第205页。——原注

居民可能会变得真正关注自己的国家和土地,也会为了保卫自己的国家和土地而奋起战斗甚至牺牲自己。纳塔尔的土著居民非但不再成为持续不断的危险和恐慌的根源,反倒会筑成坚固的屏障来防御东部祖鲁人和西部阿玛克索萨人[①]。除纳塔尔之外,英国各自治领都已经废除奴隶制。经英国女王亚历山德拉·维多利亚陛下政府的特别批准及安排,五万名妇女像拍卖市场上的马、牛和货物一样,被那些出价最高的人买为人妻。

阿玛克索萨人

---

① 乔治·格雷·克雷里爵士多年前写过一篇文章,他告诉我们有关新西兰毛利人的情况,现在新西兰毛利人几乎整个民族都已经皈依基督教;他们热爱农业,非常喜欢牛马;他们喜欢大海,从而造就了很多优秀的水手,现在还拥有许多自己的沿岸航行船只;他们与欧洲人交往密切,欣赏欧洲人的风俗习惯;他们雄心壮志,誓要崛起文明、精通欧洲艺术。——原注

亨利·巴特尔·弗里尔爵士

在继续讲述之前,我们有必要简要回顾一下祖鲁人的法律、风俗和习惯。如果不了解这个问题,读者就不可能完全理解亨利·巴特尔·弗里尔爵士所采取政策的初衷,也不可能理解祖鲁战争及战争进程中许多事件的真正原因。从前述内容中我们已经看到,祖鲁征服者夏卡建立了一个强大的军事国家。他的后继者也都是骁勇善战之人,祖鲁人因为选择使用类似于古罗马人征服世界时所用的武器,所以也像古罗马人一样充满了高昂的斗志——能在战场上奋战是他们高尚的美德或他们尊崇的最高殊荣。而布尔人因为轻敌导致数百名勇士丧命。几乎与此同时,德班的英国殖民者也犯了同样的错误,由于对祖鲁人估计不足,英国一些殖民者及其两千名卡菲尔盟友,先是被祖鲁人屠杀,接

切尔姆斯福德男爵弗雷德里克·塞西杰

着被弃尸祖鲁兰山林。这些尸体被野兽啃食殆尽。历史总是在重演。后来,切尔姆斯福德男爵弗雷德里克·塞西杰也犯了同样的错误。因此,他在伊桑德尔瓦纳战场上遭到惩罚,付出了数百名英国士兵丧生的沉痛代价。

在祖鲁人当中,每一个女孩子都是一大笔财产。从这种意义上说,女孩子完全被视为奴隶或牲口。她们的生活状况最糟糕,所受奴役最严重。当女孩子长到青春期的时候,人们会为她们举行令人作呕的处女验身仪式,而祖鲁人对贞节却没有任何概念或认识。祖鲁人不仅容忍最野蛮的性行为,而且通过法律强制实行。女孩子嫁人实际是卖给出价最高的买主,其家人全然不顾她的意愿,把她卖为人妇,去做丈夫的奴隶。被买来之后,她不仅要为丈夫在田里劳动,还要像仆人一样在家里干很多粗活。结婚的时候,祖鲁人会举行奇特的婚礼仪式。在新娘到达丈夫的棚屋后的第二天，人们会举行一种特殊的仪式。这个仪式允许并要求新娘尽其所能向她的主人——丈夫——使用侮辱性语言，她会把所能想到的每一个带有侮辱和挑衅的字眼都用在丈夫身上，因为这是她最后一次被允许自主地做事和说话。最后，女孩会从自己结婚的头饰上取下一根羽毛。通过取下这根羽毛，结婚这件事——或者更确切地说是女孩子成为奴隶这件事——就完成了。牧师霍尔登先生谈到祖鲁人的"结婚"庆典时说，这样的庆典存在淫秽、可憎之处，"尤其在比较有地位的男人和首领结婚时，如果用任何体面的文字来描述当时进行的一切，那都是对体面文字的亵渎

一名祖鲁女人和她的丈夫

第 2 章 祖鲁人的法律、习俗和宗教 | 045

和玷污。人们不仅容许这种普遍的淫秽、可憎现象存在,而且都以此为荣。"①我们无法再对这个问题追根溯源。但可以肯定的是,这种粗俗、淫秽、不道德的行为是祖鲁人的法律和习俗完全允许的。说"结婚"是完全不恰当的。引用一位权威人士的话来说,"在祖鲁语中,我们找不到与撒克逊语'妻子'对应的词,最接近的是umkake(他的女人),以及该词的近义词umkako(女人)和umkami(我的女人)——意思是'男人的女人'。依据当地法律,男人拥有妻子像拥有自己的长矛和山羊一样。因此,他们说起自己的妻子也像谈论长矛和山羊一样"。例如,一位妇女的主人这样说:"我用了很多头牛才换取了你,所以你是我的奴仆、我的狗,得像狗一样趴在我的脚下。"假设那里坐着一个可怜的奴隶,她的旁边有一堆东西——以她的力气是远远扛不动的。这时,有人问她是否能扛得动这堆东西,她会站起来并直率地说道:"我如果是一个男人,就扛不动,但我是一个女人。"世界上没有任何一种奴役比祖鲁人的贫穷妇女所遭受的奴役更凄惨、更可悲②。

祖鲁人信奉唯灵论,或叫招魂术。他们通过巫术活动来践行这样的信仰。关于至高无上的存在,祖鲁人只有一个非常模糊的概念。他们明确的民族信仰就是信奉已故祖先的灵魂带来的影响。他们特别尊重和恐惧死去的首领及士兵的灵魂。像基督教徒把一切权力都归于上帝一样,祖鲁人把一切权力都归于这样的神灵。而巫医是敬拜或祭祀神灵之人。有人懂得微妙而强大的植物毒素方面的知识,而且悄悄致人中毒的做法非常普遍,所以人们普遍采取预防措施来避免中毒。凡是给别人食物,祖鲁人都要自己先吃,以证明食物没毒。除了一些致命的有毒物,还有所谓的"乌布提",或者叫"蛊惑人的东西"。人们认为这种东西应该存放在某个秘密的地方,通过超自然的力量使之成为邪恶的

---

① 《卡菲尔族的过去和未来》,第198页。——原注
② 换取一个妻子通常要花费十头牛到十二头牛的代价,但一个体格健壮、肌肉发达的年轻女子通常要五十头牛。当拍卖完成后,这个女人肯定就成为奴隶了。如果她逃跑,主人常常会用狗去追捕她。——原注

几名祖鲁男子

工具。巫医在祖鲁语中叫"伊萨努西"。他们充当中间人。巫医的职责就是发现并避免邪恶。祖鲁巫医具有医生、祭司和占卜师三重身份。他们既帮人们治病、祭祀神灵，还替人们占卜预测。人们认为巫医对无形世界拥有完全的掌控力，所以巫医的影响力巨大无比。许多首领和有权势的人便利用祖鲁巫医来实施打击对手、推行战争和掠夺等计划。一个年轻男子如果渴望成为巫医，那么很早就会表现出一些非凡的迹象。比如，这样的年轻男子会梦见死去的部族首领的灵魂，会看到一些异象，还会陷入疯狂的状态；他会双手抓蛇，还会把蛇缠绕在自己的身上；他能找出一些有药用价值的植物根茎，去向经验丰富的巫医寻求指导。他的体内会发生祖鲁人所谓的"月亮一样的变化"。最后，他就会成为一个能与灵魂对话交流的异人。沃纳先生曾与卡菲尔人一起生活，研究过卡菲尔人，他是这方面最重要的权威之一。他说："祖鲁巫医的祭祀活动像其他骗人之术一样，在很大程度上是自欺欺人的把戏。对相信《圣经》是神的启示的人来说，他们自然认为，卡菲尔人在某种程度上受到了撒旦的影响。因为《圣经》以一种特殊的方式宣称，世界上其他崇拜偶像的民族和信奉异教的民族都受到了魔鬼的影响和操控。"

每种疾病和不幸应该都是由巫术导致的。通常情况下，祖鲁人会怀疑要么是富人要么是有人心生报复才导致了疾病和不幸。人们遭遇了疾病或不幸，会和附近的居民一起去找巫医。巫医在他们到达之前就会预测出他们的到来，还会给他们一些其他启示。巫医的启示往往是超乎寻常的，连非常熟悉这个问题的牧师霍尔登先生[①]也说，用普通的方法解释这些现象要比借助超自然力量来解释困难得多。大家一到，首先坐下来向巫医行礼。然后，巫医要求他们用棍子敲打地面。在这个过程中，巫医不断地大喊着："是的！""他在这里！"然后，巫医会向大家揭露被告之人的秘密，最后，巫医的眼睛盯着那个被他锁定的人，指控他所犯的罪行。一般来说，巫医会成功地选择大家怀疑的那个人。

---

① 《卡菲尔族》，第287页。——原注

但如果没有选中,巫医就会画一个圈,并在这个圈内疯狂地跳起舞,其间做出非常可怕的姿势,还发出令人毛骨悚然的喊叫声。在祖鲁人当中,如果一个人不幸被巫医宣布有罪,不仅他会被杀死,他的妻子和孩子也会被杀死,他的财产会被没收。在阿玛克索萨卡菲尔部族中,最可怕的酷刑是诱使不幸被选定的嫌疑人招供①。巫师的这种巨大操控力和影响力令人完全难以理解。1857年,为了彻底消灭白人,巫医乌姆拉卡扎自愿为祖鲁人首领克雷利和乌姆哈拉效力。

克雷利

---

① 法官戈德龙顿先生在为殖民者做法律服务时,向我们详细讲述了此类酷刑逼供的一个案例,而那些遭到酷刑逼供的人唯一的罪过就是他们拥有财富。他们之所以遭受折磨,是因为折磨他们的人太贪婪。尽管这个可怜的受刑者哀求一死,以免再遭受折磨,但直到他几乎被真正烤熟了,施刑的人才会授他一死。逼供时,施刑的人将烧红的石头放在受刑人的腹股沟上,烧红的石头一旦滑落,立刻用棍子夹上去固定住。还有一种很常见的酷刑是,在受刑人的身上涂抹油渍,然后让黑蚂蚁或者蝎子不断地叮咬、刺蜇,这种折磨的疼痛挥之不去,痛苦不堪。最终,黑蚂蚁或蝎子会慢慢把整个人吃掉。所有这些地狱般的折磨过程都与这种唯灵论的信仰有关,并且全部过程遵从巫师的命令与指示。——原注

巫医乌姆拉卡扎预言说，如果百姓们杀死自己的牲口，毁掉自己的庄稼，那么整个部落领地将更加兴旺，而他们的仇敌必将彻底毁灭。尽管乔治·格雷·克雷里爵士已经采取了全面的预防措施，但灾难还是不可避免地发生了。像《麦克白》中的女巫一样，先知只不过是诱导受害者走向了毁灭。人们烧毁了自己的船，破坏了自己所有的资源，但没有一个人能逃脱毁灭的命运。尽管殖民者尽了人道主义的最大努力，但还是未能避免在这片富饶的土地上出现七万人死于饥荒的悲惨结局。由此可见，部族首领精明地利用这种迷信手段，轻而易举地诱导整个部族的人任由他们摆布，不顾一切地听命于他们甚至走向灭亡。按照规定的仪程，祭祀的时候，祭司要单独留出一间打扫干净的小棚屋供祭祀使用。在这间小棚屋里，祭司会献上为祭祀逝者的灵魂而准备的祭品。除了一些微不足道的东西，所有祭品都必须由祭司亲自献上。到了晚上，祭司封闭小棚屋，以便逝者的灵魂尽情享有祭品。第二天，祭司打开小棚屋，祭品会被人们分食。杀牲时要将血截留在血管内避免外流，祭牲的骨头也必须烧掉。古代神谕祭司的疯狂特征或疯狂的招灵特征，在祖鲁族招灵术的祭司身上也有体现。他们的许多仪式都表现得神秘而不可思议，欧洲人对这样的仪式从来都不知不懂。

　　祖鲁的部族管理完全属于专制统治，暴君的意志就是法律，他拥有无限的权力，可以掌控族人的生死。前文中我们已经看到，夏卡为了加强军事力量可以牺牲一切。他命令士兵不得结婚，甚至取消了割礼。在夏卡建立的新帝国，夏卡禁止妇女、少女对士兵表现任何关爱与柔情；还让士兵服用各种植物及植物根茎熬制的药物来净化身体，增强体质；也会为了让士兵强身健体而献祭。为了保佑军队战无不胜而进行全族范围内举行的盛大祭祀活动叫"乌库鲁法"，其意思大概是"全族祭祀"。届时，人们会从活生生的牲畜的肩胛上割下肉，然后放在火上烤，一边烤着一边向火里扔进某种符咒。肉烤好之后，一个士兵会咬一口，接着传给下一个人。同时，祭司也会在士兵身上的某些部位割一些切口，并将烧出的符咒灰粉撒进去。这头可怜的祭牲一直处于被活割的痛苦之中，直到祭祀仪式结束才会被杀死。有一种汤剂是用药用植物的根配制的，要用牛尾巴撒在士兵的身上。所有这一切都是为了让士兵在战斗中变得刀枪不入、战无不胜。即使士兵们在战斗中倒下了，也要让他们在精神上成为自己部族英雄当中的一员。祖鲁军队分为三支部队，包括"老年部队""青年部队"和"勤务兵部队"。每支部队再分为许多团，并由相应的军官来指挥。祖鲁军队发起进攻的时候，士兵们会发出凶猛的吼叫声，并勇敢无畏地扑向敌人。祖鲁军队的前部阵形如牛角。开战时，首先牛角向前推进，试图从两侧狠狠地夹击敌人，主体部分会迅速跟上予以支援。对士兵而言，作战勇敢是他们追求的最高荣誉，死亡是对任何怯懦表现的直接惩罚。祖鲁人认为，将帅必备的能力就是过人的聪明才智和伪装的技巧。引诱对手进入埋伏圈，以虚假的承诺或求和信息来欺骗对手，都被认为是具有智慧和能力的表现。祖鲁人完全不知真正的诚信、怜悯为何物，而把这些看作软弱无能的表现。当对手被打败时，战俘从来不会被带走。在激战中没有被杀死的人会遭到祖鲁人残忍的折磨和残害。祖鲁人还会在他们的身体上留下侮辱和蔑视的痕迹。战败方的妇女和儿童也不能幸免。彻底而有效的毁灭标志着祖鲁征服者的胜利。与之相比，英国军队对北方野蛮部族最残忍的毁灭显得黯然失色。

和平时期，祖鲁军队仍然待在军营里，有时会被召集到国王的驻地接受检阅。士兵们随时待命，渴盼自己有用武之地。对士兵们来说，战争是一种消遣方式和获得荣耀的途径，也是他们心之所系。士兵们热切地渴望用手中的长矛浴血奋战，从而获得他们唯一期盼的荣耀，确保他们有机会通过掳掠而获得妻子、牲口等战利品。对于一个殖民地来说，没有什么比这类军队更危险、更可怕了，因为军队是由一个专制残暴之人命令、调遣的。祖鲁军队丝毫不讲原则，而是受部族的传统和思想驱使去战斗。还有一点要记住，纳塔尔广袤的土地曾经是祖鲁人的领地。这里只有区区两万白人驻守，但依然住着至少三十万不信仰基督教的野蛮的土著人，他们与塞奇瓦约的肤色相似，种族相近，信仰相同。一旦打开大门，让一支所向披靡、无坚不摧的军队踏入纳塔尔，就没有什么能够阻止该殖民地内广大土著居民的进攻。如果发生这种情况，殖民地内的每一个白人，无论男女老少都必遭屠杀，英国的这片自治领地就会因遭到残酷的杀戮而血流成河。正是因为有了一位英明而善良之人才避免了这场灾难，这个人就是亨利·巴特尔·弗里尔爵士。偏见的迷雾将慢慢从英国人的头脑中消除，关于这一点我非常肯定。英国人终将明白，正是他们万般诋毁的亨利·巴特尔·弗里尔爵士的政策才使英国的名声免于受辱，正是亨利·巴特尔·弗里尔爵士的政策才确保了英国人和英国政府在南非的利益免遭破坏。

第3章
祖鲁战争爆发前的局势

精彩看点

奥兰治自由邦共和国——德兰士瓦共和国——朗格里巴莱之乱——加尼特·沃尔斯利爵士——钻石被发现、"挖宝客"及枪支贸易——西奥菲勒斯·谢普斯通爵士与祖鲁国王塞奇瓦约——西拉约事件——亨利·巴特尔·弗里尔爵士给政府的信——英军备战及开拔迪克·金，即理查德·金，从格雷厄姆镇搬师救援德班的壮举已经过去三十六年了。而英国在纳塔尔的殖民地却发展缓慢。纳塔尔地区来了很多移民，殖民地政府也通过了一部具有代表性的法律。在此期间，许多荷兰人在奥兰治自由邦和德兰士瓦共和国也建立了定居点。英国政府最初对奥兰治自由邦确立了统治权，但在1854年2月23日放弃了对该领地的统治。1854年2月23日，奥兰治自由邦成立共和国，即奥兰治自由邦共和国，定都布隆方丹。在德兰士瓦，亨德里克·波特希特于1839年建立波切夫斯特鲁姆镇。此后不久，从瓦尔河到林波波河的大片领土都归德兰士瓦共和国——又称"南非共和国"——统治。1848年，德兰士瓦共和国召集了第一届人民议会。1852年，安德里斯·比勒陀利乌斯与英国人在沙河签订了一项协定。通过该协定，英国政府承认德兰士瓦共和国独立。人民议会通过的首批法案之一就是废除以前将布尔人迁徙者领地的南部边界划定在南纬25°的决议，因为人民议会无法确定该决议所述南纬25°的位置。文明在非洲进步缓慢。托马斯·贝恩斯先生在他那本关于南非黄金产区的珍贵著作中写道："几年前，南非黄金产区的测量局长因为在波切夫斯特鲁姆的街道上使用经纬仪而没有像过去那样步测距离而遭到了人们的围攻。"阿瑟·库宁盖姆爵士最近的叙述为我们提供了更加有趣和引人注目的例证来

阿瑟·库宁盖姆爵士

说明布尔人头脑简单和蒙昧无知。正如人们所料，在某些情况下，德兰士瓦共和国政府会显得极其狭隘而令人反感。以下所述足以证明这一点。德兰士瓦共和国政府不允许英国人或德意志人拥有土地财产；禁止人们勘探或开采矿物。奴隶制确实存在，并以1856年通过的所谓《用工法》为幌子大行其道①。尽管普马兰加的朝圣休息地发现了金矿，但德兰士瓦共和国仍然无力偿付债务。德兰士瓦共和国政府与当地人冲突不断，最终陷入资不抵债的危险境地。英国政

---

① 有关这些指控的证据，请参阅《杰佩-德兰士瓦1879年年鉴》。1869年，由于向P. E.沃德豪斯爵士报告奴隶制存在的情况，吉迪恩·斯廷在波切夫斯特鲁姆遭到了枪击。——原注

府认为必须进行干预。塞奇瓦约率领下的祖鲁人企图占领这片领地时,威胁到了所有英属南非殖民地。德兰士瓦共和国的北部领土已经被遗弃给了当地人。德兰士瓦共和国政府无能为力。人们对政府的信心丧失殆尽;商业遭到破坏,国家陷入极度贫困。基于上述原因,西奥菲勒斯·谢普斯通爵士于1877年4月12日提出,必须让德兰士瓦共和国的领土受到英国政府的保护。

1873年,在本杰明·派恩爵士执政纳塔尔期间,一个叫朗格里巴莱的酋长发动了叛乱。纳塔尔政府迅速而巧妙地采取了行动,使这场叛乱没有演变成一

朗格里巴莱

场全面战争，此举令人赞赏。但英格兰的慈善团体联合纳塔尔主教科伦索共同声援这场叛乱，致使本杰明·派恩爵士遭到罢免。接任他的是加尼特·沃尔斯利爵士。加尼特·沃尔斯利爵士说："正如我从各种群体，包括官方和非官方的人们（除了少数持有极端观点的人）那里，所了解到的那样，当地人普遍视朗格里巴莱为一位首领，但他违抗当局，导致两名白人男子被谋杀。现在朗格里巴

加尼特·沃尔斯利爵士

莱正为自己这一行为接受惩罚、遭受痛苦。在当地人看来，朗格里巴莱对抗政府的企图已经被扼杀。很多人认为将朗格里巴莱驱逐出殖民地已经算是一种很宽大的惩罚了。对其他所有卡菲尔酋长来说，这样的惩罚不失为一个严重警告，从而在纳塔尔乃至整个南非起到以儆效尤的作用。"①

　　加尼特·沃尔斯利爵士对殖民地立法机构进行了一次重大改革。他在立法委员会中增加了八名提名成员。此前立法委员会是由五名不经选举而直接委任的成员和十五名经选举而当选的成员组成。随后，德兰士瓦共和国并入英国。谈到德兰士瓦共和国的并入，本杰明·派恩爵士说："之所以保护并入这一措施，是因为德兰士瓦共和国与土著部落的敌对严重危及英国殖民地的和平，这就好比'城门失火，殃及池鱼'。从这个角度来说，我们有正当理由占领纳塔尔，更有理由兼并德兰士瓦共和国。当时，纳塔尔在任何时候都没有触及我们的边界，因为我们相隔甚远不至于被殃及。"

　　1867年，在南非发现钻石，这也使人们对整个南部非洲土著人的态度产生了巨大的变化。在新一轮钻石挖掘热潮中，"挖宝客"们采用干式充填采矿法获得成功之后，更多的挖宝者纷至沓来，从而形成了金伯利这个城市，同时也使这座城成为一个巨大的枪支贸易中心。成千上万不同部落的卡菲尔人从非洲北部及东部成群结队地来到金伯利——在这个地方他们可以通过劳动来获得报酬，更重要的是他们可以借此消灭南非那些令人憎恶的白人。部落首领克雷利领导的吉列卡人，居于桑迪利的盖卡人以及纳塔尔以外的祖鲁人，都不失时机地抓住了这一大好机会。多年来，枪支贸易一直在进行，政府允许人们买卖武器，而人们购买武器后很快会用来对付政府。在1877至1879年的三年间，开普敦殖民地的东部和北部边界都发生了战争。本杰明·派恩爵士以他丰富的想象力及过人的真知卓见和非凡才华，为金伯利的钻石取名"南非鸡血石"。祖鲁人注重发展军事制度，因此战争成了军队的迫切渴望。英国政府极其盲目

---

① 加尼特·沃尔斯利爵士，引自1879年6月《当代评论》。——原注

金伯利城

开采金伯利的钻石

而愚蠢地为枪支贸易提供枪支，从而使祖鲁人利用这样的机会轻易获得枪支。祖鲁人购买枪支，做好了战争准备。祖鲁人的军队像虎穴里的老虎一样蓄势待发。到了1877年，塞奇瓦约已经完全下定决心要与白人决一死战。

自从纳塔尔和德兰士瓦等首批殖民地建立以来，祖鲁族的军事力量像达摩克利斯之剑一样悬在当地殖民地政府的头顶上，对当地殖民地政府形成永久威胁。1877年，德兰士瓦共和国归并英国后，德兰士瓦共和国政府所有的职责都由英国女王亚历山德拉·维多利亚陛下的政府来履行。1872年，潘达的儿

塞奇瓦约

子塞奇瓦约继承祖鲁王位。此后,西奥菲勒斯·谢普斯通爵士执政政策中很重要的一部分便是尽其所能安抚和取悦塞奇瓦约。西奥菲勒斯·谢普斯通爵士甚至参加了塞奇瓦约的加冕礼,这是祖鲁人庆典活动中最盛大的仪式①。西奥菲勒斯·谢普斯通爵士也从国王塞奇瓦约那里得到了许多许诺。当然,这一切不过是一场严肃的闹剧而已。从前,丁冈签订协约把纳塔尔给了荷兰人,然后又残忍地杀害了那些信任他的荷兰人。他的后人也不可能背离自己种族的传统和政策。伪装、欺诈和狡猾是每一个祖鲁统治者的特有品质,塞奇瓦约有过之而无不及。纳塔尔政府因受到麻痹而产生一种安全感,科伦索主教和那些自称在英国组成慈善团体的善意博爱而极其无知的人们,即便到现在依然被完全蒙蔽和欺骗。亨利·巴特尔·弗里尔爵士在写到塞奇瓦约的庄严承诺时说:"塞奇瓦约的承诺从来没有兑现。比起潘达统治时期的残暴和野蛮——潘达的残暴和野蛮使祖鲁兰的内部管理遭到非常严重的破坏,塞奇瓦约统治的残暴和野蛮大大加剧。处理与邻邦的关系时,塞奇瓦约总是以对祖鲁边界以外地方和平的破坏、安全的毁灭为原则。"②

祖鲁人的军队一向组织良好、训练有素,非常强大,塞奇瓦约进一步增强了军队的战斗力,从而对纳塔尔和德兰士瓦形成持久而严重的威胁。塞奇瓦约不断向英国政府提出诉求,希望英国政府允许他入侵别的部落。塞奇瓦约表面上是让年轻的士兵浴血奋战获得荣耀,实质上是意欲恢复无端挑起领土扩张的传统——在夏卡这位民族楷模、受人崇拜的神明般的统治者手里,这一传统演绎得非常成功。试想一下,还有什么比这种传统更危险吗?

祖鲁人声称,祖鲁兰西部边界上的一大片土地属于祖鲁人。这片土地位于布法罗河与蓬戈拉河之间,并且长期以来一直是德兰士瓦的一部分。祖鲁人要求纳塔尔政府对此事进行仲裁。早在1838年1月,纳塔尔政府专门委派了一个委员会解决此事,最终该委员会做出决议:根据德兰士瓦的要求,塞奇

---

① 关于这个仪式的描述,请参见贝恩斯的《南部非洲》,这位旅人当时在场。——原注
② 见《高级专员阁下的备忘录》,1879年1月。——原注

瓦约曾经答应将一片已经被德兰士瓦人占用的土地割让给德兰士瓦。当时，塞奇瓦约是这片土地唯一合法主人。不过，割让土地的意向后来既没有得到塞奇瓦约父亲潘达的正式批准，也没有得到祖鲁人大议会的批准。因此，这片土地从来都属于祖鲁人。真正的定居者对这片土地的主权在法律上不能废除而要得到确认，否则这片领土的主权将归祖鲁人。塞奇瓦约继位以来，他的语气完全变了。他残忍地杀害了一名纳塔尔年轻妇女。当纳塔尔政府对此提出抗议时，塞奇瓦约却向纳塔尔政府予以极端无礼的答复，并借此机会声明不承担任何责任。显而易见，塞奇瓦约庄严的继位承诺非但没有兑现，反倒肯定了自己将要发动更大规模屠杀的意图。1878年7月下旬，祖鲁的一位酋长西拉约进入英国领地，掳走两名妇女——她们都是英国臣民，然后强行将她们处死。英国人要求赔偿，但未能如愿。

1878年12月11日，纳塔尔政府向塞奇瓦约递送了最后的通告，向他提出殖民地政府合理公正的要求。纳塔尔政府要求塞奇瓦约交出侵犯英国领土的罪犯，并按照他继位时做出的庄严承诺，对其政府的行政管理进行各种改革。尽管塞奇瓦约很不正式地发表又撤回了几次宣言，但这只体现出塞奇瓦约的狡猾和欺骗性，同时表明祖鲁统治者和祖鲁军队已经下定决心要发动战争了。

1878年9月30日，高级专员亨利·巴特尔·弗里尔爵士在给大英帝国政府的信中说：

> 我们很难完全了解塞奇瓦约及祖鲁军队的心理状态，因为没有什么强有力的证据可以证明他们的心理倾向。据报，祖鲁军队正在执行不同寻常的特殊任务，其中一些部队在领地内的某些地区组织了大规模的皇家狩猎活动。实际上，这些地区几乎没有什么猎物可狩。显然，其目标是保卫边境免受攻击。据说，狩猎的祖鲁士兵已经接到命令，一旦猎物越过边境，就可以越过边界去追捕猎物。按照祖鲁人的习俗，这似乎是一种公认的挑衅或宣战方式。据说，几

漫画《极端相遇》：塞奇瓦约与约翰·布莱特

股特别的祖鲁武装人员一直监视着通往祖鲁兰的所有水路和陆路。另外,据报,这几股武装人员不时警告纳塔尔当地人不要进入祖鲁领地。向纳塔尔人发出警告的同时,祖鲁武装人员轻蔑地告知纳塔尔人,他们已经接到命令,一旦纳塔尔人越过边境,就要杀死所有的纳塔尔人。一些祖鲁兰的祖鲁人急忙来到纳塔尔,要把他们送到这里放牧的牛赶回去。祖鲁兰的状况令人焦虑不安,人们不知道要发生什么事情。人们看到三艘大船驶往德拉瓜湾,所以感到特别震惊。因通过德拉瓜湾的港口接收武器和弹药的供应通道已经中断,祖鲁人对此极其愤怒。

  我们收到了首批情报,大批祖鲁武装人员对纳塔尔领地发动了突袭。他们从英国人的小屋中拖出了两名避难的妇女,脸上挂着一副轻蔑的表情,这说明他们完全漠视英国政府的存在。接着,他们在边界线的另一侧直接杀死了那两名妇女。每一个细节似乎都证实祖鲁人在挑衅。

  毫无疑问,这些祖鲁人由西拉约的两个儿子领导。西拉约住在纳塔尔边境附近,他以极端反英而闻名。直到前不久,西拉约对塞奇瓦约的支持微乎其微。他已经有一段时间没有接到塞奇瓦约的召见令了。不过,西拉约仍然受到塞奇瓦约的任命并代表国王去管理边界。有人说,其原因一方面是西拉约的地位和影响力及他对欧洲人众所周知的反感;另一方面是西拉约不得不参加塞奇瓦约的克拉尔会议来报告自己的管理情况。因此,西拉约首长在总督一职出缺的情况下参加了塞奇瓦约的克拉尔会议,并接受任命,代行总督职务。考虑到他的反英态度,人们认为这是西拉约和塞奇瓦约之间关系的一个重大进展。

  值得我们记住的是,这些实情——在此做一简要总结——是从1878年9月内一直流传的一大堆非常令人震惊的谣言中甄选出来的,副总督认为此类谣言更值得怀疑，或者不值得相信，但他们的传播使边境两边人心惶惶。

唯一仍然存在问题是：是让祖鲁人等待有利机会及方式攻击英国人，还是以一贯坚定的政策来保护纳塔尔及英属南非殖民地？女王亚历山德拉·维多利亚陛下的高级专员亨利·巴特尔·弗里尔爵士选择了后者。1879年1月4日，亨利·巴特尔·弗里尔爵士向指挥南非驻军的切尔姆斯福德男爵弗雷德里克·塞西杰传达了命令，命令南非的英国驻军进一步执行所有要求①。毫无疑问，这是唯一符合纳塔尔和英属南非殖民地安全要求的方案。塞奇瓦约早就开始为战争做准备，而且在难以压制的好战分子及军队的敦促下，他已经完全下定发动战争的决心；祖鲁的好战分子及军队渴望有用武之地，其高涨的士气难以抑制。为了自保和自卫，英属南非殖民地政府绝对需要一支军队攻打祖鲁兰。

1879年1月初，英国军队的四支纵队横渡图盖拉河。军队以月牙形路线前进，月牙的一头位于卢内堡，即蓬戈拉河，另一头即它的尾部，止于靠近大海的图盖拉河下游。皮尔逊上校率领第一纵队，第一纵队的中心驻扎于在悬崖顶上周围筑起壕沟的坚固营地，从这里可以直接俯瞰图盖拉河。

---

① 高级专员亨利·巴特尔·弗里尔爵士写道："政府已尽其所能，以不损伤大英帝国荣誉的各种方式来避免战争，现在我们感到，我们必须使用女王陛下赐予我们的权力，来确保女王陛下在南非和祖鲁的领地的和平与安全，以及所有邻近部落和人民的和平与安全。"——摘自《高级专员亨利·巴特尔·弗里尔爵士备忘录》，1879年1月13日。
关于将有争议的那片德兰士瓦领地判给塞奇瓦约一事，有人认为，在不涉及已定居和已获得住所的个人居住者权利的情况下，这片领地本应移交给这个野蛮的统治者。开普敦殖民地的首席大法官J. H.德·维利尔斯爵士就这一问题发表了非常详尽而有趣的意见。他认为，英国政府如果与塞奇瓦约为了一项界定双方共同权利的条约而进行谈判，就必须既重视公平性，又重视合法性。亨利·巴特尔·弗里尔爵士提出的论据非常重要。因此，这些论据如果是针对一个能够理解这些论据的当权者而提出，而且值得思考，那么肯定会促使塞奇瓦约放弃他对这片土地的个人拥有权，而只保留他的统治权。——原注

第一纵队包括以下部分：

普通步兵团，由一千五百人组成。其中包括帕内尔上校指挥的团的八个连，威尔曼上校指挥的第九十九团的六个连。

皇家工兵部队，由劳埃德中尉指挥的一个连组成，配有两门七磅大炮。

海军部队，由来自现役驱逐舰"特纳多斯"号的坎贝尔舰长指挥的两百名身穿蓝色海军服的海军陆战队士兵组成，配有三挺加特林机枪。

骑兵部队，由巴罗上尉率领的两百名骑兵组成。

骑兵志愿兵部队，包括由西奥菲勒斯·谢普斯通爵士率领的两百名来自德班的步枪骑兵队队员，由阿巴斯诺特上尉率领的亚历山大骑兵队，由索尔上尉率领的维多利亚步枪骑兵队，由诺顿上尉率领的纳塔尔轻骑兵。除此之外，还增加了一支由格雷夫斯少校率领的两千人的本地特遣队及第九十九团的两个连，它们都驻扎在斯坦格和德班，共同构成了海岸纵队。

第二纵队被派驻于居高临下的"将军山"，除了从纳塔尔进入这里，其他方向都无法进入。第二纵队由贝克·拉塞尔中尉率领，包括三千三百名当地人、两百名欧洲军官及两百五十名当地骑兵。配备了两个炮弹发射筒。

第三纵队的指挥部设在海尔普马卡尔，这里地势较高，视野开阔。弹药库设在格雷镇和雷地史密斯。第三纵队特别强大，配有装载于特别的卡夫拉式牛车上的六门七磅大炮，并由多支部队组成，分别是：第一旅第二十四团的七个连和第二旅第二十四团的八个连；爱德华·S.布朗上尉率领的一支骑兵中队，西奥菲勒斯·谢普斯通爵士率领的一百五十名纳塔尔骑警及纳塔尔马枪兵，罗布森上尉率领的布法罗边防部队，布拉德斯特里特上尉率领的纽卡斯尔步枪骑兵队，指挥官朗斯代尔率领的两千人土著特遣队，即第二团，以及格林上校率领的两千名本地人。总司令切尔姆斯福德男爵弗雷德里克·塞西杰也在第三纵队里。

第四纵队以乌得勒支为根据地，并将其防线布在布拉德河上，从而占据了有争议的德兰士瓦领土。该纵队由第十三团和第九十团组成，配有六门大炮，

维多利亚步枪骑兵队

同时包括雷德弗斯·布勒的轻骑兵。该纵队由亨利·伊夫林·伍德上校指挥，拥有大约两千名经验丰富、值得信赖的士兵，其中没有当地人。

祖鲁国王塞奇瓦约答应英国女王亚历山德拉·维多利亚陛下的高级专员亨利·巴特尔·弗里尔爵士要求——交出侵犯英国领地的罪犯。1879年1月10日，这一承诺的期限已满。1879年1月11日，在格林上校的指挥下，第三纵队穿过布法罗河，进入祖鲁兰。由于大雨冲毁了道路，图盖拉河水位上涨，英军不得不借助木筏、桥和小船来运送士兵。祖鲁人没有进行任何抵抗。与此同时，

雷德弗斯·布勒

亨利·伊夫林·伍德上校

在亨利·伊夫林·伍德上校的指挥下，第四纵队驻扎在本巴人的考普山上，距离洛克渡口大约三十五英里。

1879年1月11日，切尔姆斯福德男爵弗雷德里克·塞西杰率领第三纵队的大部分骑兵，在距离洛克渡口大约二十英里的地方，与亨利·伊夫林·伍德上校及其"非正规军"会和。切尔姆斯福德男爵弗雷德里克·塞西杰对作战效率十分满意，并对亨利·伊夫林·伍德上校部队的指挥官大加赞赏，称他们冲劲十足、军事知识丰富、有勇有谋[①]。

---

① 见1879年1月14日副总司令给国务大臣的信函。——原注

1879年1月12日，切尔姆斯福德男爵弗雷德里克·塞西杰写道："今天我们进行了首次战斗。清晨，我命令所有侦察兵出动，去侦察我们最终要经过的那条路。路过恩库杜山时，我们注意到一些牛群被驱赶到将军山附近，据说那里有西拉约的一个据点。我命令格林上校连同第一旅第二十四团的四个连及第一旅第三团的土著特遣队，在将军山下进行了小规模战斗。当我们的部队靠近将军山时，有人从山洞开火，战斗就此打响。战斗持续了大约半小时，最后我们占领了所有山洞并缴获所有牛群。当我们发现将军山被祖鲁人占领时，德加彻上校也接到命令，从营地率领第二旅第二十四团的半个营及第二旅第三团的土著特遣队大约四百人，在战斗接近尾声时赶到。德加彻上校的部队袭击了西拉约的克拉尔，它位于一座非常陡峭、到处是山洞的大山下。英军士兵和当地居民发生了小规模战斗，然后他们爬上陡峭的山腰，搜索所有山洞，但什么也没有找到。我下令焚烧西拉约的畜栏，但没有焚烧茅屋。土著特遣队表现良好，没有一个土著人去冒犯妇女或儿童，也没有杀害哪怕一个受伤的男人。"①

后来，贝克·拉塞尔中尉率领的一支独立小分队遭到六十名祖鲁人袭击，但他的部下英勇作战，杀死大约十名祖鲁人，其中就有西拉约的一个儿子。他们狠狠地攻打了塞奇瓦约一位主要首领的要塞，同时缴获了五百头牛。切尔姆斯福德男爵弗雷德里克·塞西杰谈到这次交战时说："我看望了在我们医院疗伤的两名祖鲁人。他们得到了很好的照顾。两名祖鲁人一痊愈，我就放他们走，好让他们告诉他们的朋友英国人是怎么打仗的。"

虽然英国军队毫无阻力地渡过了图盖拉河，但行动前后频繁的降雨带来了极大的不便，不仅加大了运输物资的困难，而且使部队在野外行军遭遇了极大的困难。再加上对大路或乡间小道的情况及对牛的驮运能力缺乏了解，从而导致许多方面产生延误。一时之间，英国军队陷入困境。大批步兵被迫转移到祖鲁人的领地，而步兵的补给全部依赖重型牛车的运输。除了第四纵队（亨

---

① 摘自1879年1月12日写给高级专员的半官方信函。——原注

祖鲁士兵

利·伊夫林·伍德纵队），其他部队都没有建立起任何运输系统，所以部队的行进必然非常缓慢。在行进中，因为要守护的牛车车队非常庞大，每一支纵队都存在不利状况而容易遭到攻击。祖鲁人一旦了解到这些情况，就能捕捉到对英国军队发动致命一击的最佳时机。在战争的初期阶段，切尔姆斯福德男爵弗雷德里克·塞西杰已经看到补给方式给行军带来的困难，正如他在1879年1月16日所写的那样，"对于长龙式的运输车队，我们无法保证其在一条漫长的道路上畅通无阻。如果我们继续前进并深入祖鲁兰，我们的补给肯定不会不取自来，相反我们必须回去再运来补给"。

英军已经进入充满危险的地带，遍布深深的峡谷，到处覆盖着繁茂的植被。大量的龙虎草、仙人掌、芦荟和含羞草生长于此。许多地方的灌木丛形成天然堡垒，野人可以很容易地埋伏在灌木丛中伺机袭击对手。开普敦殖民地的卡菲尔人喜欢在这种植被茂密的地方像豹子一样伺机而动。他们要么在战争中袭击白人，要么在和平时期抢劫白人的牛羊。不过，幸运的是，祖鲁人采用的是一种不同的战术——在开阔的野外发动进攻，并以极大的勇敢和惊人的士气彻底击溃对手。夏卡是这样征战并取胜的，塞奇瓦约也靠同样的策略。

第4章
伊桑德尔瓦纳战役

精彩看点

切尔姆斯福德男爵弗雷德里克·塞西杰的计划——英军与祖鲁军队在伊桑德尔瓦纳鏖战——英军大败——洛克渡口保卫战——殖民地的恐慌——请求增援——英国女王亚历山德拉·维多利亚陛下的回应

为了体现事情的公正真实，我们用切尔姆斯福德男爵弗雷德里克·塞西杰自己的话来表述开战时英军的作战计划。这一表述原载于1879年1月16日的一份备忘录中，内容如下：

从正在指挥几个纵队攻打塞奇瓦约的军官那里收到的报告清楚地表明，在今年这个季节，英军绝对不可能迅速攻入祖鲁兰的心脏地带。

所有人都清楚纳塔尔目前的道路状况，那些试图进入祖鲁人领地的人，在这片只有极少数商人的牛车涉足的土地上会面临什么困难，是不言而喻的。

除非曾经使我们牛车陷进的两个沼泽地都能通行，否则驻扎在洛克渡口的第三纵队可能连八英里都前进不了。

在艰难的道路上行军至少会耗费我们四天时间，而且我们每次都会遇到类似困难。

因此，我确定起初制订的作战计划需要做一些修改。

我认为，最初尽可能迫使所有祖鲁人向他们领地东北部撤退的想法是完全合理的。

如果我们不能以超过目前能接受的速度向前推进,那么我建议,可以通过第一纵队、第二纵队、第三纵队从某些特定的路线进行远征,最终彻底荡平或征服布法罗河、图盖拉河和乌姆拉托西河之间的领地。

第一纵队将会按照指示占领埃索威。不过,第一纵队将不会渡过乌姆拉托西河去萨缪尔森先生的传教站——圣保罗传教站,而要把一部分兵力转移到恩图米尼,并占领恩图米尼和埃索威。在恩图米尼和埃索威站稳脚跟之后,第一纵队的主要目标是扫荡英坎德拉的丛林和森林,敦促那些居住或专门驻扎在这一区域的部落酋长和首领投降。

第三纵队首先要到达伊桑达拉山附近的一个地方,然后在第二纵队一部分兵力的协助下扫荡白蚁森林,并敦促白蚁森林里的酋长投降。

完成以上任务后,杜恩福德中校将率领第二纵队部分兵力向恩潘列尼山附近的传教站转移,第三纵队转移至伊西佩兹山附近的新阵地,必要时将分出一部分兵力以支援第二纵队。

我希望各纵队的联合行动能够歼灭纳塔尔边界的大批祖鲁部队。

亨利·伊夫林·伍德上校当时正指挥第四纵队。获知预定方案后,他奉命参加联合行动并单独率军去白乌姆沃洛西河上游采取行动。

当塞奇瓦约要么投降,要么被击败时——这只需要几天时间便可以确定,亨利·伊夫林·伍德上校会占领乌得勒支及邻近的德兰士瓦边境。亨利·伊夫林·伍德上校认为,只要他的部队能够占领的地方都会被占领,除非其他三支纵队都能够渡过乌姆拉托西河,否则自己不会向因拉扎兹山挺进。

我希望，通过这样的战术荡平位于乌姆拉托西河以南的祖鲁兰地区，消灭从乌姆拉托西河上游到白乌姆沃洛西河上游一线后的祖鲁部队。

如果斯威士人来到蓬戈拉河，我们会坚决放弃从乌姆沃洛西河上游到贝文河和蓬戈拉河交汇处一带后面的祖鲁兰地区，甚至会放弃远至莱波波山脉的地区。

我相信，这项作战计划将会得到高级专员的批准。从军事角度来看，我相信这是一年中这个季节唯一可行的办法。如果这个作战计划能够成功实施，战争就会产生令人非常满意的结果。在政治上，我同样相信这个作战计划也将取得良好结果。

我们要占领祖鲁兰的大部分地区及对英国有威胁的地区。我们要完全掌控纳塔尔边界，并在相当大程度上掌控德兰士瓦的边界。我们希望塞奇瓦约继续调动祖鲁军队。很明显，祖鲁军队将很难得到足够的补给。

1879年1月20日，第三纵队驻扎在伊桑德尔瓦纳山。该纵队由格林上校率领，而总司令切尔姆斯福德男爵弗雷德里克•塞西杰从图盖拉河一路随军而来。当日，指挥官朗斯代尔和达特内尔少校接到了命令。命令要求他们在翌日早晨率军与由土著特遣队、纳塔尔骑警和志愿兵组成的部队一起出发，向前挺进。1879年1月21日，达特内尔少校派人送来消息说，祖鲁人在他附近集结了大批部队。于是，切尔姆斯福德男爵弗雷德里克•塞西杰命令第二团、第二十四团、骑兵全部兵力立即投入战斗，还给它们配备四门大炮。天色微明时，这支部队出发了。切尔姆斯福德男爵弗雷德里克•塞西杰离开前，向指挥第二纵队的杜恩福德中校下达了如下命令："命令你带上所有骑兵和榴弹炮炮兵，立刻前往伊桑德尔瓦纳营地并指挥这里的部队。我与格林上校随行，马上去攻打马提亚纳要塞及那里的一支祖鲁部队。"据说，这支祖鲁部队在十二英里或十四英里外，目前由纳塔尔骑警、志愿兵和纳塔尔土著特遣队密切关注其动向。格林上校带着第二旅第二十四团、四门大炮及一队骑兵①出发了。第三纵队参谋长克利里少校说："在离开营地前，我已经向第二十四团普莱因上校发出书面指示，大意如下——'格林上校不在营地时，由你指挥营地的部队。（我记得是这样说的）军队出动时'——我不确定是哪支军队——'一定要严守营地、防线及步兵前哨线；骑哨一定要设在距离营地更远的地方。'在离开营地前，我又去普莱因上校的帐篷以确认他已经收到书面指示。同时我再次口头向他重复了一遍指示②。"第十四骑兵团的艾伦·加德纳上尉说，他于1879年1月22日同切尔姆斯福德男爵弗雷德里克·塞西杰一起离开营地，之后又接到切尔姆斯福德男爵弗雷德里克·塞西杰的命令，当天10时至11时又被派回营地。普莱因上校接到命令说，出营执行任务部队的营地可能会遭到袭击，因此他被立即派往营地，"而且还要储备大约七天的粮草"。这一命令来的太晚了。普莱因上校接到命令的那一刻，杜恩福德上校正在后退。他请求普莱因上校给予增援，很快祖鲁大军开始出现。

为了使人们更容易理解这一天生死攸关的行动，现在我有必要提一下祖鲁军队方面的情况。祖鲁军队共有两万人，包括乌迪团、诺肯克团、乌姆希图团、恩科巴马科西团和因博纳姆比团。上述团是塞奇瓦约军队的精锐。1879年1月21日晚上，所有团接到塞奇瓦约的命令。塞奇瓦约命令它们分成小型分遣队向离伊桑德尔瓦纳营地以东大约一英里半的地方前进。该地在一片多石的高地上，离1879年1月21日下午切尔姆斯福德男爵弗雷德里克·塞西杰和格林上校到过的地方大约只有一千码。祖鲁士兵没有生火，黑夜死一般沉寂。中间是乌迪团，右翼为诺肯克团和乌姆希图团，左翼为因博纳姆比团和恩科巴马科西团。塞奇瓦约的命令很简单，就是将英军的第三纵队赶回纳塔尔，完全没有在1879年1月22日发动进攻的任何意图。月光很暗淡，祖鲁士兵没有喷洒通常用来提

---

① 克里洛克上校：《军事法庭上的声明》。——原注
② 第三纵队参谋长克利里少校：《军事法庭上的声明》。——原注

振士气的草药,也没有唱响战歌。当然,祖鲁军队没有进行往常的迷信活动只是权宜之计。当祖鲁军队注意到英国军队很分散,对祖鲁军队的行动毫不知情且粗心大意时,祖鲁军队指挥官的感觉就像当年奥利弗·克伦威尔胜券在握一样——提到苏格兰军队时,奥利弗·克伦威尔说:"上帝已经把苏格兰军队交到我们手中了。"

1879年1月22日上午,杜恩福德上校率领巴苏陀骑兵进攻乌姆希图团。对祖鲁军队而言,这是一个不容忽视的有利机会。因为英军在这里只有第三纵队

奥利弗·克伦威尔

的一部分兵力和一处未设防的营地,守卫营地的士兵分散在一大片空地上,而且丝毫没留意到势如破竹且兵力集中的祖鲁大军就在他们身边。乌姆希图团冲锋在前,很快诺肯克团、因博纳姆比团、恩科巴马科西团随之勇猛地向前冲锋,留下乌迪团坚守阵地。之前,祖鲁军队和英军还没有发生过真正的激烈战斗。1879年1月22日清早,在切尔姆斯福德男爵弗雷德里克·塞西杰离开营地不久,土著特遣队的一些人被派去侦察敌情,他们要么没看见祖鲁人,要么假装没看见。1879年1月22日大约9时,杜恩福德上校带着两百五十名骑兵和两百五十名土著步兵赶到英军营地,立刻分成左侧偏东、左前方和后方三支分

伊桑德尔瓦纳山战场上的祖鲁人

前进中的祖鲁人

队向祖鲁军队发起进攻。他们非但没有采取集中兵力的方案，反倒采取了完全相反的战术。首先遭到祖鲁军队攻击的是被派往左侧偏东方向的分队。祖鲁军队现在已经没必要再隐藏，信使告知杜恩福德上校一支祖鲁大军正向这里进发。普莱因上校和杜恩福德上校进行了紧急磋商，但似乎分歧很大。接着，第二十四团第一营的一个连立即被调到离英军营地大约一英里半的地方，即伊桑德尔瓦纳山的一个山口，试图阻止祖鲁军队的前进。时间紧迫，只有采用这一战术才有可能取得胜利。

祖鲁军队意志坚定，正悄悄地稳步前进。乌姆希图团组成祖鲁军队右翼的中部，与英军第二十四团第一营的一个连及杜恩福德上校的大约两百名土著士兵交上了火。诺肯克团组成祖鲁军队左翼的中部，前进时遭到英军两门大炮的轰击。诺肯克团左翼的因博纳姆比团及外围的恩科巴马科西团掉转方向，

祖鲁人发起冲锋

直逼英军营地前方,挡在它们前面的只有杜恩福德上校骑兵团的一部分兵力及辅助骑兵团的一队志愿巡逻兵①。乌迪团看到其他四个团已经开始进攻,便隐藏在伊桑德尔瓦纳山北侧,然后掉转方向来到西面——牛车道穿过西面的山口。在英军营地左前方,英军步兵表现得极其英勇,成功击退了恩科巴马科西团的三次进攻。然而,博纳姆比团前来增援,使祖鲁军队沿着英军营地的南面向前推进,从而扭转了战局。英军的大炮被移到了土著分遣队的右边,士兵们隐藏在下面的峡谷里;第一旅第二十四团的三个连仍然守在营地左边,由杜恩福德上校的巴苏陀骑兵辅助,这些骑兵是被祖鲁军队打回来的。第一旅第二十四团的一个独立连,已经被祖鲁军队赶到离营地一英里半的地方,该连且战且退。

---

① 见《土著人的陈述》与《司令部工作人员德拉蒙德的陈述》。——原注

祖鲁军队迅速包围了英军营地。英军的炮火只遏制了祖鲁军队的一部分兵力。尽管祖鲁军队火力较弱，但人数众多又处于极其有利的地理位置，这使他们勇气倍增。祖鲁军队不再稳步前进，也不再沉默不语。祖鲁士兵们开始互相拥抱，欢呼雀跃。土著特遣队和守营士兵惊慌失措，四散奔逃；乌迪团突然出现在营地右后方，切断了英军向洛克渡口撤退的道路。一场力量悬殊的肉搏战即将开始。祖鲁军队英勇无畏、不屈不挠，像海水冲溃堤坝一样，气势汹汹，锐不可当。历史上最可怕的一场悲惨战斗发生了。祖鲁士兵手持短柄尖矛，赤膊上阵，杀声阵阵，呼啸呐喊，其间伴随着英军士兵声声呻吟。英军士兵没有得到祖鲁人的任何饶恕和怜悯。数以百计的英军士兵或被祖鲁士兵俘虏，或血洒沙场。由于弹药供应不足，英军的命运变得更加可怜，这也使这场战斗更受人们非议。

从始至终没有什么比英军保卫伊桑德尔瓦纳山附近营地的战斗更加糟糕了。由于毫不知情和极度鲁莽，一支英军部队被祖鲁军队分散后打败；如果当时英军形成一个空心方阵，或者按照荷兰人的作战习惯形成车阵，至少在切尔姆斯福德男爵弗雷德里克·塞西杰和第三纵队的其他部队到达之前，这里的英军还可以对抗祖鲁大军。在伊桑德尔瓦纳山，人们看到了这样悲惨的结局：由于英军指挥官非常明显的无能和愚蠢，勇敢的英军士兵纷纷倒下，命丧沙场。对于英国步兵来说，他们所处的位置使他们几乎没有逃跑的机会；对于英军骑兵来说，恩科巴马科西团与乌迪团没能会合，所以有机会逃走，但这个机会被一群逃亡者利用了。在奔逃过程中，许多英军骑兵到达布法罗河之前就被打死，还有许多士兵在试图过河时被淹死或被子弹击中身亡。当然，祖鲁人遭受了严重损失。乌姆希图团因遭到英军第二十四团独立连的炮击而损失惨重，而这个独立连从营地出发后再也没有回去；恩科巴马科西团的士兵成堆倒下，诺肯克团冲锋的山坡上布满死尸。英国军队也损失不小，阵亡人员包括皇家炮兵第五旅某炮兵连的六十二名士兵；七名皇家工程兵，其中包括杜恩福德上校；第二十四团第一营四百零五名士兵，其中包括普莱因中校、德

祖鲁人与英军在伊桑德尔瓦纳展开厮杀

伊桑德尔瓦纳战役

加彻上尉、莫斯廷上尉和沃德尔上尉,中尉副官梅尔维尔——在布法罗河西岸,梅尔维尔英勇保卫他所在团的团旗时阵亡,后来人们发现团旗裹在他的身上;第二十四团第二营一百六十五名士兵;陆军医疗部外科主任谢菲尔德;十二名骑兵;二十六名纳塔尔骑警;二十二名纳塔尔马枪兵;七名纽卡斯尔来复枪兵;三名布法罗边防兵;纳塔尔土著特遣队第三团第一营三十七名士兵;纳塔尔土著特遣队第三团第二营三十七名士兵。骑兵和其他志愿兵中有许多纳塔尔头面人物的儿子,警察中也有许多殖民者的亲属。官方名单上公布了阵亡的白人士兵有七百七十多名。毫无疑问,包括忠诚的土著人在内,英军阵亡人数肯定达到一千人了。所有的辎重、枪炮和弹药都成了祖鲁军队的战利品。从总攻开始到战斗结束极短的一个小时内,祖鲁军队获得了一次明显的胜利。英军活下来的除了许多骑马或徒步逃走的土著人,还有大约四十个穿过布法

梅尔维尔阵亡

发现梅尔维尔遗体

罗河逃走的白人。逃走的白人中大约有二十五人或三十人在1879年1月22日17时至18时到达海尔普马卡尔。乌迪团以为英军营地已被祖鲁军队的其他部队洗劫一空了,所以沿着洛克渡口快速前进,以确保获得那里的战利品。乌迪团匆匆赶往英军营地,没有遇到丝毫抵抗。

此事发生时,切尔姆斯福德男爵弗雷德里克·塞西杰、格林上校和第三纵队大部都已离开营地。此战打响前的1879年1月20日,切尔姆斯福德男爵弗雷德里克·塞西杰对一个建有马提亚纳要塞的地方进行了考察,那里有一处深谷,到处是洞穴。英军以前没有对这个地方进行侦察,所以切尔姆斯福德男爵弗雷德里克·塞西杰派出两个不同的小组仔细查看并向他详细汇报。其中一个侦察员是达特内尔少校的部下,侦察员报告说他发现了祖鲁人的部队,如果派三个步兵连到那里,就能发动攻击。这一请求没有得到同意。1879年1月22日2时30分,格林上校接到命令,要求他带着六个连、四门大炮及骑兵,前往达特内尔少校所在的地方进行支援。同时杜恩福德上校也奉命前去加强伊桑德尔瓦纳山附近营地的力量。切尔姆斯福德男爵弗雷德里克·塞西杰跟随格林上校的增援部队,于1879年1月22日6时30分到达达特内尔少校所在的地方。不久,祖鲁军队出现在远处,但英军发动总攻时祖鲁军队撤退了。毫无疑问,这一切都是祖鲁人作战计划的一部分,其目的是为了牵制英军这部分兵力,并阻止其进入伊桑德尔瓦纳山附近的营地。唯一真正的交战发生在伊桑德尔瓦纳山最右端。在那里,五百名祖鲁士兵与祖鲁大部队的联系被切断,其中三十名祖鲁士兵被杀。1879年1月22日9时,切尔姆斯福德男爵弗雷德里克·塞西杰收到普莱因中校的一份简短报告,说他听到了枪声,但没有提供进一步的细节。之后,切尔姆斯福德男爵弗雷德里克·塞西杰派米尔恩中尉到一个可以看到英军营地的山顶去侦察,米尔恩中尉用一架功能非常强大的望远镜侦察了至少一个小时,但没有发现任何异常。于是,米尔恩中尉选定一个新的营地,并命令军队当晚在那里宿营。然后,切尔姆斯福德男爵弗雷德里克·塞西杰开始和贝克·拉塞尔中尉率领的骑兵部队一同返回伊桑德尔瓦纳山附近的营地。在行进到距离伊桑德尔瓦纳山不到六英里的时候,切尔姆斯福德男爵弗雷德里克·塞西杰发现土著特遣队第一营驻扎了下来,指挥官朗斯代尔骑马过来报告说他已经骑马去过营地。不久,他们发现这个营地是属于祖鲁人的。其实早在1879年1月22日9时30分至10时克莱里少校从普莱因中校那里收到半张纸条上写的命令,这个命令①中提

---

① 《克里洛克上校的陈述》。——原注

洛克渡口的英军

到营地附近有一支祖鲁部队。当时祖鲁部队离英军营地只有十二英里,快速前进可以提前一天到达英军营地附近。这个命令尽管没有在调查取证中给出确切表述,但显然是最重要的情报。在这之后,米尔恩中尉在报告中这样说道,除了那些被赶进营地的牛群,他什么也没发现。普莱因中校所发命令的紧急性可以说明当时情况很重要。尽管如此,人们没有丝毫的警惕,直到可怕的消息如晴天霹雳般传来——英军营地被攻占,守军被歼灭。切尔姆斯福德男爵弗雷德里克·塞西杰一听到这个可怕的消息,立刻派戈塞特少校去向格林上校传达命令,命令格林上校率领全部兵力立即去救援。当时是1879年1月22日16时,格林上校还在离伊桑德尔瓦纳山附近营地六英里之外。切尔姆斯福德男爵弗雷德里克·塞西杰和先遣队继续前进,直到离营地不到两英里时才停下来。贝克·拉塞尔中尉去前线侦察,1879年1月22日大约17时45分左右返回。贝克·拉塞尔中尉报告说:"一切都糟透了。祖鲁人洗劫了英军伊桑德尔瓦纳山附近营地。"1879年1月22日18时,格林上校率部队赶到伊桑德尔瓦纳山附近营地并布好了战阵,切尔姆斯福德男爵弗雷德里克·塞西杰下达了动员令。士兵们没有丝毫动摇的迹象,勇往直前,决心全力克敌。全部兵力如下:炮兵在中央,两侧各布第二旅第二十四团的三个连,分为四个部分;土著特遣队、骑马步兵部署在最右侧,纳塔尔志愿骑兵部署在最左侧;纳塔尔骑警留作后备军。整个部队以这样的阵势快速前进。炮兵轰击祖鲁军队防线最窄处的最高点并轻松地占领了这里的阵地。夜幕降临,可怕的屠杀场面笼罩在夜幕之下,士兵们躺在被洗劫一空的营地废墟中,举目所及,到处是人、马和牛的尸体。英军士气低落,显得更加疲惫不堪。士兵们永远不会忘记黑暗时刻的疲惫与悲伤。此时此地,英军士兵完全可以预料到他们的前方和后方都会受到攻击。但幸运的是,祖鲁人知道如何取得胜利却不知道如何扩大战果。尽管夜间听见了几次警报,但英军没有听到一声枪响。因此,切尔姆斯福德男爵弗雷德里克·塞西杰和他的剩余部队才能在黎明时分迅速赶去解救洛克渡口的危急局面。

1879年1月22日,斯波尔丁少校留下查德中尉在洛克渡口指挥作战。然后,他前往海尔普马卡尔,然后赶往洛克渡口,督促奉命保护洛克渡口的第二十四团连队前进。1879年1月22日15时15分左右,朗斯代尔团部的阿登多夫中尉和一名马枪兵急匆匆骑马从祖鲁兰赶来,大声喊着要过河。随后,阿登多夫中尉留下继续协助防御,那名马枪兵则带着情报前往海尔普马卡尔。当时,祖鲁军队正在大举进攻纳塔尔殖民地,因此必须不惜一切代价守住洛克渡口,这一消息对伊桑德尔瓦纳来说是一场可怕的灾难。这时,由布隆海德中尉指挥的第二十四团驻扎在军粮仓库附近的那个连收到了第三纵队的一条消息,并派人去请来了查德中尉。目前防御准备工作已尽全力,驻守小分队用许多玉米袋垒在两辆牛车上组成胸墙,胸墙将分离的建筑连接了起来;仓库和医院的门窗都被堵死,墙上开凿了射击口。所有可用的东西都用上了,勇敢的驻守小分队下定决心,即使战死在脆弱的防御工事后面,也要击退祖鲁军队。

　　在河边,船夫丹尼尔斯和第三团的米尔恩中士提议,把渡船用缆绳连起来停在河中央。尽管这一提议遭到大家的拒绝,但最后这两个勇敢的人也加入了驻守部队。

　　1879年1月22日16时20分,人们听到了枪声。在此之前,杜恩福德上校的一名军官曾接到命令,要求向祖鲁军队方向派遣前哨以查清其行动情况。然而,杜恩福德上校的这名部下不但不愿服从命令,而且派了一百名士兵骑马去了海尔普马卡尔。大约在同一时间,斯蒂芬森上尉率领纳塔尔土著特遣队分队离开了驻守小分队。剩下的守军立刻发现,这条防线对所剩甚少的士兵们来说太长了,必须立即用压缩饼干箱子垒起一道新的防御工事。1879年1月22日16时30分,防御工事只垒到有两层压缩饼干箱子那么高时,守军便看到大约六百个祖鲁人正向自己的南面冲过来。祖鲁人尽管遭到持续不断的炮击,损失惨重,但还是继续向前推进了五十码。同时,祖鲁军队遭到来自仓库方向的一股交叉火力的袭击而停滞不前。令人意外的是,许多祖鲁人利用炊具等做防护并没有停止攻击,而是向左边移动绕过医院,又向西北用玉

英军依托洛克渡口的工事抵抗祖鲁人的进攻

守卫洛克渡口英军伤亡惨重

米袋垒成的胸墙冲去。接着，这里发生了一场殊死搏斗的白刃战。结果，祖鲁人被击退，英军守军也损失惨重。

附近的灌木丛没有砍倒，这使祖鲁人借着灌木丛的掩护靠近了英军防御工事。祖鲁人拼命发动了几次进攻，但每次进攻都被英军的刺刀击退了。

一场猛烈的大火从堑壕上的石头中袭来，给英军造成严重的损失。1879年1月22日18时左右，火势依然很猛，英军士兵不得不躲在压缩饼干箱子垒起的防御工事后面。在这个过程中，祖鲁人一直试图强攻医院。不久，他们又放火烧毁了医院的屋顶。医院那边的守军非常英勇，让所有可以转移的伤病员都离开了医院，然后挨个保卫楼层。最后撤离医院的是第二十四团的四名士兵。他们分别是威廉姆斯、胡克、E.琼斯和W.琼斯。他们的弹药都用完了，只能手握刺刀守在门口。

接着，英军士兵用玉米袋垒成了工事，从而第二道火力在其周围形成了。在这期间，医院着火了，祖鲁人继续试图烧毁仓库的屋顶。夜幕降临前，这支勇敢的守军小分队被完全包围，在击退祖鲁人的几次进攻后，他们撤到防御工事的中心位置。祖鲁人激烈的围攻一直持续到午夜以后。之后，防御工事周围断断续续烧起了大火，大火烧了整整一夜。

1879年1月23日4时左右，炮火停了。拂晓时分，祖鲁人消失在西南方向的山丘上。这支英军驻守部队的人数正好是一百零四人——不包括三十五名伤病员，而参加此次战斗的祖鲁军队却多达约三千人，其中至少有三百五十名祖鲁人被击毙。这样一来，一小队勇敢的英军士兵凭借不屈不挠的战斗精神和坚忍不拔的意志挽救了纳塔尔殖民地。他们堪比温泉关战役中的勇士。

1879年1月23日7时左右，英军又看到一大批祖鲁人正在前进。英军的弹药几乎用完了，但援军还未从海尔普马卡尔赶来。庆幸的是，1879年1月23日8时左右，第三纵队终于出现了。不久，切尔姆斯福德男爵弗雷德里克·塞西杰一行骑马来到洛克渡口并高度赞扬了防守部队的壮举。切尔姆斯福德男爵弗雷德里克·塞西杰称赞防守部队以不屈不挠的勇气和坚定不移的决心，勇敢地抵抗了

祖鲁人逼近英军的防御工事

数倍于己的祖鲁人，极大地挽回了伊桑德尔瓦纳战役灾难性后果的影响。当时，切尔姆斯福德男爵弗雷德里克·塞西杰很正式地说道："毫无疑问，防守部队拯救了纳塔尔，使其免遭祖鲁人的严重入侵。"他还补充道："我们勇敢的守军表现出来的沉着冷静、坚定勇敢，令人赞叹！我相信，大家对此有目共睹并充分认可。"

客观地评价，伊桑德尔瓦纳战役的惨败有力地证明了高级专员亨利·巴特尔·弗里尔爵士提出的支持战争论点的正确性。很显然，祖鲁国王塞奇瓦约拥有一支随时可以出其不意地进攻纳塔尔殖民地的军队。基于纳塔尔殖民地广阔的边疆及土著人的性格特征，祖鲁军队可能会在人们未完全搞清状况时就已摧毁纳塔尔殖民地。用亨利·巴特尔·弗里尔爵士的话来说，如果忽视这样一个事实：由于我们的忍耐、默许而任由纳塔尔殖民地附近崛起一支由一位不负责任、残忍嗜血、凶狠奸诈的暴君来指挥的非常强大的军队，那么我们的忍耐不但不会有任何好处，甚至会有罪。对于纳塔尔殖民地所有爱好和平的英国居民构成的社会来说，祖鲁人强大的军队只会使这个社会非常不稳定，除非英国政府派来军队守卫。否则，这个社会无法以任何状态安全地继续存在。伊桑德尔瓦纳战役惨败的消息一传到纳塔尔殖民地，立刻引起了一场可怕的恐慌。纳塔尔殖民地居民逃往周边各镇，四面八方都设置了临时防御营地，德班和彼得马里茨堡立刻修筑了防御设施和碉堡。英勇的洛克渡口保卫战和犹如神助的图盖拉河洪水，有力地挽救了纳塔尔殖民地。一旦祖鲁军队越过边界，组织严密而有序地进入纳塔尔殖民地，那就没有什么能够阻止祖鲁军队取得胜利。

伊桑德尔瓦纳战役的惨败，使英国人不再信任土著盟友。土著盟友因此遭到疏远而渐渐被遗弃。切尔姆斯福德男爵弗雷德里克·塞西杰也被迫打报告向英国政府说明，英军想要取得对祖鲁人军事行动的胜利就需要英国政府对殖民地予以大量增援——三个英国步兵团、两个骑兵团、一个皇家工兵连及一百名炮兵。当报告送到英国后，切尔姆斯福德男爵弗雷德里克·塞西杰的请求立即得到批准。不过，随后一段时间人们中出现了一种可怕的、焦虑不安的情绪。纳塔尔殖民地的白人居民的感受难以用语言描述，他们时刻都担心会听到这样的消息——野蛮、残酷的祖鲁大军正在全速前进，目标就是彻底消灭其憎恨的白人。德班和图盖拉河之间相距仅六十英里，彼得马里茨堡面临的危险更大。许多人逃到了海边，又从海边逃往邻近的殖民地。在临时防御营地和仓促修建的防御工事后面，还有很多人怀着恐惧等待来自战场的任何消息。在开普敦殖民地，政府采取了最有力的措施。来自开普敦的两百名志愿兵和来自伊丽莎白港的一百名志愿兵立即前往威廉国王镇，奉命协助前往纳塔尔殖民地的第八十八团。九百名士兵组成的义勇骑兵队奉命去占领边境上的一些阵地，八百名开普敦骑兵协同行动。两千名欧洲人全副武装起来了，其中一千七百人是骑兵。为了阻止彭多人、巴苏陀人和格里夸人可能发动的叛乱，这样做非常有必要。因为彭多人、巴苏陀人和格里夸人只是等待时机来共同对抗欧洲人，所以面对这样的局势，整个南部非洲的欧洲人，面对所有黑人种族，又惊又怕。虽然基列卡人和盖卡人已经被彻底打败，但巴苏陀人和彭多人到目前依然踌躇满志。巴苏陀人和彭多人饶有兴趣地观望着祖鲁人与英国人的战争。当然，他们还是更加同情并倾向于塞奇瓦约。

英国女王亚历山德拉·维多利亚陛下对殖民地的状况予以极大的理解与慰问。1879年2月18日，她令国务大臣以最快的速度向英国守军发去慰问电报。电报中说，女王亚历山德拉·维多利亚陛下对所有阵亡的勇敢的英国政府军将士及殖民地官兵表示沉痛哀悼！对切尔姆斯福德男爵弗雷德里克·塞西杰应对所处困难局面的能力充满信心。电报的结尾这样写道："我们将以最快的速度予以武器和部队的增援。"

英国外交部由于卷入祖鲁战争而受到国人的猛烈抨击。迫于舆论压力，外交部不得将责任推到亨利·巴特尔·弗里尔爵士的身上——在外交部完全不知情及未获批准的情况下，亨利·巴特尔·弗里尔爵士采取了一项肯定会导致战争的措施，而这完全有可能避免。亨利·巴特尔·弗里尔爵士这位高级专员得到任命后，被批准授权参加这场战争。亨利·巴特尔·弗里尔爵士清楚地知道，英国必须立即在祖鲁兰发动这场战争；而保守党温和而粉饰的指责，显然更多出于党派的内部需要而非实际情况。灾难总会唤起人们对受害者的哀悼，同样英国人也为战争发出了高声抗议。然而，亨利·巴特尔·弗里尔爵士坚信，他最终会得到公正的看待与对待。在英国国内，英国政府拥有足够的权力和权威，不会因为民众的强烈抗议而抛弃切尔姆斯福德男爵弗雷德里克·塞西杰。

第5章
因耶赞战役

精彩看点

皮尔逊上校率领的第一纵队——祖鲁军队在因耶赞战役中败北——第一纵队挺进埃科韦——亨利·伊夫林·伍德上校率领的第四纵队——奥罕与亨利·伊夫林·伍德上校会谈——乌姆贝里尼酋长和曼扬约巴酋长的暴行——海军的支援

现在，我们必须要谈一谈皮尔逊上校指挥第一纵队的行动情况。该纵队由一千两百名英国士兵组成。第一纵队渡过图盖拉河，并于1879年1月18日开始向埃科韦挺进。与该纵队随行的至少有一百三十辆辎重牛车及若干其他车辆，整个部队以如下图布阵方式前进。

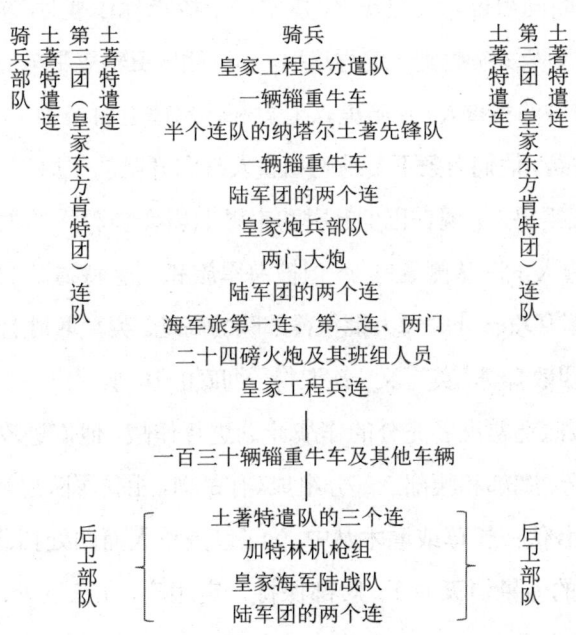

第 5 章 因耶赞战役

英军的运输困难相当大，大批辎重牛车不仅延误了前进的速度，而且使部队在行进中更容易遭受难以抵抗的袭击。在行军过程中，第一纵队除了摧毁祖鲁军队一个较大的营地，再没有取得其他大的胜利。然而，祖鲁军队一直在英军纵队周围徘徊，伺机而动。

1879年1月22日5时，就是伊桑德尔瓦纳山附近营地出事的那天，第一纵队又开始行进。第一纵队沿着广阔、肥沃的山谷行进五英里后，道路突然拐向左边，埃科韦所在的高地开始出现在眼前。先头部队到达拐弯处，正准备停下来吃早饭。突然，大部队的右翼和先头部队两侧都遭到了袭击。祖鲁人一直埋伏在那里，英军一到，他们立刻从一处丛林冲到另一处丛林，以极快的速度向英军射击，接着又有序地向前推进。祖鲁人离英军部队只有一百五十码。英国皇家炮兵部队的两门七磅大炮和海军旅的两门二十四磅火炮火力凶猛，阻滞了祖鲁军队前进的步伐。英军的大炮和火炮架在山口附近那个小丘上，英军侧翼就是在那里遭到祖鲁人袭击的。为了协保这个小丘，陆军团的两个连及海军旅第一连、第二连不断向祖鲁人猛烈开火，皮尔逊上校指挥作战时，辎重牛车也停在小丘上。当英军阵线缩短到一定程度时，陆军团守卫辎重牛车的两个连马上被派去进攻丛林中的祖鲁人。在哈里森上尉和怀尔德上尉带领下，陆军团两个连的士兵开始突袭。他们有条不紊地将祖鲁人赶向开阔的平原，然后用火炮、大炮和步枪消灭祖鲁人。现在巴罗上尉和韦恩上尉率领骑兵的主力部队能够继续前进了。祖鲁人试图从侧翼包抄，但被海军旅和土著特遣队的一部分部队挫败。之后，英军猛攻一处驻守大批祖鲁部队的高地。英军取胜且战果辉煌。最后，祖鲁士兵四散奔逃，英军又一次取得了彻底的胜利。

祖鲁军队按照通常准备充分的作战计划进行作战。他们进攻的阵形呈牛角形，由牛角部分、胸部和腰部三部分组成。作战时，祖鲁军队通常先用一只角佯攻，另一只角潜伏在长草或灌木丛中，为了包围敌人而四处扫荡。然后胸部前进，并以巨大的力量消灭对手。腰部保持一定距离，守在远处，只有追击对手时才会加入战斗。

英军的辎重部队

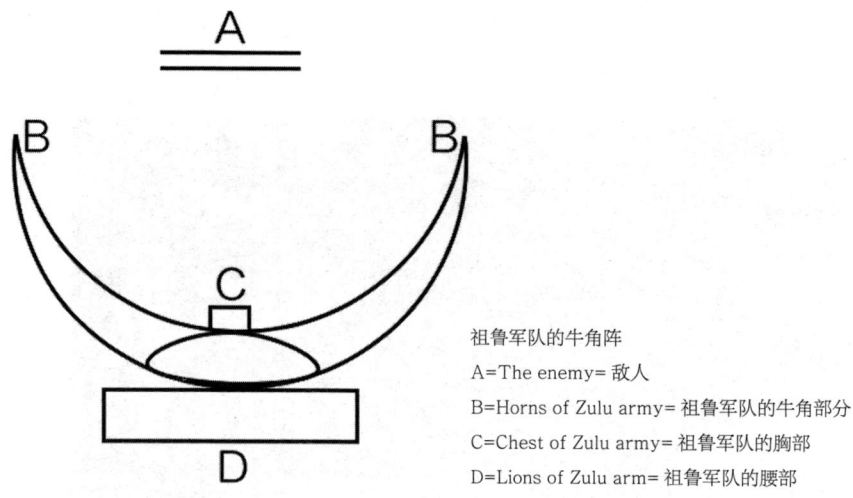

祖鲁军队的牛角阵
A=The enemy= 敌人
B=Horns of Zulu army= 祖鲁军队的牛角部分
C=Chest of Zulu army= 祖鲁军队的胸部
D=Lions of Zulu arm= 祖鲁军队的腰部

　　因耶赞战役持续了整整一个半小时，从1879年1月22日8时到9时30分。在这场战斗中，英军损失较小，十二人死亡，十六人受伤；祖鲁军队死亡三百人。据推测，此次祖鲁军队的进攻兵力近五千人。

　　战斗结束后，第一纵队恢复了平静。夜间，第一纵队在离战场只有三英里的一个高岗上宿营。天亮后，虽然行军的道路蜿蜒、陡峭，但第一纵队在继续前进六英里后，终于在1879年1月23日到达埃科韦。第一纵队打算把多余的物资留在埃科韦并派一支小部队驻守，然后向乌伦迪挺进，直捣塞奇瓦约老巢。但这个计划后来不得不彻底改变。1879年1月29日中午，第一纵队见到切尔姆斯福德男爵弗雷德里克·塞西杰派来的一名信使，信使报告了伊桑德尔瓦纳战役惨败的消息。信使还说，祖鲁军队可能会全力进攻第一纵队。皮尔逊上校需要立即做出决定：要么守住阵地，要么立即迅速赶回图盖拉河。英军很快召开了紧急会议并以微弱多数通过决议，要不惜一切代价守住阵地。事实证明，这一决定非常明智。

　　为了节省资源，所有骑兵和土著特遣队的两个营都被调回去了。为此，驻军也失去了获取祖鲁人行动情报的一切手段。维多利亚、斯坦格和德班的轻骑兵及纳塔尔轻骑兵和纳塔尔土著特遣队的两个营，在接到命令后，都于1879年

英军与黑人部队

1月29日14时骑马出发,并于午夜安全抵达图盖拉河边,途中没有看到任何祖鲁人。伊利上校在运送给养的途中又奉命赶往埃科韦。为了更快地赶到埃科韦,伊利上校丢下了装着面粉、饼干、酸橙汁和糖等物资的八辆牛车。1879年1月30日,所有部队都进入了尚未筑好堡垒的营地中。因为不允许支帐篷,所以军官和士兵们不得不挤在牛车下宿营。这里的驻军由一千三百三十九名白人和三百五十五名黑人组成,其中有四十七名白人和两百九十名黑人都是平民。装备包括一千两百支马提尼步枪,每支步枪配有三百三十发子弹;一挺加特林机枪,配有十二万七千发子弹;两支榴弹炮,配有八十三枚榴弹;两门七磅大炮,配有五百发炮弹。

英国驻军虽然拥有三千头牛,但不得不把许多牛赶走。很快,英军在护墙外的壕沟里发现九十头牛被宰杀。英军据此得知有很多祖鲁人在附近。因此,英军大大加固了堡垒。堡垒呈方形,东西两侧各长三百码,北侧长一百二十码,南侧长一百八十码。牛车排在护墙内侧几码的地方。教堂被改建成了医院,牧师住所改建成了储藏室,其他所有建筑都被拆除。听到起床号后,所有士兵都起来忙着修筑堡垒。筑好堡垒后,他们又忙着铺路。1879年1月30日20时"最后一声岗哨"响过后,所有士兵都入睡了。士兵们常常被教堂的钟声惊醒。每到这时,士兵们会立刻把守护墙。军队征召了几名未受过正规训练的骑兵,让他们白天在前哨站岗。当时,一支两万人的祖鲁军队正埋伏在埃科韦和图盖拉河之间伺机而动。

切尔姆斯福德男爵弗雷德里克·塞西杰要求皮尔逊上校减少此地的驻军,将一部分兵力调往图盖拉河附近的要塞。但这显然不可能,皮尔逊上校对切尔姆斯福德男爵弗雷德里克·塞西杰发出这样的命令感到非常惊讶。1879年2月6日,皮尔逊上校写信给切尔姆斯福德男爵弗雷德里克·塞西杰,请求他派来二十辆牛车及护送部队。但切尔姆斯福德男爵弗雷德里克·塞西杰回信说,六个星期内,图盖拉河下游不可能派出护送牛车的部队去埃科韦,并且他希望能够减少埃科韦的驻军以便组成一支游击队。当然,这完全不可能,也没有人

图盖拉河边的英军

尝试这样做。1879年2月10日，堡垒终于建成。堡垒外的壕沟深七英尺，宽十二英尺。壕沟内侧还有护墙。木桩扎在壕沟里。木桩上缠着铁丝网。两门七磅大炮分别架在堡垒的东南角和西南角，榴弹炮炮台设在西北角，加特林机枪架在护墙东侧。

尽管士兵们已经尽力打扫了营地，但恶臭还是令人作呕，尤其到了晚上更加令人无法忍受。不久，士兵的配给不得不减少。一瓶腌菜卖二十五先令，一罐沙丁鱼卖十二先令，一听牛奶卖二十三先令，一份火腿卖七先令。粗茶淡饭足够士兵们填饱肚子，而他们真正缺乏的是外界的消息：战争进行得如何？外界的情况如何？他们迫切渴望得到这样的情报。他们一直盼着看到车队，但一辆车也没有来。狡猾的祖鲁人一直埋伏着，伺机而动，但从未对堡垒发动攻击。洛克渡口保卫战不仅使纳塔尔殖民地免遭毁灭，也使埃科韦免受攻击。1879年整个2月到3月初，战争一直处于停滞状态。从营地附近一个略高的地方，人们可以看到图盖拉河的下游英国舰队的"激越"号一直在巡航。很多时候，士兵们的目光都注视着从埃科韦到纳塔尔之间那段长三十五英里的地带，多么希望能够看到救援他们的征兆出现啊！

在埃科韦的一位英军军官说："堡垒里的部队包括第九十九团的三个连、第三团两个连、皇家工程兵部队的一个连、先遣支队、海军旅、一批炮兵及土著特遣队的十九名士兵。我们觉得他们中有几名士兵起了非常大的作用，其中两个很快被选为屠宰师，两个被选为面包师，其他几个负责卫生。总之，这几个人给堡垒里的部队帮了大忙。先遣支队作为第一纵队的一部分，在贝多斯上尉指挥下，做了许多非常重要的工作。先遣支队由九十八名当地人、一名上尉和三名中尉组成。在建新路的过程中，他们受到了密切关注。先遣支队与海军旅大约三个连的士兵及几名皇家炮兵协同工作。起初，人们认为这条路毫无用处，因为沿途许多山丘下遍布沼泽地。修路的进程非常缓慢，人们必须砍掉非常茂密的灌木才能建好这条通向因耶赞的路。一次，修路的士兵看到离他们施工地点大约三英里的地方发生了一起鱼雷爆炸事故。这次爆炸是由卡菲尔人

"激越"号

意外导致的，卡菲尔人不知道这个东西有什么危险。据说，几个卡菲尔人被炸死了。这条路很糟糕。救援部队上山时通过这条路，先遣支队和骑兵在返回时又通过这条路。事实上，试图让牛车走这条路毫无益处。修路的士兵每当在外修路时，都会遭到卡菲尔人袭击。当然，修路士兵也会开枪还击，许多祖鲁士兵也被打死了。营地中的一切秩序井然。5时30分起床，20时熄火。英军在给养充足的情况下过了一个月，但到最后口粮不足了。士兵们每日只有如下配给——一点二五磅牛肉，六盎司饭菜，一点二五盎司糖，三分之一盎司咖啡，六分之一盎司茶，九分之一盎司胡椒，四分之一盎司盐。生活显得单调乏味。两个团的军乐队隔天下午演奏一次，每天早晨都会听到军乐队在防御工事外面操练。一天中最愉快的时光出现在18时刚过的时候，我们常常在凉爽的傍晚听着横笛和鼓乐队演奏的《静修曲》，这时才感觉生活有了生气。营地能供给我们水确实很好。洗澡的地方是人们最喜欢的，那里到处是人。牛的草料远远不够，从一开始所有牛就非常缺乏营养。一千一百头公牛及我们从营地送走的那些驴子的命运想必你们已经知晓。我们期望这些牛和驴能够被顺利送达图盖拉河下游。为了这些牛和驴，我们不得不对付十九个卡菲尔人，而在因耶赞我们遭到一大群卡菲尔人的袭击。负责牛群的土著人逃出来并安全到达堡垒，祖鲁军队俘获并赶走了我们全部的牛群。所有驴都被宰杀，只有一头非常聪明的驴在卡菲尔人走后，又跑回了营地，这让营地所有人都感到惊讶不已。"

在伊桑德尔瓦纳山大败英军后不久，祖鲁军队的主力来到国王塞奇瓦约面前，想让国王通过毁灭英军阵亡者的残肢来制作符咒，从而提振士气。塞奇瓦约的意图可以这样描述："当祖鲁军队的士气提振后，塞奇瓦约将对一支更强大的军队——比1879年1月22日派出的军队还要强大——发号施令，让两万人或三万人的祖鲁军队全力攻击格林上校率领的纵队。如果获胜，祖鲁军队将继续进攻亨利·伊夫林·伍德上校率领的纵队；如果失败，塞奇瓦约将从周围调集足够多的兵力来阻止和袭扰进入祖鲁兰的英军部队，同时猛烈突袭纳塔尔殖民地。此外，塞奇瓦约一再明确表达了自己的想法，大意是他如果会失去自己

几名祖鲁士兵

的生命和王国，那么首先会将纳塔尔殖民地毁坏到让人们永世难忘的地步。"

事实上，纳塔尔殖民地到处笼罩着近乎恐慌的情绪。随着时间的推移，祖鲁军队居然没有任何进犯，这种恐慌逐渐平息，人们有了进行反思的闲暇时间。似乎没有人记得，第一纵队除了格林上校的部队，其他部队在其他地方也击败了祖鲁军队，除了一个地方——伊桑德尔瓦纳山。伊桑德尔瓦纳战役的惨败纯粹是一个例外，完全归咎于指挥者对战况的疏忽与误判。洛克渡口保卫战和因耶赞战役都具有非常重要的意义。在洛克渡口，英军为数不多的步兵，依靠用玉米袋和压缩饼干箱子垒起的胸墙，最终成功对抗了三倍于他们的祖鲁军队，从而保卫了自己的阵地。在因耶赞，一支拥有绝对优势兵力的祖鲁军队，被英军通过直觉判断的简单战术轻易地击败了。

为了保卫乌得勒支和德兰士瓦，亨利·伊夫林·伍德上校指挥的第四纵队在乌得勒支以北作战。从一开始，第四纵队就得到一些非正规部队和志愿兵部队的协助。它们多次成功击败祖鲁军队，第四纵队尽显有勇有谋的作战精神。亨利·伊夫林·伍德上校也因杰出而成功的指挥才能而声名鹊起，这是当之无愧的。第四纵队还在坎布拉山修筑了一座堡垒以抵抗祖鲁军队的野蛮进攻。

1879年2月，人们内心充满了悬念。塞奇瓦约放弃了进攻机会，只是专注于整编军队。皮尔逊上校仍然待在埃科韦，图盖拉河上也修筑了堡垒。从皮尔逊上校所在的堡垒到图盖拉河的阵地，沿着边境都部署了骑哨。此外，还有一支由白人军官和当地人组成的大约一千五百人的边防军驻守。英军在纳塔尔殖民地一侧十五英里处的斯坦格、德班、马里茨堡及每一个较小的城镇都进行了布防。非正规部队和志愿兵部队也都做好了应对一切紧急情况的准备。战争爆发后，前往纳塔尔殖民地的高级专员亨利·巴特尔·弗里尔爵士仍留在彼得马里茨堡。他竭尽全力为处于非常严峻形势下的英国殖民地将领提供了必要的建议与帮助。然而，不幸的是，在德兰士瓦的许多荷兰人似乎要抓住这个机会，对西奥菲勒斯·谢普斯通爵士将纳塔尔这片领地并入英国这件事进行强烈抗议。德兰士瓦的荷兰人成立了一个人民委员会，表达了他们重建德兰士瓦共和国的坚定决心。他们认为英国人不公正地剥夺了德兰士瓦共和国的自由。1879年2月最令人满意的一件事就是祖鲁国王塞奇瓦约的弟弟奥罕希望成为英国人的朋友。奥罕的领地位于祖鲁兰西北部。在奥罕与亨利·伊夫林·伍德上校进行的会谈中,双方已经谈定归顺条件。1879年3月初,奥罕带着六百多人归顺英国殖民地政府。

在塞奇瓦约的纵容及命令下,乌姆贝里尼酋长和曼扬约巴酋长犯下了最可怕的暴行。早在很久以前就发生过类似暴行,但德兰士瓦共和国当局没有向殖民地政府报告,其显然认为没有必要向殖民地政府报告。毋庸置疑,亨利·伊夫林·伍德上校派来的一队士兵拯救了卢内堡镇。当时,亨利·伊夫林·伍德上校经过曼扬约巴酋长的领地时,完全可以击败这位酋长及其祖鲁勇士,但曼扬约巴酋长声称希望归顺英国政府。因此,亨利·伊夫林·伍德上校真诚地接受了他的声明。然而,1879年2月10日,由乌姆贝里尼酋长率领的一群祖鲁人穿过蓬戈拉河,然后加入了由曼扬约巴酋长亲自率领且由其族人组成的强大军队①。乌姆贝里尼酋长的部队和曼扬约巴酋长的部队联合后,共拥有一千五百人,1879年2月11日3时30分,这支祖鲁部队到达离卢内堡镇只有四英里的瓦格纳牧师传教站,然后开始了一场极其凶残的杀戮。那里的男人、女人和儿童都遭到残忍的屠杀。当地基督徒的房屋也被付之一炬,至少有七名儿童被活活烧死在房屋里。然后,乌姆贝里尼酋长和曼扬约巴酋长的部队从瓦格纳牧师传教站直奔诺玛佩拉的克拉尔村,在那里杀死两名男子、十一名妇女和十五名儿童;之后又来到鲁兰亚的克拉尔村,在那里杀害一名男子、两名妇女和两名儿童。无须赘述,乌姆贝里尼酋长和曼扬约巴酋长的部队所到之处不分男女老幼全部屠杀,就足以证明其行径多么残暴。一具具妇女的尸体和儿童的尸体被毁得面目全非,令人毛骨悚然。在瓦格纳牧师的家中,人们发现一名妇女仍然活着,但她身上遍布长矛的刺伤,多达三十七处。

---

① 见《舍姆布鲁克上校给亨利·伊夫林·伍德上校的报告》。——原注

祖鲁大军主力部队的行动非常隐蔽。有一天，英军侦察兵带来消息说，大批祖鲁人在图盖拉河和埃科韦之间出现；过了一天又带来消息说，有一支祖鲁部队出现在埃科韦。英军采取的策略是设防固守、按兵不动。在许多哨所里，即使单调乏味，士兵们也必须执行守备任务；因为极大的危险迫在眉睫，所以只能人人皆兵，处处为营。为了描绘堡垒中的生活实况，我们引用了一位记者的描述，他在1879年2月的《海尔普马卡尔报》中写道："在这里，白天我们与包括步兵、治安人员和特遣队在内的大约五百人一起待在帐篷里，晚上进入堡垒。堡垒里散发着玉米的腐烂味，雨水从四面八方不断渗进来。这座堡垒不算太差，构造良好，非常坚固，士兵们可以借此抵挡住祖鲁大军的进攻。但这里的状况很不利于人们的健康，医院到处是裂缝漏隙。卫兵和骑哨的任务沉重而艰巨。"其他堡垒的状况与那位记者在《海尔普马卡尔报》中描述的状况相差无几。亨利·伊夫林·伍德上校率领纵队的行动最活跃，其指挥部设在坎布拉。亨利·伊夫林·伍德上校率领纵队的辉煌战果之一是在1879年2月20日攻占了几乎无法进入的马卡蒂斯山。一个被俘的当地人说，英国部队来得并不早，因为塞奇瓦约已经承诺派兵增援。

1879年3月6日星期四，派来增援的"沙阿"号军舰率先抵达纳塔尔港。"沙阿"号军舰上载有以下部队：海军旅的三百九十二名士兵和圣赫勒拿守备部队的两百名士兵。贝克和朗斯代尔所率轻骑兵及其他非正规部队，都是从开普殖民地招募，并不断前往战场的。第一艘从英国派来增援的船是隶属于英国皇家邮政蒸汽轮船公司船队的"比勒陀利亚"号。"比勒陀利亚"号用了不到二十四天的时间就赶到了纳塔尔，船上有三十四名军官、七名参谋及苏格兰第九十一高地步兵团的八百九十名士兵。援军像救星一样在纳塔尔受到人们最热烈的欢迎。人们热切地盼望着援军到来，所以每一艘船和每一个团都受到了热烈的欢迎。在"比勒陀利亚"号到来之前，第五十七团已乘英国运兵舰"塔玛尔"号从锡兰抵达纳塔尔。1879年2月13日，陆军部大臣电告切尔姆斯福德男爵弗雷德里克·塞西杰，他会立即向纳塔尔调遣下列增援部队：两个骑兵团，各六百四十八人和四百八十四战马；两个野战炮兵连，共三百三十六人和两百二十匹战马；一个工程兵野战连；五个国内步兵团，每团八百零六人；来自锡兰的第五十七团；陆军预备役三个连，一百四十人和三百八十匹战马；陆军医疗队，一百四十人；第五十七团、第二十四团及皇家炮兵的新兵。兵力运输的船舶如下：

	船舶所属	运送的部队
"比勒陀利亚"号	英国皇家邮政蒸汽轮船公司	苏格兰第九十一高地步兵团
"多瑙河"号	英国皇家邮政蒸汽轮船公司	第六十步枪团六百人
"都柏林城堡"号	柯里公司	步枪旅第三营
"英格兰"号	国家轮船公司	第十七骑兵团及其战马
"法兰西"号	国家轮船公司	第十七骑兵团及其战马
"埃及"号	国家轮船公司	第一骑兵卫队及其战马
"西班牙"号	国家轮船公司	第一骑兵卫队及其战马
"罗安多"号	英国非洲船务公司	军用物资和野战发报工具
"俄罗斯"号	卡纳德邮轮公司	第五十八团
"中国"号	卡纳德邮轮公司	第九十四团
"奥林匹斯"号	卡纳德邮轮公司	皇家炮兵部队
"帕尔米拉"号	卡纳德邮轮公司	皇家工兵部队
"马诺拉"号	麦克尼尔·丹尼轮船公司	皇家骑兵炮兵第六旅M炮兵连
"巴黎"号[①]	英曼公司	第二十一团
"威尼斯"号	史密斯父子轮船公司	陆军和医疗队
"克莱德"号	坦珀利公司	第二十四团
"玛格丽特王后"号	女王轮船公司	陆军勤务部队及马匹
"安第斯山脉"号	东印度及太平洋轮船公司	弹药储备纵队

备注：本页脚注转下页。

军队配备的参谋人员

马歇尔少将；一名副旅长；一名副官。

克里洛克上校；一名副旅长；一名副官。

纽迪吉特少将；一名副旅长；一名副官。

  这些浩浩荡荡的轮船以最快的速度航行，只花费了二十天多一点的时间[②]，就从英国到达了好望角。从好望角到纳塔尔的航程只需要三天。每一艘壮观的轮船和熟悉的部队到达时，人们都热情高涨。援军在德班迅速登陆，没有发生任何意外状况。所有轮船的到达带给人们的兴奋与激动，使人们对祖鲁军队入侵的担忧渐渐消散。但人们依然认为，伊桑德尔瓦纳战役惨败局面的恢复将是一项艰巨的工作，而且要使战争迅速而圆满地结束，英国军队必须有足够的精力和能力。1879年3月12日是纳塔尔殖民地的耻辱日。在纳塔尔每个教堂里，人们都向战神祈祷，祈求他保佑军队取得胜利。纳塔尔殖民地的居民按照比例进行抽调，向图盖拉河派出了一支相当规模的部队。许多家庭都为在伊桑德尔瓦纳战役被杀的儿子、兄弟、丈夫举行哀悼仪式。战争给制糖业等行业造成了非常严重的损失。这场即将在祖鲁兰发动的战争完全是一次庄严而重大的行动——它由高级专员亨利·巴特尔·弗里尔爵士指挥，目的是保护德兰士瓦、整个英属南非领地及纳塔尔殖民地。

  当运输价格遵循供求关系的必然规律上涨时，车夫、牛和牛车主人都获得了可观的收入，其他人也从巨额的军费开支中受益。毫无疑问，英国政府在南非花费的大量资金已经惠及南非社会的各个阶层。如果指责南非人贪婪，这是不正确的。祖鲁人受到了很多诽谤。关于各种诽谤，牧师德威特先生早在战争初期就在伦敦公开表示，纳塔尔殖民地的居民对待祖鲁人比对待狗还差。随

---

① "巴黎"号在西蒙湾撞上了罗马岩，"塔玛尔"号不得不承担其运兵任务。——原注

② "马诺拉"号在十九天二十三小时内到达了西蒙湾，其平均速度是每小时13.5英里。——原注

阿奇博尔德·福布斯先生

后《每日新闻》记者阿奇博尔德·福布斯先生以最具侮辱性的方式对祖鲁人进行了诽谤。众所周知,祖鲁人受到了殖民者非常友好的对待——可以说,殖民者经常过分地善待祖鲁人。对那些熟悉这个问题的人来说,传教士的声明显得滑稽而可笑。传教士为了获得一点声望而加入反对"残暴的白人"的活动,抗议有色人种受到的压迫——这种抗议通常能够取得成功。传教士还诱导那些从来没有在黑人中间生活过并且完全不了解实际情况的人不断地响应、支持他们。以诽谤那些距离遥远、处于最危险境地的英国同胞的方式来表明自己的博爱从而推动慈善事业的发展,这种做法不能给予肯定。尽管阿奇博尔德·福布斯先生在纳塔尔待的时间很短,但他完全能够判断纳塔尔殖民地居民的性格特征。阿奇博尔德·福布斯先生进行严厉谴责一定是因为他的坏脾气——由于些许麻烦或粗鲁引起的坏脾气,但遗憾的是,一个像他这样有声望、有能力的人,不应该让这样的缘故而影响他的判断或左右他的想法。事实上,各殖民地人民,特别是纳塔尔殖民地居民,按照人口比例来说,比欧洲的人民更具优势。因此，纳塔尔殖民地居民应该更有教养、更有智慧、更诚实。让任何一个真正了解殖民地、真正有资格的人来说，纳塔尔殖民地居民实际并非如此。当然，我们必须承认，纳塔尔殖民地有一种更强大的独立精神和更多的自由，这里的人们也不墨守成规，但这又是殖民地居民必然存在的一种状态。

英国一位有才智、有影响力的作家甚至断言："英国依靠好望角的积极合作，是不安全的。"高级专员亨利·巴特尔·弗里尔爵士这样回应道：

我担心，由于工作压力，我可能忽略了公正对待开普敦政府展现出来的爱国主义和昂扬的精神风貌。我相信，开普敦政府非常忠实地代表了殖民地人们的普遍意志。

事实上，在我看来，开普敦政府做的一切远远超出了人们的预期。开普敦政府运筹帷幄，在帮助英国女王亚历山德拉·维多利亚陛下节省一个团兵力的情况下，占领了最近归顺英国的反叛地区，还向纳塔尔殖民地派遣特遣队、提供其他方面的帮助，包括志愿兵、土著新征召入伍人员、牛车车夫、军需品和骡马运输工具等。

开普敦政府及其人民的表现，自然会被拿来与纳塔尔殖民地——开普敦的姊妹殖民地——进行对比。纳塔尔殖民地获得了更大的益处，它的人口已经增加到这么多，而这种对比对开普敦绝对也是有利的。

我们必须要记住，战场离我们越近——无论是实际的战场还是可能的战场，英国殖民者越不会自愿为国内规定之外的战争提供服务，因为他们也不想让自己的家园失去保护。我敢肯定，这是开普敦殖民者不愿鼓励人们在祖鲁兰自愿为战争服务的主要原因，而且巴苏陀兰潜在的动乱危险会使开普敦殖民者更不愿削弱自己的防御能力及防御工事。

整个战争期间，海军的表现可圈可点。在1879年2月15日的一份电报中，高级专员亨利·巴特尔·弗里尔爵士提请英国政府特别关注。海军旅从"激越"号和"特纳多斯"号登陆，及随后从"博阿迪西亚"号登陆，这些行动都由海军上将巴塞洛缪·沙利文指挥，并且表现非常出色。在长期艰苦的军事行动中，海军旅将士赢得了"勇者之王"的称号。在战斗中，海军旅将士无不斗志昂扬、英勇无畏，没有一个人退缩。"激越"号上的士兵在埃科韦与皮尔逊上校一起赢得了因耶赞战役的胜利。驻守特纳多斯堡的是"特纳多斯"号上的士兵。特纳多斯堡控制着图盖拉河河口附近的渡口。沿着河岸巡航的军舰起到了很好的威慑作用，战场上英勇的"蓝衫军"尤其值得称赞。

获悉伊桑德尔瓦纳战役惨重失败的消息后，圣赫勒拿岛总督哈得孙·拉尔夫·詹尼斯征得了陆军部和海军部的同意，立即将所有可派的士兵都派往纳

海军上将巴塞洛缪·沙利文

塔尔，这一过程非常迅速。当祖鲁兰的英军听到"沙阿"号上六百五十名勇士及布拉德肖上尉已经抵达纳塔尔即将前来支援时，来自家乡的第一缕阳光才真正温暖了祖鲁兰的英军士兵。

第6章
从坎布拉战役到埃科韦之围

精彩看点

兹洛巴内山——皮特·厄伊斯——坎布拉战役——因托姆贝大捷——吉恩赫洛沃战役——埃科韦之围

现在有必要来谈一谈亨利·伊夫林·伍德上校所率纵队的行动了。

1879年3月27日,英军一支部队从位于坎布拉的营地出发,向兹洛巴内山的祖鲁军队发起进攻。这支部队包括边境轻骑兵分队、拉夫步兵团、威瑟利突击队、贝克骑兵部队、特雷姆莱特少校携带榴弹炮的部队与民兵部队,骑兵共四百人。此外,英军派出了由第十三团的威廉·K.利特少校和第五十八团的威廉姆斯中尉率领的土著特遣队,派出了由指挥官谢尔布鲁克率领的包括骑马的步兵、卡夫拉人组成的来复枪兵和亨利·伊夫林·伍德上校非正规军的另一支部队。亨利·伊夫林·伍德上校、总司令切尔姆斯福德男爵弗雷德里克·塞西杰和全体参谋也随军行进。我们随同雷德弗斯·布勒上校率领的第一纵队一起行进。1879年3月27日中午,该纵队在辛昆海峡南侧停了下来。半小时后,威瑟利上校也率部赶到了辛昆海峡附近。

英军途经兹洛巴内山的南侧时,有人用猎象枪开了两枪,接着有人在山顶的一块岩石上点起三把火。指挥官盖伊斯是一个勇敢的荷兰人——在战争中他曾有多次突出表现。指挥官盖伊斯带领部队悄无声息地前进,最终到达兹洛巴内山东边。随着开战时间临近,指挥官盖伊斯、雷德弗斯·布勒上校、威廉·K.利特少校和特雷姆莱特少校等人也来到既代表着危险又代表着荣耀的前线阵地。距山顶五百码的地方,祖鲁人猛烈开火,威廉姆斯中尉中弹牺牲,但勇士们毫不退缩，冲锋前进。尽管上山的路非常陡峭，但他们最终登上山顶。战斗在山顶又持续了一个小时。其间，岩石后面和山洞里的祖鲁人向英军发动了猛烈的炮击。在亨利·伊夫林·伍德上校距山顶不到一百英尺时，他的翻译劳埃德先生受到致命枪伤，他的战马也被射中。威瑟利上校奉命去消灭那个射杀英军最多的祖鲁人，但他的士兵没有迅速跟进。与此同时，坎贝尔上尉、莱森斯中尉及第九十军团的三名士兵跳过一堵石墙冲进一个山洞，冲在前

兹洛巴内山战役

兹洛巴内山战役英军伤亡惨重

面的坎贝尔上尉中弹阵亡，他表现得如此勇敢而坚定。紧随其后的莱森斯中尉和二等兵福勒每人开了一枪，杀死一名祖鲁人，击退一名祖鲁人。被击退的那个祖鲁人从地道爬了出去，又爬上了更高处。

  在击退兹洛巴内山顶的祖鲁人之后，雷德弗斯·布勒上校和指挥官拉夫又骑马前往兹洛巴内山西端。道路在那里出现分岔。祖鲁人用石墙在山口筑防，以阻止进攻的英军。拉夫的骑兵、贝克的骑兵及民兵部队继续猛攻潜伏在将军山下西北方向的祖鲁军队。在将军山顶，战斗持续了四五个小时。在带着指挥官皮特·厄伊斯和拉夫击退山口的祖鲁部队并向后撤时，雷德弗斯·布勒上校突然发现另一支祖鲁部队出现在将军山北端。雷德弗斯·布勒上校骑马去追击，但半路上看到祖鲁人像狒狒一样迅速从树丛里攀爬过来，企图切断英军仅有的两条下山之路。同时，两支祖鲁部队正沿着山顶向东逼近，还有一大群祖鲁士兵从南面推进。雷德弗斯·布勒上校果断令士兵策马穿过将军山唯一没有被封锁的隘口。接着，一个几乎无法描述的场景出现了。在沿着一个非常陡峭、布满大圆石的斜坡下山时，士兵们都骑马全速前进，失去战马的许多士兵拽着战友的马尾兜带跑下山。到了山脚下，雷德弗斯·布勒上校和其他军官尽可能集中兵力掩护那些仍在下山的士兵，但这一切努力都是徒劳的。下山的士兵慌不择路，撤退变成了溃逃，甚至变成了踩踏。下山时，勇敢的指挥官皮特·厄伊斯战死。当时皮特·厄伊斯已经到达一个相对安全的位置，但当得知一名士兵落在了后面并可能会落入祖鲁人之手时，他又立刻返回施救，结果不幸阵亡。一群野蛮的祖鲁人包围并用乱矛刺死了他。皮特·厄伊斯尽管战死沙场，但忠于自己的民族传统，勇敢地战斗到了最后。皮特·厄伊斯家族在祖鲁战争中享有盛名。皮特·厄伊斯出生在开普敦殖民地的许曼斯多普。1837年，他的家人离开开普敦，来到了纳塔尔。皮特·厄伊斯的父亲和弟弟都在与丁冈的战斗中阵亡。他参加了第一批服役的部队，决心为父兄报仇。皮特·厄伊斯在一封信中写道："我为诚实、善良、正义的事业而战。我必须为父兄报仇雪恨。这样做我肯定会丢掉性命，但每当想起他们被杀的情形，我就无法克制自己。"

英勇的威瑟利上校也遭遇同样的命运。威瑟利上校和他的突击队在撤退时耽误了时间，又迷失了道路，最后都被祖鲁人砍死。这位英勇的指挥官将年仅十四岁的儿子护在怀里，勇敢地战斗着，直到被祖鲁人的乱矛穿心而亡。

两名最英勇的参战军官如此悲壮地阵亡了——一名是荷兰人，另一名是英国人。皮特·厄伊斯的英勇及其对这片土地的全面了解使他在参战时的贡献显得格外突出，所以得到了上级的特别赏识。在英国国旗下作战的军官中，在德兰士瓦突击队中，没有比威瑟利上校更勇敢的了。

在兹洛巴内山阵亡人员中有一个叫卡尔弗利的士兵，他的经历传奇而可疑。他以使者的身份从塞奇瓦约的弟弟奥罕那里来到英军营地，奥罕显然完全信任他。但在盘问他时，卡尔弗利闪烁其词、吞吞吐吐。有人注意到，卡尔弗利在营地里骑的是科吉尔中尉于伊桑德尔瓦纳战役阵亡前骑的那匹战马。他还拥有人们在伊桑德尔瓦纳战役惨败中失去的一些东西。如果不是严明的军纪，卡尔弗利绝对会被英军士兵杀死以泄愤。奥罕归顺英国后,人们甚至仍然怀疑卡尔弗利。直到1879年3月27日,卡尔弗利得以为自己犯的所有过错谢罪——在英国军队与祖鲁军队作战中阵亡了。

亨利·伊夫林·伍德上校在兹洛巴内山下缓缓地向西骑行,完全没有意识到前方有一支庞大的祖鲁军队正向左移动。走到兹洛巴内山山腰的时候,一个叫乌姆汤加的土著居民用手势最终让亨利·伊夫林·伍德上校明白了一支庞大的祖鲁军队正在逼近。这时,英军终于发现,邻近的一座山上一大群祖鲁人正步步紧逼。祖鲁人按照进攻的阵形排成了五列,前面是牛角的形状,中间是士兵密集的"胸部"。当时,贝克·拉塞尔中尉正在攀登兹洛巴内山西端,接到命令后便向东前进,以便掩护归顺英国的土著向营地转移。1879年3月27日19时,亨利·伊夫林·伍德上校到达营地。这时传来情报说,在大约十英里的地方,巴顿上尉的部队步行前进,雷德弗斯·布勒上校立刻冒着大雨出发,并由骑兵带路前往接应,最终带回来七个士兵。这七个士兵是边境骑兵部队和巴顿上尉的队伍中仅剩的幸存者。至此,战斗结束。在这场残酷的战斗中,英军已经损失大约一百二十人,而祖鲁人更加勇猛。不久,他们又向英军的营地发起了猛攻。

达西上尉率领一支非正规骑兵部队。他简短地总结了兹洛巴内山战役的经历,他的总结很具说服力。现在将其简述如下:"英军三百五十名骑兵奉命攻打一个非常坚固的阵地——兹洛巴内山。在兹洛巴内山,尽管祖鲁人顽强抵抗,但我们还是击败了他们。在我们冲向山顶的过程中,威廉姆斯阵亡。当时,威廉姆斯正在山顶指挥部队,一个祖鲁士兵从一个山洞里向他开枪,击穿了他的头部。巴顿上尉和某部的一些士兵奉命下山。下山的时候,我们看到山下大约有两万祖鲁人试图插入我们和我们的营地之间。我们立刻翻过小山,来到一个非常陡峭的地方。荷兰人也到达那里,然后向下冲去,拼命地逃跑。我的部队在前面。布莱恩、我和赫顿命令士兵悄悄下山。这里真是很可怕。当然,我不得不在山顶停下来,因为在我们撤退的时候,祖鲁人一直在用马提尼步枪向我们猛烈射击。我看到所有士兵都下山了,这才觉得必须想想自己的安危了。我走到一半的时候,一块钢琴大小的石头从山上滚了下来。这时,我听到上面有人大喊一声,'注意下面'。接着那块可怕的石头就砸到了我的马腿上,一条马腿被砸折了。我也被另一匹马撞倒在山上,差点被石头压死。解下马缰绳,正要爬上去取马鞍时,我突然听到一声尖叫。我抬头一看,只见祖鲁人正在白人中间刺战马、杀士兵。我猛地跳下山,接着拼命跑。我身上还带着七十发子弹、一支卡宾枪、一支左轮手枪、一架望远镜和一双笨重的靴子。当我跑了大约三百码时,一个叫弗朗西斯的战友给了我一匹没有马鞍和缰绳的马。弗朗西斯是一名边境轻骑兵,他的腿受伤了,我的缰绳和这匹马都能帮到他。于是,我扶他上马。接着,我又开始徒步跑了。直到雷德弗斯·布勒上校骑马把我带到他的身后,这才救了我一命。当时,布莱恩一直在后面掩护,奋力阻止祖鲁人靠近。看到我大口喘着气从雷德弗斯·布勒上校的马上下来时,布莱恩差点哭了,因为所有战友都以为我被祖鲁人杀死在山顶上了。布莱恩像往常一样跟着我,帮我第二次脱险。第三次是炮兵部队的一位叫特里布列特的少校把我带在他身后才脱险的。我们的士兵和军官都很英勇,但其他志愿兵,如罗宾逊少校所说,简直是乌合之众。我们损失了九十三名白人和一些土著居民;边境轻骑兵损失三名军官、二十四名士官和六十六匹战马。我们每个骑兵都在后面带了一个士兵回到营地。"

1879年3月29日9时,从坎布拉英军营地可以看到,祖鲁大军几乎包围了亨利·伊夫林·伍德上校在兹洛巴内山上的骑兵部队。祖鲁大军为前一天的胜利而欢呼雀跃,凭借优势的兵力和出色的组织,决心彻底歼灭这支孤军深入的小小的白人军队。整整四个小时,祖鲁军队以缓慢的速度推进。祖鲁人认为这是包围坎布拉英军营地的最好策略。人们看到,祖鲁军队左边牛角部分朝巴特斯普瑞特方向行进三个多小时后,右边牛角部分的士兵才露面。1879年3月29日13时左右,祖鲁军队开始向坎布拉英军营地的右侧——面对布拉德河的方向快速前进。英军该做应战准备了。指挥官命令士兵快速进餐。警报拉响之后,士

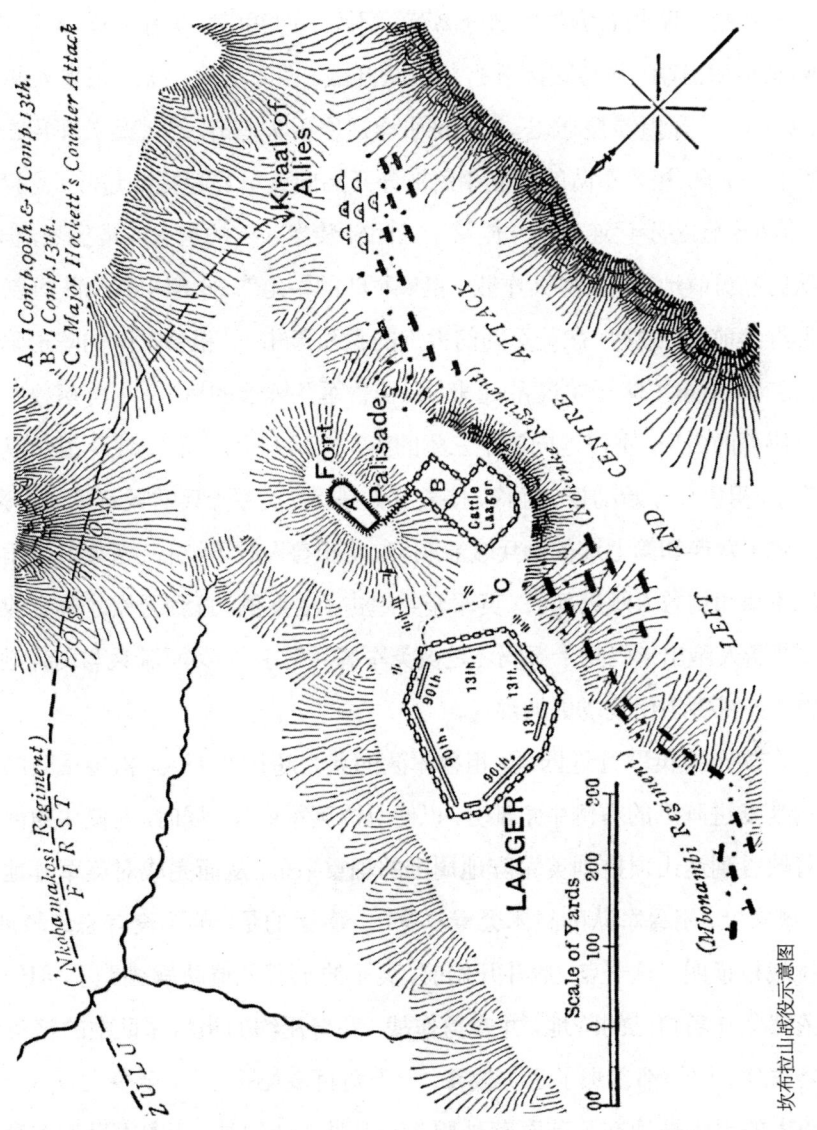

坎布拉山战役示意图

兵们收起帐篷，牛车上下都布好了射击点，弹药箱也已打开，一切防御工作都迅速做好了。

当祖鲁军队的右侧牛角部分离英军不到两英里时，英军一队骑兵在高亢的呐喊声中出动，并与这部分祖鲁军队开战。两军交火之后，祖鲁人越来越多。英军士兵开始慢慢撤退，目的是引诱祖鲁军队追击，这才是英军出击的真正目的。接着，祖鲁军队的右侧牛角部分开始向英军发起猛烈进攻，尽管炮兵连、第九十轻装步兵连和第一旅第十三团轻装步兵连的炮火非常猛烈，但祖鲁军队仍然勇敢地前进。炮火炸散了祖鲁军队的牛角部分，但祖鲁军队重新组成阵形继续前进。最后，在英军四门大炮的猛烈轰击下，祖鲁军队的阵形陷入瘫痪。这时，祖鲁军队开始慌乱起来。在祖鲁军队阵形的后方，一群祖鲁人爬上三百码外的山顶，不停地向第十三团的英军士兵开火。不过，战斗很快就接近尾声了。祖鲁人开始动摇、犹豫，接着开始逃跑。英军士兵呐喊着紧追不舍。第十三团第六连和第七连的士兵端着刺刀，将祖鲁人赶下峡谷。密集的弹雨朝着混乱不堪的祖鲁人倾泻而去。英军骑兵追击了七英里，直到天黑才鸣金收兵。许多祖鲁人跑出十码到十五码还是被英军骑兵射杀了。英军骑兵与飞奔逃窜的祖鲁人赤膊拼杀使战场更加混乱。

在坎布拉英军营地四周，祖鲁军队的兵力超过两万人。祖鲁军队的作战计划是推进阵形的右侧牛角部分，以便引诱英军进攻。届时，左侧牛角部分会沿着峡谷到达山顶控制英军阵地周围的辎重牛车，从而完成对英军阵地的包围。事实上，祖鲁军队的战术会重复使用。幸运的是，英军没有忘记教训，坎布拉战役证明了这一点。战斗开始前，英军的土著分遣队就逃跑了，但巴苏陀人依然坚守着自己的阵地，并奋勇作战。塞奇瓦约的祖鲁军队中的精英都是未婚青年，他们都参加了这次战斗，一千两百多人战死了，至少七百八十五具祖鲁人的尸体被埋在了英军营地附近。需要强调的是，祖鲁军队有多种后膛枪，包括马提尼式后膛枪、施耐德式后膛枪和米特福德式后膛枪。两万多名祖鲁士兵在密集的炮火中整齐地行进，场面十分壮观。接近英军营地时，祖

坎布拉山战役

鲁士兵大喊道："我们是萨达纳之子！"然而，在没有任何欧洲军队向前进攻的情况下，祖鲁大军撤退了。这场胜利是一场特别的"炮火之战"。1879年3月29日13时，这场战斗打响了第一枪，17时25分最后一枪结束了战斗。在这场战斗中，英军一共消耗了三百六十二枚炮弹和八百六十发子弹。许多将士英勇作战，亨利·伊夫林·伍德上校表现出一贯的出类拔萃，伍德盖特上尉的勇敢和冷静令人钦佩，雷德弗斯·布勒上校从兹洛巴内山撤退过程中也是功勋卓著。尤其在兹洛巴内山撤退中，雷德弗斯·布勒上校冒着生命危险救了六名士兵，而这六名士兵都没有马。要不是他冒死相救，他们肯定都已落入残忍、野蛮的祖鲁人之手。在坎布拉战役中，英军死三十人，伤五十人。

指挥官舍姆·鲁克写了一篇关于英军从坎布拉营地击退祖鲁人的描述文章。他这样写道："一看到祖鲁人撤退，我就命令所有的卡夫兰人迅速骑上已经备好的战马追赶奔逃的祖鲁人。我走右边的路线，雷德弗斯·布勒上校走中间路线，贝克·拉塞尔中尉走左边路线。我们追了整整七英里才赶上祖鲁军队的两列士兵。他们试图经乌姆沃洛西河逃走，但我们提前赶到，将他们赶下了大路。祖鲁人跑得像雄鹿一样快，我们像旋风一样追他们，不停地向他们射击。祖鲁军队至少有五千人。众多祖鲁士兵跑得筋疲力尽，但射杀他们恐怕要花很多时间，所以我们从死人身上取下长矛，冲到祖鲁士兵中间，左右开弓刺杀他们。我们要为1879年3月28日不幸阵亡的士兵报仇雪恨。"

1879年3月12日，安顿伯斯河发生了一场非常严重的灾难。由莫里亚蒂上尉率领的第八十团的一个护卫队在安顿伯斯河遭到祖鲁军队围攻。当时，莫里亚蒂上尉率领一支一百零四人组成的队伍，护送一支由十八辆牛车组成的车队从德比去卢内堡，牛车上装载着各种物品。河水泛滥导致护卫队在此滞留了好几天。哈弗中尉麾下的一小队士兵驻扎在乌姆沃洛西河对岸。1879年3月12日4时，哈弗中尉听到一声枪响。过了一会儿，警报响起了。雾气消散时，哈弗中尉看到一大批祖鲁人——大约四千人——正在横穿山谷，意欲突袭河对岸的英军营地。他立即命令三十五名士兵准备应战并向祖鲁军队侧翼开火。祖鲁军队以惊

祖鲁人袭击英军的辎重队

人的速度突袭莫里亚蒂上尉的部队并占领了他的营地。哈弗中尉也撤退了。此前，他目睹了可怕的一幕——祖鲁人在河岸上和河水中残忍地屠杀英军士兵。祖鲁人穿过乌姆沃洛西河，以密集的阵形浩浩荡荡地前进。接着，英军和祖鲁军队之间展开了一场肉搏战。祖鲁士兵试图重整阵形，但结果是徒劳的。他们发现根本不可能重新恢复阵形。哈弗中尉被迫策马向卢内堡飞奔而去。在这次战斗中，英军战死四十四名士兵。

约西亚·苏森先生是这次战斗的一位目击者。他说："当时，我在牛车上睡觉。一大早起来，我想看看天是不是亮了。结果，我看到许多卡菲尔人从离我不到二十码的地方蜂拥而来。接着，警报响起了，莫里亚蒂上尉大声喊道'小心！'我立刻跑回牛车，去拿我的步枪——这支步枪属于德兰士瓦步枪志愿部队第一连，我是其中一员——但周围子弹乱飞，我没法把枪拿出来。这时，我发现情况非常危险，便决定尽快冲过去，不等着拿衣服了。最后一次从牛车里出来时，我听到莫里亚蒂上尉喊道'开火，伙计们'，然后，我来到旁边的牛车跟前叫惠廷顿——他也是比勒陀利亚人，告诉他祖鲁人就在附近。惠廷顿立刻跳出牛车，但一着地就被祖鲁人抓住，还被长矛刺伤了。可怜的小伙子尖声叫了起来，但没有人来帮忙。我看到了这一切，但无能为力。我没有任何武器，于是跑到牛群中间，借助牛群的掩护向六十码之外的河边跑去。我发现祖鲁人在四面八方开枪，还用长矛刺杀英国士兵。可怕的景象令人永远难忘。为了保命，我不得不左躲右闪。我很惊讶自己竟然逃过了一劫。一到河边，我立刻跳进水里并潜了下去，浮出水面太危险，河岸上充斥着祖鲁人。他们只要看到河面上露出人头，就既扔长矛又开枪。我大约潜泳到河中央时，一露头就看见几个祖鲁人正端着枪瞄向我准备开枪。于是，我又潜下去从河对岸附近的水里钻了出来。当时，河水高涨，水流湍急。渡河的时候，我撕下了仅有的一件衣服——衬衫。因此，上岸时我赤身裸体。我发现周围的战斗仍在继续，而我几乎无路可走。绝望之中，我想到了投河自尽，这样至少死得安静一些，不至于如我所见的许多人一样那么痛苦。然而，我又鼓起勇气冲了出去，竭尽所能避

祖鲁人与英军在乌姆沃洛西河交战

开祖鲁人。祖鲁人朝我开了几枪,长矛也从四面八方向我飞来,但不知怎么的,我很幸运地逃离了营地。我以最快的速度赶往迈耶的英军驻地。在路上,我刚赶上一名士兵,他就中弹身亡了。不久,我又超过了另外两名士兵,他们也中了枪。再往前走,我碰到了布斯中士和十几个士兵。他们非常勇敢,边撤边打。我和他们一起休息了几分钟。其间,我看到祖鲁人正绕过小山来拦截我们。我将情况告知布斯中士。他不停地向祖鲁人开火,迫使其退回山里。在这次战斗中,布斯中士表现得非常勇敢,怎么赞美也不过分。不过,他损失了自己小分队的四名士兵。正因为布斯中士和他的士兵打得如此英勇,我们所有人才躲过此劫。否则,祖鲁人会把我们团团围住,我们一个也逃不掉。这一战,共有包括惠廷顿、坎贝尔和戈斯在内的十七名英军官兵和车夫遇难。到达营地时,我遇到了塔克少校和他的士兵。他们一起出发去救受困人员。"

1879年4月发生在亨利·伊夫林·伍德上校率领的第四纵队总部营地最耸人听闻的一件事就是,一个被俘虏的英军士兵从祖鲁人手中逃到了第四纵队总部营地。我们觉得,这个士兵的惊险逃脱比小说里的故事更离奇。梅恩·里德上尉几乎无法想象这个士兵的经历,我们的读者会发现下面所说的是非常清楚的事实,也许有些夸张或渲染,但总的来说准确无误。乌得勒支的鲁道夫先生和五个人出去侦察尊根隘口时,遇上四十个祖鲁士兵,鲁道夫杀死了其中四个人。大约在同一时间,他遇到了一个叫格兰迪尔的法国人。格兰迪尔是威瑟利上校边境骑兵部队的一名士兵。他的许多战友已经在兹洛巴内山战役阵亡,而他成了祖鲁军队的俘虏。亨利·伊夫林·伍德上校和参谋们细听了这个故事——莫德上尉做了记录。记录内容如下:

格兰迪尔是成功冲出祖鲁大军包围的为数不多的英军士兵之一。当时,威瑟利上校边境骑兵部队前后都被祖鲁大军包围,格兰迪尔跑到一个地形比较有利的地方。他让一个战友骑上他的马,他在旁边跑。这时,一个卡菲尔人抓住了他的腿。格兰迪尔立刻被许多祖鲁人压倒并生擒。俘虏他的祖鲁人将格兰迪尔带到乌姆贝里尼位于兹洛巴内山南边半山腰的克拉尔。格兰迪尔见到乌姆贝里尼时，乌姆贝里尼审问了他有关西奥菲勒斯·谢普斯通爵士的住所及格兰迪尔所属部队的指挥官等情况。那天晚上，格兰迪尔被关押在一个克拉尔里，第二天早上被派到玉米地里干活。不久，他又被几个骑马的祖鲁人带到一个突击队中，突击队所有人都威胁要杀死他，而曼尼曼酋长下令把格兰迪尔关进塞奇瓦约的监狱。格兰迪尔在兹洛巴内山待了一天。第二天，四名祖鲁士兵骑马将格兰迪尔押往乌伦迪。格兰迪尔步行，同时带着他们的食物。格兰迪尔几乎赤裸，因为他的衣服都被祖鲁士兵拿走了。他们赶了四天的路，傍晚时分抵达乌伦迪。其中一个士兵叫一个信使去向国王塞奇瓦约报告他们到达的消息。那天晚上和第二天早上，格兰迪尔一直被绑在外面。中午，他被带到塞奇瓦约跟前，一个留着长发的混血荷兰人充当翻译。塞奇瓦约问格兰迪尔，英国人来他的国家干什么，又问奥军住在哪里。接着，塞奇瓦约说，他会杀了格兰迪尔和西奥菲勒斯·谢普斯通爵士及其他所有人，因为他有足够的兵力解决他们。塞奇瓦约还特别询问了驻扎在坎布拉的英军指挥官的名字。回答完上述问题之后，格兰迪尔就被关进监狱。他遭到祖鲁人的威胁和殴打，几乎没给他喘息的机会。除了玉米，格兰迪尔整整四天什么也没有吃。随后，几名信使来向塞奇瓦约报告说，乌姆贝里尼及其兄弟在攻击亨利·伊夫林·伍德上校的营地时丧生。于是，塞奇瓦约下令将格兰迪尔押回乌姆贝里尼军队的卡菲尔人中，让他们杀死格兰迪尔祭奠死去的首领。第二天，格兰迪尔被两个祖鲁人往回押送。尽管他们带了足够多的长矛，但只有一个祖鲁人带着一把枪。1879年3月13日中午，他们正在休息。长途跋涉的困倦使两个祖鲁人昏昏欲睡。格兰迪尔瞅准机会抓起一把长矛，把一个祖鲁人刺倒在地，另一个吓醒后赶紧逃命去了。接着，格兰迪尔朝营地方向赶去。他根据星空辨别方向，走了整整一夜。1879年3月14日清晨，一大群卡菲尔人赶着牛羊从格兰迪尔身边经过，格兰迪尔不得不躲起来让卡菲尔人通过。之后，鲁道夫先生的队伍遇见了格兰迪尔，便把他带回营地。格兰迪尔的脚因受伤跛了，现在住院治疗。后来，格兰迪尔回想起，在乌伦迪他看到一个为塞奇瓦约制造枪支的葡萄牙人。

大约在1879年4月初，英军终于准备好一切，可以去解埃科韦之围了。由近六千名全副武装的士兵组成的大部队从特内多斯堡出发，其中几乎包含了全军每支部队。援军的构成如下：

援军第一师

	士兵人数（人）
英国舰队"沙阿"号和"特纳多斯"号所载海军旅	
不包括"沙阿"号所载皇家海军陆战队	350
第五十七团	640
第三团两个连	140
第九十九团五个连	430
土著特遣队第五营	1200
骑兵	70
骑兵志愿兵	40
土著骑兵	130
土著步兵侦察兵	150
军需品运输部	—
医务部	—

合计	白人1660人
	土著特遣队员1480人
总计	作战人员3140人

武器装备——两门九磅大炮

两门二十四磅榴弹炮

一挺加特林机枪

同时，向埃科韦运送补给品（一千二百人一个月的补给，大约二十五辆牛车），及援军两个师十天的给养，大约二十五辆牛车。

援军第二师

	士兵人数（人）
"博阿迪西亚"号所载海军旅部分将士	190
"博阿迪西亚"号和"沙阿"号所载皇家海军陆战队部分将士	100
第六十轻步兵团	540
第九十一苏格兰高地步兵团	850
土著特遣队第四营	800
军需品运输部	—
医务部	—
合计	白人1680人
	土著特遣队员800人
总计	作战人员2480人

武器装备——两门二十四磅榴弹炮

一挺加特林机枪

总计	白人1660人
	白人1680人

	3340人
	本地人1480人
	本地人800人
	2280人
总计	作战人员5620人

1879年3月30日星期六黎明，援军出发了，然后在印约尼河的堑壕边宿营。援军行军时没有携带帐篷，每个士兵只配备一条毯子和一块防水布。1879年3月31日星期天，援军到达阿马特库鲁河。由于过河困难，援军在这里滞留了相当长一段时间。1879年4月2日星期二，援军到达因耶赞山谷附近，选定一个地点后修筑了临时防御营地，并在周围挖好壕沟。这天，英军第一次看到祖鲁军队的巡逻队和侦察兵。接着，传来消息说，祖鲁军队的一支大部队正向英军逼近，随时可能发动进攻。于是，英军建了著名的金格洛沃营地。这个营地非常大，可以容纳两千头牛。营地周围挖了壕沟。按照大家认为可行的办法，牛车被绑在了一起。

1879年4月2日星期二20时左右，营地发生了一场虚惊。1879年4月3日天亮时分，骑兵和侦察兵被派去执行任务，再没有什么值得关注的事情了。1879年4月3日6时，英军执行任务的士兵一边开火一边回撤。接着，英军看到两支祖鲁部队从因耶赞山上下来了，其中一支从阿马特库鲁丛林的左侧绕过来，另一支从旧的祖鲁驻军克拉尔方向而来。十分钟后，祖鲁军队包围了英军营地，随即开始进攻。祖鲁军队的地势比较有利。祖鲁人从山上快速下行四百码，然后分散开来，隐蔽在英军营地周围的长草中。接下来的一个半小时内，双方不断猛烈开火。英军的加特林机枪、两门九磅大炮和榴弹炮都投入了战斗，所以火力非常猛烈，使祖鲁军队无法前进。许多士兵从牛车上和比较高的地方用步枪击毙祖鲁人。这种颇具杀伤力的射击显然对祖鲁人产生了很大影响。1879年4月3日7时30分，一些骑马的士兵和土著特遣队的士兵在一片呐喊声中出动。他们

英军遭祖鲁人袭击

把祖鲁人从长草中赶了出来,然后继续追击了四英里。大批祖鲁士兵随后集结在山上,但被炮击后又四散逃开。

在战斗中,切尔姆斯福德男爵弗雷德里克·塞西杰及其参谋在战壕中来回鼓励士兵。虽然参谋们都骑着马,但切尔姆斯福德男爵弗雷德里克·塞西杰没有骑马。克里洛克上校的胳膊受伤,一匹战马被射杀。一颗子弹打穿了米尔恩中尉的衣服。莫利纽克斯上尉所骑的两匹马先后被射杀。在防御工事前一千码的范围内,英军发现了至少七百七十三具祖鲁士兵的尸体。

英军又整编了一支游击部队,由第五十七团、第六十团和第九十一团组成,其中包括海军旅的一百名士兵及约翰·邓恩的几名侦察兵。值得一提的是,约翰·邓恩在战斗中表现非常出色,并成为作战总指挥部的重要向导。他的背景很特殊。约翰·邓恩出生在开普敦殖民地,父母是英国人,后来被带到纳塔尔殖民地。他早年进入祖鲁兰经商并学会当地的语言,养成了与祖鲁人一样的举止和习惯。后来,约翰·邓恩被推选为部落首领,获得了牛羊、妻子与其他财

英军行军队形

英军与祖鲁人交战

产，并在许多方面都能为塞奇瓦约提供得力的政务参考和建议。更值得注意的是，在塞奇瓦约成为国王之前，约翰·邓恩为塞奇瓦约的兄弟效力。人们揣测，约翰·邓恩最大的用处在于提供枪支，这使他的影响力大大提升并使他获得了很多财富。当英国向塞奇瓦约宣战时，约翰·邓恩带着自己的牛羊和家眷投奔英国，并成为"总司令切尔姆斯福德男爵弗雷德里克·塞西杰值得信赖的顾问和向导，还得到提拔和优待"。

1879年4月4日星期四拂晓时分，游击部队出发了，11时左右到达因耶赞。太阳落山时，一座大山映入眼帘，埃科韦就位于这座大山的后面。皮尔逊上校带着五百名士兵，沿着一条新路飞奔而去，见到切尔姆斯福德男爵弗雷德里克·塞西杰并握手时，他感觉自己就像一个从地牢里冲出来迎接阳光的人一样激动不已。他坚守的埃科韦终于解围了，令人几近崩溃的焦虑和因沉重的责任而带来的巨大压力终于消除了，随之而来的是充满感激的祝贺。笼罩在埃科韦周围的乌云消散了。①

---

① 当时在场的某个人在《布莱克伍德杂志》上写了一篇文章，他告诉我们："1879年4月3日下午，大约五百名白人和五十名黑人及一支轻骑兵部队带着一门大炮，离开了皮尔逊上校坚守的堡垒，去与援军会合……17时，一名骑兵飞驰在通往堡垒的新路上，他穿了一件军官的外套，我们可以看到他的身边挂着一把剑。他是谁？后来证明他是《标报准》的记者。他说，'能和一个埃科韦人握手我很自豪'。然后，第二个骑马的人出现在了堡垒附近，他的马喘得很厉害。他是谁呢？他是《阿格斯报》驻开普敦的记者。他们好像在比赛，看谁先到达埃科韦。显然，《标准报》的记者以五分钟的优势领先到达。因此，两名记者之间虽然拉开了一定的距离，但都是第一批到达埃科韦的人。"四名军官和二十七名士兵被埋在埃科韦，两百名伤病官兵被送往医院。不久，韦恩上尉和瑟克尔中尉相继阵亡。——原注

第7章
英军收复伊桑德尔瓦纳

精彩看点

土著特遣队的战场表现——切尔姆斯福德男爵弗雷德里克·塞西杰和亨利·布尔沃爵士——对战役的回顾——运输的困难——极大的延误——在伊桑德尔瓦纳掩埋阵亡者

由忠诚的祖鲁人组成的土著特遣队，虽然人数众多，但作用甚微。伊桑德尔瓦纳战役结束后，格林上校在1879年1月24日的报告中说："今天上午，所有土著特遣部队士兵都已经离开英军部队。"1879年1月29日，纳塔尔殖民地副总督亨利·布尔沃爵士用一分钟的时间，简要说明了其中原因。1879年1月23日晚上，正当欧洲军队在洛克渡口修筑工事准备固守阵地时，土著特遣部队没有采取这样的防护措施。切尔姆斯福德男爵弗雷德里克·塞西杰及其参谋离开营地的举动给士兵带来很大影响，他们感到非常沮丧。士兵们不知道自己的家人是否安好，这类原因导致军心涣散。亨利·布尔沃爵士一向认为，为了取代祖鲁军制而废除原有的军制是不明智的做法。不过，亨利·布尔沃爵士仍然同意向前线派遣士兵的请求并向前线派遣了至少七千零五十名士兵。切尔姆斯福德男爵弗雷德里克·塞西杰宣称，他从来都没有理解什么是部落兵制，尽管他努力获取相关信息想要搞明白，但常常因为对部落兵制含糊不清的概括描述和经常重复的赞美之词而感到困惑不解。然而，司令官非常焦急地执行他认为可行的部落兵制——其目的是使不同部落的士兵有所区别，结果使这些连队的力量参差不齐。亨利·布尔沃爵士认为，英军每支部队都应该配有一支土著特遣部队，并由代表副总督或最高长官的军官指挥，土著士兵会按照自己的习惯行动并参战。但切尔姆斯福德男爵弗雷德里克·塞西杰不认同这一点。他认为土著士兵的部队必须组编成一千人的营，再编成一百人的连；他们不能按照自己的方式作战，而且应由不懂他们语言的欧洲军官会来指挥。不满的情绪、怨恨的话语及低效的行动最终导致这样的结果：数量超过七千人的庞大土著部队从各方面都没有起到应有的作用。

后来，切尔姆斯福德男爵弗雷德里克·塞西杰和亨利·布尔沃爵士之间产生了严重的分歧。按照切尔姆斯福德男爵弗雷德里克·塞西杰的建议，纳塔尔执行委员会于1879年3月1日做出如下决议：

第一项决议。纳塔尔执行委员会认为，从本殖民地的土著人中向祖鲁人的领地派遣突击队的主张是不可取的，因为这是一种不礼貌且不受欢迎的作战方式，具有故意挑起战争之嫌，而且容易挫伤军队士气。

第二项决议。(一)征召殖民地的所有土著人参战的提议可能会遭到强烈反对。(二)大部分身体健全的男性已经被征召入伍。纳塔尔执行委员会认为，不应该以最高长官的权力强制执行，以免引起土著人的严重不满。(三)所有的贸易活动、商业活动和农业活动都将因此陷入混乱，甚至后果是毁灭性的，因为土著人实际上构成了殖民地人口中唯一的劳动人口。(四)征召所有身体健康的男性入伍，极有可能会引起恐慌，并带来严重的不良后果。

由此可见，最高军事权力的支配者与纳塔尔殖民地政府之间存在着非常大的分歧。当然，与参战人员相比，殖民地友好的土著人在战斗中表现得并不是很好，这一点必须承认。如果尝试让征募的土著人用自己的武器和方式作战，可能会出现非常危险的情况。从根本上说，部落兵制在纳塔尔殖民地是一个失败的尝试，它也是人们一直感到危险和焦虑的根源。因此，只有通过适当的策略彻底铲除部落兵制,才能更好地保卫纳塔尔殖民地,保护文明事业及英国正在努力使之文明化的领土。

1879年4月11日,切尔姆斯福德男爵弗雷德里克·塞西杰写信给负责战争的国务大臣说:"我下令进行阅兵,这一命令已经完全执行。即使纳塔尔殖民地副总督亨利·布尔沃爵士没能阻止纳塔尔土著越过边境,图盖拉河河水暴涨也可以阻止祖鲁人发动任何大规模的突袭。"为了使读者能够完全理解整个问题,我在此补充了亨利·布尔沃爵士于1879年4月16日发给国务大臣信中的相关部分。信中说:

> 我将祖鲁领地内征召入伍的土著人交给中将[①]指挥,其中包括纳塔尔骑警、大部分纳塔尔骑兵志愿兵、一些组成纳塔尔土著特遣部队的土著人及一些从事探路、运输和医疗等服务的土著人。我从未干预也从未想让中将在给他们下达命令前知会我。不过,在纳塔尔殖民地土著人中征兵来保卫纳塔尔殖民地,并将其交给纳塔尔殖民地军队指挥官率领,我从未以任何方式授意祖鲁领地内的中将行事,也从未以任何方式批准土著人越过边境或准许土著人进入祖鲁领地发动袭击。征募土著士兵,纯粹是为纳塔尔殖民地服役,是为了保卫纳塔尔殖民地;将其交给纳塔尔殖民地军队指挥官指挥也是为了这个目的。当然,纳塔尔殖民地军队指挥官,在地区防卫、部队调动和部署方面都要服从军事指挥部。纳塔尔殖民地内无论指挥官还是中将,都无权调遣专门为保卫纳塔尔殖民地而征募的土著士兵在祖鲁境内从事任何军事活动。我认为,中将在未经我授权、同意甚至在完全没有知会我的情况下发出指示,令那些征募的土著士兵越过边境进入祖鲁领地发动袭击,

---

① 即切尔姆斯福德男爵弗雷德里克·塞西杰。——译者注

这种做法已经超出了中将的权力范围,也没有展现中将对纳塔尔殖民地政府应有的重视。

我不讨论袭击祖鲁领地的权宜性问题或策略性问题。在我写给高级专员亨利·巴特尔·弗里尔爵士的一封信中,我冒昧地提请他考虑征召殖民地土著参战这一策略的权宜性问题,以及其面临的风险,即招致祖鲁人报复及激怒和疏远祖鲁人的风险。若非如此,祖鲁人可能会愿意与我们友好相处。通过他们对我们的友好态度,我们和祖鲁人之间的难题最终会得到圆满解决。我并没有声称在这个难题上要有任何权力。我只是冒昧地向高级专员亨利·巴特尔·弗里尔爵士提出我的建议,并将我所写信的副本转交给中将。

关于雇用那些为了保卫边界而征募的土著士兵越过边境发动袭击之事,我已经表明,我从未以任何方式授权中将指挥土著部队越过边界;我还指出,征募的土著部队与土著特遣部队毫无关系,而中将称土著特遣部队到目前为止一直与英国军队有联系,而且在他的指挥下越过边境去执行任务。因此,我认为,中将提的这个问题与之前国务大臣提的问题如出一辙,都没有对两种土著部队进行区分,而是把两个部队关联在一起,叫了同一个名字,好像它们之间没有区别一样。这没有反映出事情的本质。

总司令切尔姆斯福德男爵弗雷德里克·塞西杰认为亨利·布尔沃爵士缺乏合作精神,并对此感到极其不满。在1879年4月11日写给国务大臣的信中,切尔姆斯福德男爵弗雷德里克·塞西杰提到,当他决定前往埃科韦时,密令已经被送到了从图盖拉河下游到坎布拉山边界的各个指挥官手中,命令他们沿途进行声势浩大的示威活动。如有可能,可向祖鲁兰发动袭击。但在这个关头,副总督亨利·布尔沃爵士下令禁止纳塔尔殖民地土著居民穿越边境。切尔姆斯福德男爵弗雷德里克·塞西杰认为,大批土著部队对祖鲁兰发动全面袭击会产生非常重要的影响。他对亨利·布尔沃爵士干预自己的计划表示强烈不满。切尔姆斯福德男爵弗雷德里克·塞西杰和亨利·布尔沃爵士之间这种不和睦的关系,很可能就是英国政府任命加尼特·沃尔斯利爵士的原因之一。因此,后来,加尼特·沃尔斯利爵士将最高行政权与最高军权集于一身。

祖鲁战争中有两次重要战役,第一次是伊桑德尔瓦纳战役,第二次是乌伦迪战役。这两次战役间隔了很长一段时间。其间,英军主要把大量兵力和更多物资运送到前线。切尔姆斯福德男爵弗雷德里克·塞西杰之所以遭到指责,是因为他在伊桑德尔瓦纳战役中缺乏远见和谨慎,在乌伦迪战役中缺乏活力和判断力,以及在两次战役中都缺乏大局观念、统帅之才。任何事情都具有两面性。直到加尼特·沃尔斯利爵士到来及乌伦迪令人快乐的一天来临,在此之前整个战事的确困难重重。切尔姆斯福德男爵弗雷德里克·塞西杰非但没有克服重重困难,反倒被困难"征服"了。

祖鲁战争中的加尼特·沃尔斯利爵士

让我们根据确凿的事实来回顾一下伊桑德尔瓦纳战役的总体情况。1879年1月初，切尔姆斯福德男爵弗雷德里克·塞西杰率领着一支人数众多、实力强大、足以征服祖鲁兰的军队。从乌伦迪战役中我们看到，如果指挥得当，四千名英军士兵足以彻底击败两万名祖鲁人，其中包括塞奇瓦约的精锐部队。因此，伊桑德尔瓦纳战役中英军遭受的失败令人感到荒唐、可笑。皮尔逊上校在因耶赞大获全胜，亨利·伊夫林·伍德上校也出师大捷。然而，损失惨重的败局降临到了切尔姆斯福德男爵弗雷德里克·塞西杰的大部队。切尔姆斯福德男爵弗雷德里克·塞西杰指挥着一支庞大的部队，储备了大量物资，将图盖拉河上的洛克渡口作为自己的作战基地。后来，他被迫相信一位年轻的工程兵军官，这才为纳塔尔殖民地的安全做出了非凡的努力。祖鲁战争的所有经验表明，修筑防御工事是绝对必要的措施，但英军主力部队进入祖鲁兰之后并没有修筑哪怕一段胸墙。切尔姆斯福德男爵弗雷德里克·塞西杰的人身安全和他的一半部队的安全，实际上归功于突然的灵感和一件意外之事。几名年轻的中尉构思并实施了一项防御计划。他们用玉米袋垒成了胸墙，用压缩饼干箱子垒成了防御工事。幸亏有查德和布隆海德这样的军官当时想到了这样的办法，否则后果不堪设想。

切尔姆斯福德男爵弗雷德里克·塞西杰对祖鲁军队的行动缺乏充分的了解。一支庞大的祖鲁军队埋伏在附近，伺机摧毁他的营地，而他的兵力却分布于四周，甚至去追击一支诱其上当的祖鲁部队。结果，这支祖鲁部队毫不费力地引诱英军走上了毁灭之路。切尔姆斯福德男爵弗雷德里克·塞西杰拥有骑兵，但好像并没有有效利用麾下的骑兵做好侦察工作。雷德弗斯·布勒上校是他的情报部门的得力干将，却被安排在另一个地方。切尔姆斯福德男爵弗雷德里克·塞西杰要么完全轻视祖鲁军队——这本身是个严重的错误，要么无法认清英军的真实处境，要么无法采取有效的手段统率这支军队。很明显，他缺乏一个伟大的军事领袖所必需的才能或禀赋。一个真正了不起的将军像诗人一样，是天生的而不是后天培养出来的。不幸的是，在这个关键时刻，英国军队没有得到这样一位伟大的将才。

在伊桑德尔瓦纳山，英军既没有修筑防御工事，也没有人下令守卫临时防御营地。如果切尔姆斯福德男爵弗雷德里克·塞西杰在伊桑德尔瓦纳山的部下也能像他在洛克渡口的部下那样，结果就会大不相同。没有什么能比杜恩福德上校的做法更缺乏理智了。在他的部队完全有能力抵抗祖鲁军队进攻的时候，杜恩福德上校却因守卫临时防御营地而将部队分散于四周，从而使祖鲁军队有机可乘。责怪英军士兵作战表现不良是有损他们名誉的做法。第二十四团和其他部队一样，都表现出极大的作战勇气，如果由亨利·伊夫林·伍德或皮尔逊上校这样的军官指挥，第二十四团无疑会取得辉煌胜利。区区几百名荷兰人，没有后膛装弹的枪，在简陋的牛车防御工事后面，竟然对抗了整个祖鲁军队。查德和布隆海德连同一百名步兵，躲在玉米袋和压缩饼干箱子垒成的胸墙后面，都能击退数倍于己、极其强大的祖鲁军队。由此，我们想象一下，如果参加伊桑德尔瓦纳战役的部队受到得当的指挥且有威力强大的大炮协助，在增援部队到达之前，英军营地是不可能轻易失守的。

在十天的时间里，切尔姆斯福德男爵弗雷德里克·塞西杰非常不幸地遭遇了一场惨重的失败。在这次失败的战斗中，切尔姆斯福德男爵弗雷德里克·塞西杰一半的兵力遭到屠杀，大量弹药和物资被祖鲁军队缴获。英军侧翼被打退。在目睹一群赤身裸体的祖鲁人迎着枪炮前赴后继之时，英军士兵感到惊讶不已。看到祖鲁人在没有大炮的情况下仍然勇敢向前，切尔姆斯福德男爵弗雷德里克·塞西杰对他们的作战表现感到既无知又吃惊。如果切尔姆斯福德男爵弗雷德里克·塞西杰取得皮尔逊上校同样的成功，那么战争实际上会较快结束，一支强大的游击部队就有可能向乌伦迪进军，英国就可以拯救许多最优秀的士兵而不是让他们流血牺牲，同时可以省下整整三百万英镑的财富。

以上所述大多是战地记者和参战士兵的一些见闻及看法，其中并没有充分涉及每次作战的具体特性和实际困难。此外，审视切尔姆斯福德男爵弗雷德里克·塞西杰时，我们一定要特别记住这一点——他曾下令集中兵力守住伊桑德尔瓦纳山附近的营地，这一命令却没有得到驻守部队的执行。许多人认为正

英军增援部队

是这一事实引发了随后的惨败。毫无疑问,切尔姆斯福德男爵弗雷德里克·塞西杰值得同情。他犯了严重的错误,也遭受了很大的不幸。随后,切尔姆斯福德男爵弗雷德里克·塞西杰竭尽全力想要取得战争胜利。尽管增援部队大批抵达后直接上了前线,但增援延误确实出现了。有人辩称,这样的延误完全可以克服。我们最终会发现,切尔姆斯福德男爵弗雷德里克·塞西杰光荣而成功地取得了乌伦迪战役的胜利。纳塔尔殖民地的居民和开普敦殖民地的居民对切尔姆斯福德男爵弗雷德里克·塞西杰扭转战局表示同情。他们认识到这一胜利的伟大意义,并为他取得的胜利感到高兴。在提出充满谴责意味的意见的同时,他们又指出这样一个事实,即许多聪明的人持有相反的观点。他们有充分的机会研究这个问题,这对切尔姆斯福德男爵弗雷德里克·塞西杰来说是公平的。

伊桑德尔瓦纳战役的惨败预示着令人难以想象的后果。整个纳塔尔殖民地陷入了惊慌与焦虑,两万白人感到巨大的威胁,其原因不在于打了败仗的军队，而在于这里存在着数十万的土著居民。白人的应对策略并没有将野蛮的异族考虑进去，野蛮的异族会因害怕塞奇瓦约而即刻加入这个暴君派来毁灭纳塔尔殖民地的军队。幸运的是，尽管祖鲁人大肆吹嘘自己的战略多么强大，但事实证明祖鲁人无法很好地利用胜利来扩大自己的战果。祖鲁军队如果一开始让切尔姆斯福德男爵弗雷德里克·塞西杰进驻伊桑德尔瓦纳新营地，现在已经歼灭切尔姆斯福德男爵弗雷德里克·塞西杰的部队了。不过，切尔姆斯福德男爵弗雷德里克·塞西杰及其部队居然奇迹般地逃脱了。当英军因筋疲力尽而沮丧地躺倒在散发着阵阵恶臭的伊桑德尔瓦纳平原上喘息时，如果祖鲁人继续发动袭击，那么切尔姆斯福德男爵弗雷德里克·塞西杰和所有士兵都极有可能被全歼。指责切尔姆斯福德男爵弗雷德里克·塞西杰没有在战场上就地掩埋阵亡士兵尸体是极其荒谬的，也是极不公平的。切尔姆斯福德男爵弗雷德里克·塞西杰和部下当时都在逃命，直到洛克渡口保卫战取得胜利，才保住了性命及作战基地。试想一下，在一个毫无设防的地方对抗一支得胜军队的希望是多么渺茫。人们清楚地认识到，纳塔尔殖民地及其人民和切尔姆斯福德男爵弗雷德里克·塞西杰及其残兵败将，都被纳塔尔殖民地的"温泉关战役"的英雄们所拯救。

可怕的焦虑氛围持续了好几个星期，现在终于消散了。图盖拉河当时的状况和祖鲁国王塞奇瓦约的优柔寡断，终于使纳塔尔殖民地免遭祖鲁大军摧毁。接到电报后，大批英军增援部队以惊人的速度赶来，这才使纳塔尔殖民地和英国的荣誉没有遭损。在皮尔逊上校带领下，这支被困的部队不得不忍受物资匮乏带来的煎熬——整整九个星期的煎熬。与在洛克渡口的英国士兵用压缩饼干箱子垒成的防御工事前面遭遇的一样，祖鲁人在埃科韦坚固的防御工事前面也犹豫不决。援军终于要来了。尽管出现了一段时间的延误，但大批增援部队陆续抵达。1879年5月初，英军在纳塔尔的兵力超过了两万两千人，全部兵力分成以下几部分：

第一师（克里洛克上校率领），共九千二百一十五人。

第二师（纽迪吉特少将率领），共一万零二百三十八人。

亨利·伊夫林·伍德上校①的游击部队，共三千零九十二人。

三支部队共二万二千五百四十五人。

  这是一支庞大的军队，是有史以来欧洲在南非参战的最强大的军队。这也是一个非常重要的时刻，因为土著民族最强大的军队向白人发起了一场战争，而问题实际很简单，即英国女王亚历山德拉·维多利亚陛下和塞奇瓦约谁会成为南部非洲大陆至高无上的统治者。英军增援部队迅速出动，以最快的速度抵达前线，既没有任何伤亡，也没有遇到任何危险。不过，运送军队产生了很大的延误，这令人非常失望。祖鲁人一定非常疑惑我们的速度为什么如此慢。金格洛沃战役以来，英军已经有五个星期没有和祖鲁军队打过仗了。报界开始抱怨起来。交通运输费用昂贵到前所未有的程度。每英担运输费高达二十先令，从德班到彼得马里茨堡五十四英里的粮食运输费为每吨二十英镑。数以百

---

① 以下是这位杰出军官的小传：亨利·伊夫林·伍德上校，第九十团副指挥官，在坎布拉指挥第九十团作战。1852年，他参加皇家海军。1854年10月1日至1855年1月18日，他在"香农"号海军旅的皮尔上尉麾下担任指挥官。其间，他抬着伸缩梯去凸角堡时受重伤。在寄给拉格兰勋爵菲茨罗伊·萨默塞特的一封特快专递中他被提及（戴着扣环奖章、荣誉团骑士勋章、第五级美其迪勋章和土耳其勋章）。1858年，在平定印度兵变的战役中，他服役于第十七骑兵部队，并担任萨默塞特旅旅长。他还参加了拉吉哈尔战役、辛德瓦霍战役（被米歇尔将军传令嘉奖）、卡里战役和巴罗达战役（同样被传令嘉奖，并获奖章）。1859年至1860年，他指挥第一团比特森的骑兵部队在塞隆格丛林中追到叛军。因此，他受到印度政府的感谢，并获得维多利亚十字勋章。在他的努力下，印度中央骑兵第二团的力量得到增强。1873年9月，他以特别士兵的身份陪同加尼特·沃尔斯利爵士前往黄金海岸，并在1873年至1874年非洲西部阿善堤战争中服役。他组织当地人组成了"伍德团"。在以撒曼战役中指挥进攻部队，这得到了英国女王亚历山德拉·维多利亚陛下的赞同。他在援军到达之前，他指挥部队一路跟踪祖鲁人从曼苏到皮亚河。他还指挥了1873年11月27日的侦察行动。在阿莫福尔战役中，他指挥右翼部队——当时他受了轻伤。在奥达苏战役中及攻占考马斯时，他都在团部指挥作战（他曾多次受到传令嘉奖，晋升为名誉上校，并获得扣环奖章）。值得强调的是，1858年10月19日，他在伊桑德尔瓦纳战役中表现突出，因而获得了维多利亚十字勋章。当时，他率领第三轻骑兵团的一支部队，几乎单枪匹马地向叛军发起了进攻，并将其击溃。后来，在伊桑德尔瓦纳附近，亨利·伊夫林·伍德带着比特森骑兵部队的一名传令骑兵勇敢前进，从一伙强盗手中救出了一个叫切姆·辛格的侦察兵。这伙强盗抓住了切姆·辛格，将他押到了丛林中，并打算把他吊死。——原注

计的牛累死在运输线上。步兵营的前进速度令人非常失望。相比之下，它们即将攻击的祖鲁军队却因行动迅速而著称。切尔姆斯福德男爵弗雷德里克·塞西杰的计划是派遣大批部队前往战场，而数不胜数的行李和补给物资完全阻碍了部队的行动。在加尼特·沃尔斯利爵士到来后的一段时间，我们会发现他成功地雇用了两千多名祖鲁搬运工来解决运输问题，而切尔姆斯福德男爵弗雷德里克·塞西杰似乎没有尝试过这种既便宜又有效的方法。

为了减轻运输的巨大困难，英军设法在祖鲁兰海岸找到一个登陆地点。海军炮艇"福里斯特"号被派去执行这一任务，最终在杜恩福德港成功登陆。因此，这里被设立为登陆补给的地方。登陆点的确立使部队免走了一百多英里艰难道路。1879年5月，"福里斯特"号[①]不仅在确定登陆点的过程中做出了重要的贡献，而且不止一次向海岸附近的祖鲁军队发动攻击。

有关克里洛克上校所率部队的有趣行动，在此无法长篇累牍地加以叙述。无数头牛拉着沉重的行李和补给物资在路况糟糕的道路上缓慢前行。其间，数百头牛在途中累死。巨大的粮食消耗和运输费用支出将令英国为这场战争付出可怕的代价。英国人怨声载道，殖民地人民也非常不满。

1879年5月15日，在纽迪吉特少将率领下，南非野战部队的总部设在了多恩伯格附近的布法罗河岸上。南非野战部队包括：第十七枪骑兵团右翼；第一旅第二十一团三个连；第五十八团六个连；皇家炮兵第五旅炮兵连及其六门七磅大炮——由哈尼斯上校率领；皇家炮兵第六旅炮兵连及其六门九磅大炮；陆军后勤部队；陆军医疗部队；本戈率领的土著营；纳塔尔先锋部队；纳塔尔卡宾枪手队；塔顿·布朗上校指挥的皇家炮兵，安斯蒂上尉指挥的皇家工程兵。再往前十二英里是康夫雷斯山。这里不仅有最前沿的岗哨，而且有戴维斯上校指挥的英国近卫掷弹兵部队。驻防部队有第九十四团的六个连、贝丁顿的纳塔尔

[①] 卡托先生是纳塔尔殖民地最年长、最受人尊敬的居民之一，他就登陆点的选定为英军提供了重要的信息。"沙阿"号的布拉德肖上尉同"福里斯特"号的史密斯上尉一起邀请卡托先生登上"福里斯特"号，在其协助下选择了一个合适的登陆点。——原注

骑兵部队、皇家工程兵的一支分遣队及西奥菲勒斯·谢普斯通爵士的巴苏陀人骑兵部队。南非野战部队修建了另一个堡垒和临时防御营地。东北方向八英里是亨利·伊夫林·伍德驻扎在马格韦哈纳的新营地，这里靠近白乌姆沃洛西河的一处源头——沙斯普鲁特河。马歇尔少将当时在骑兵营。对英军来说，伊桑德尔瓦纳战役惨败的教训非常深刻，所以纽迪吉特少将率领的野战部队都采取了全面的预防措施，以防止可能性灾难的发生。营地到处是堡垒和防御工事，但还是有人言之凿凿地说，一支祖鲁军队如果来攻，就会毫无困难地击退图盖拉河薄弱边境的部队，然后追击英军的正规部队，并迅速进行毁灭性突袭，然后迅速撤退[①]。在守卫纳塔尔殖民地方面，塞奇瓦约对有利时机的忽视，比庞大的英军带来的帮助更有益处。英军虽然无比辛劳，速度慢得几乎无法形容，但依然奋力赶往乌伦迪。殖民地人民对运输延误和战事拖拉发出了强烈抗议。纽迪吉特少将威武的部队似乎处于瘫痪状态。在行军途中，马匹的草料和军队的给养等困难成了各种报纸的头版头条。纽迪吉特少将对延误做出的解释，既付出了高昂的代价，也招致了人们无限的失望。

　　1879年5月17日，一条通往兰德曼渡口方向的道路终于修好了。几天后，英军所有骑兵都经该路前往洛克渡口，然后再从洛克渡口前往伊桑德尔瓦纳埋葬阵亡的士兵。祖鲁战争中一件可耻的事情或可悲的结果就是，在伊桑德尔瓦纳阵亡的英军勇士的尸体四个多月没有掩埋，这一点既不能不说，也不能轻描

[①] 1879年5月7日，图盖拉河附近的一位居民写信给《纳塔尔水星报》说："祖鲁人如果穿过图盖拉河，直逼图希渡口至白金汉堡之间的任何一个地方，就可能避开英军，从而很容易突袭纳塔尔殖民地。这是我深思熟虑之后的想法。切尔姆斯福德男爵弗雷德里克·塞西杰已尽其所能保护边界，在边界沿线的白人军队都安置了土著卫兵，但这些土著卫兵唯一的用处就是在祖鲁人进攻时发出警报。我见过很多土著卫兵，也问过他们，如果祖鲁人发动袭击，他们会怎么办。他们的回答是，'当然是跑了'。我还听说——不是从他们那里，而是从其他人跟前——他们说，'如果我们的军官命令我们穿过没有白人军队驻防的图盖拉河，我们就会要求军官把我们杀死在纳塔尔殖民地，以免他们麻烦地将我们带到祖鲁兰送死'。因此，我认为把边境土著卫兵作为一种防御力量是毫无价值的，至少有两个斯林岗哨的志愿兵——他们都是有头脑的人——完全同意我的看法。塞奇瓦约的军营里会是什么情况，我不知道，但我很清楚一点，那就是祖鲁人已经沿着图盖拉河边境返回并已经住进了自己的军营，但他们有时会大喊大叫地挑衅，并与边境土著卫兵交火。"——原注

淡写。两个龙骑卫兵团、枪骑兵团和许多其他部队，全部欣然前去执行这项光荣的任务。部队以中队的直线式、梯队式或方队式前进，有足够的前锋、后卫和侧翼。到了晚上，士兵们十二人为一组宿营，他们的马鞍向内围成一圈。从比加斯伯格山往下看，他们终于看到远处的洛克渡口和伊桑德尔瓦纳山了。一个枪骑兵团、一个龙骑卫兵团和纳塔尔卡宾枪手队一半人一起出动，清查附近地带。熊熊燃烧的茅屋上青烟升腾，好像祖鲁兰山祭坛正在进行燔祭。夜间，祖鲁人的烽火照亮了大地，而英国人再次来到塞奇瓦约第一次也是最后一次胜利的战场上。拂晓时分，马歇尔少将带着龙骑卫兵、枪骑兵、非正规军骑兵部队、骑警和炮兵在洛克渡口过河，然后以散开的队形前进。我想，读者一定更愿意从一个亲历者的笔下读到关于伊桑德尔瓦纳的所见所闻。以下是《纳塔尔时报》记者所做的描述：

> 英军非常谨慎地向前推进。1879年5月20日9时30分，英军的先头部队已经到了山脊。居高临下，士兵们看到了伊桑德尔瓦纳的山谷。那是一大片壮丽的土地，平原绵延数英里，其间只有几处沟谷和小山丘，两边都是高山。谁会想到，这片宁静的土地上却发生了现代最可怕的一场战争和灾难。英军曾经的营地长满了草，混杂着密密麻麻的玉米秸秆和燕麦秸秆，但看上去依然青绿、茂盛。草丛中躺着英军可怜的阵亡士兵的尸体。尸体散布各处，姿势各异，而且已经不同程度地腐烂了。支过帐篷的地方到处是残破的盒子与箱子、残存的肉罐头、帐篷的残片，以及一大堆杂乱的文件、书籍和信等。立即引起人们注意的是牛车的残骸、牛的骨架及马的骨架。其他一切都隐藏在草丛中，一眼看不出来，需要仔细寻找才能发现。英军注意到沿着大路新的几辆牛车的轮迹。因此，英军猜想，这应该是最近用来把收获的庄稼从西拉约的山谷运送到更远的内陆要塞的牛车留下的。那天早晨，侦察兵还发现了两个骑马的卡菲尔人和一个步行的卡

菲尔人，其中一匹马四蹄都打了蹄铁。这几个卡菲尔人显然是祖鲁军队为监视来到这里的英军而留下的。到达这里后，英军忙着把马套到最好的牛车上。除了骑马放哨或其他执勤人员，其余的人都在发生过惨烈战斗的现场仔细地搜寻着阵亡士兵的遗体和遗物。在西奥菲勒斯·谢普斯通爵士的带领下，卡宾枪手们前往他们先前的营地，试图找到阵亡战友的遗物。然而，在营地附近他们没找到任何重要的东西。接着，他们搜索了那天晚上看到过一些尸体的地方。西奥菲勒斯·谢普斯通爵士发现了杜恩福德上校的尸体、杜兰特·斯科特中尉的尸体及所有阵亡的卡宾枪手的尸体。遗憾的是，他们没有找到伦敦、布洛克及在逃亡途中几个被杀士兵的尸体。可怜的杜恩福德上校很容易被辨认出来，他穿着一件脏兮兮的背心。西奥菲勒斯·谢普斯通爵士从背心口袋里掏出一把写着杜恩福德上校名字的小刀，取下了他的两枚戒指，这些遗物都要被送回家留给他的父亲做纪念。杜兰特·斯科特中尉身体的一部分掩藏在一辆破牛车的残骸下，显然他死后没有遭到肢解或触碰。他穿着巡逻军服，扣子扣得很整齐。他身体的其余部分已经变成骨架，但奇怪的是，那张脸看上去依然鲜活，头发都还在，皮肤虽然完全干枯，却依然完好。这两具尸体躺在其他年轻士兵的中间。这些官兵都为保卫这片土地而英勇战死。从他们所处的位置来看，他们一定是在最后英勇抵抗后全部被杀的。他们同生共死，没有一个人试图逃跑。我对他们都很了解，也很清楚他们平日里是如何尽职尽责的。我不可能仔细地一一查看他们的尸体，因为我不得不离开这里去另一处。我只能再补充一下，杜恩福德上校的尸体用帆布包裹起来，进行了水葬。其他人的尸体都用石头等掩埋起来，人们用铅笔在木头或石头上写上他们的名字，竖在旁边以示纪念。

　　皇家炮兵和纳塔尔骑警的尸体也已经掩埋，剩下的只有第二十四团士兵的尸体还没有处理。因为格林上校和其他军官表示，他们希望有朝一日能亲自送死去的战友们最后一程。然而，奇怪的是，许多人认为这有辱勇敢的阵亡者的尊严。不过，我们还是期待在不久的将来能够回到曾经被鲜血染红的战场，亲手埋葬阵亡者的所有遗体和遗物。祖鲁人已经拉走大批运货牛车和营地中一切有价值的东西，而许多尸体全部或部分地被肢解、乱扔一气，导致我们无法辨认。我没有走出营地很远，所以可能判断不太准确。不过，我看到营地里尸体数量不可能超过两百具，其中不包括二十五具卡菲尔人的尸体。毫无疑问，我如果去了战斗刚开始的地方，应该能找到更多的尸体，但很庆幸，为了少一些痛苦我没有这样做。对于躺在周围的阵亡者，别人也许没有我那么多痛苦的感受或悲伤的回忆。我越往远处走，看到的尸体越多。在更多军官的尸体中，除了年轻的吉布森与土著特遣部队两名副官的尸体，我没有听到再有任何一具被确认出来。许多珍贵的遗物已被祖鲁人发现并带走。我听说，在几个阵亡士兵的身上找到了他们写给国内亲属的信——所有信都完好无损，它们将被送回英国交给活着的人们做纪念，这当然会再次引起其家人及亲朋好友难过。由于诸多原因，马歇尔少将很急切地要离开。因此，牛车一准备好，我们就在1879年5月21日12时动身往回赶了。一路上畅通无阻，15时30分我们便到达洛克渡口。回到驻地，我又去掩埋阵亡官兵的亲历者中打听，看看有没有特别引起他们关注的情况。一名龙骑卫兵团的军官在带着自己的中队去焚烧祖鲁军队的营地时，发现那里最近有人住过的迹象。他们找到了英国第一旅第二十四团的团旗，还发现一个充斥着祖鲁人骸骨的茅棚。这一情况与在英军营地左侧发现的埋有大量祖鲁人尸体的大墓地，共同证明了祖鲁人确实移动过他们阵亡士兵的尸体。祖鲁军队的营地距离发现骨骸的地方大约两英里，所以祖鲁人可能用英军的牛车运了尸体。带回来的四十辆牛车中，保存完好的只有两辆水车、一辆大炮车、一辆火炮车和三辆苏格兰轻便牛车。英军曾经留在那里的东西所剩不超过二十件，这些东西要么部分残缺，要么完全不能用。即使算上所有能用和不能用的也没剩几件了，六七十辆牛车也不见了，而且那些牛车是在不同时间被祖鲁人运走的。

在开普敦殖民地和纳塔尔殖民地招募的非正规军骑兵部队值得特别提及。在战争期间，这支部队的表现及作用既非常重要，也非常有价值。非正规军骑兵部队大多隶属于亨利·伊夫林·伍德上校的部队。在多次进攻行动中，这支部队官兵的勇敢表现证明了他们都很优秀。在非正规军骑兵部队中，表现

英军行军途中停下来观察敌情

最突出的是由舍姆布鲁克指挥的卡夫兰艾菲尔人。1879年4月30日，在卡夫兰艾菲尔人服役期满之际，舍姆布鲁克在乌得勒支向他们发表了一场慷慨激昂的演讲。在演讲中，他回顾了卡夫兰艾菲尔人参加的主要军事行动，赞扬了他们的优秀表现，并向退役官兵告别。因为在盖卡人叛乱期间，卡夫兰艾菲尔人在开普敦殖民地边界地区作战英勇，所以六个月前，在彼得马里茨堡的一次公开阅兵中，他们被切尔姆斯福德男爵弗雷德里克·塞西杰选派到一个危险的岗哨去执勤。在近三个月的时间里，卢内堡这个要地一直被英军占据，这里为数不多的白人沉重打击了祖鲁军队，确保了英托姆贝至德比之间的联络安全。这些白人隶属于亨利·伊夫林·伍德上校指挥的"光荣纵队"，后来加入了由雷德弗斯·布勒上校指挥的部队，在奥罕归顺英国时参与营救其臣民。卢内堡的白人还参加了损失惨重的兹洛巴内山战役与坎布拉战役。面对两万多祖鲁人的进攻，卢内堡的白人绝对服从军令并严格遵守军纪，确实令人钦佩而欣慰。他们的最后一项任务就是护送从巴特利斯普鲁伊特到坎布拉的车队①。关于舍姆布鲁克率领的非正规军骑兵部队，其实际情况与其他部队——如贝克团、威利团等——无甚差异。纳塔尔殖民地的英军军官中，如舍姆布鲁克、内特尔顿、西奥菲勒斯·谢普斯通爵士、朗斯代尔、布莱恩、皮克林、威尔逊及其他人，

---

① 与舍姆布鲁克指挥的英勇作战有关的一些细节，一定会引起读者的兴趣。1879年4月15日担任指挥官后，舍姆布鲁克将注意力首先集中在卢内堡。大约在1879年5月中旬，他和布雷上校一起来到卢内堡。当时，他与第四团的摩尔上尉及勤务兵拉尔森一起侦察，准备对乌姆贝里尼的山洞发动攻击。他们深入祖鲁军队的防线，然后遇到一条河和一条深沟。在返回营地的路上，他们遭到大约五十名祖鲁人的袭击。这些祖鲁人都带着马提尼-亨利步枪。除了他的英国斗牛犬和一把小左轮手枪，舍姆布鲁克没有携带其他武器。他的战马被射杀了，摩尔上尉的马倒下后，也被射杀。舍姆布鲁克后面的勤务兵拉尔森一次次地被受惊的马甩下来，而祖鲁人离他越来越近。最后，拉尔森有点晕了，无法重新上马。他来到河边，终于找到一个可以保护自己的洞穴。摩尔上尉随后上马坐在舍姆布鲁克身后。他们穿过祖鲁人像冰雹一样呼啸而来的枪林弹雨，终于到达营地。到营地后一分钟也没有耽搁，舍姆布鲁克带着二十个骑马的士兵出发了。他们去营救拉尔森。唉！那个可怜的兄弟不见了。大家到处搜索，没有发现他的一点踪迹。1879年5月20日，英军进攻乌姆贝里尼的山洞。这里一百名祖鲁人涌入了一场致命的大火中。第四团的高恩中尉英勇无畏、冲锋在前，祖鲁人最终被赶回乌姆贝里尼的山洞。以上摘自私人信函。——原注

在战争中都表现突出。公平而公正地说,不管是志愿兵和征募军,还是英国官兵,都在战争中起到了非常有价值的作用。

多年来,德兰士瓦共和国的境遇一直很悲惨。在1872年托马斯·F.伯格斯当选总统之前,德兰士瓦共和国不断受到入侵、债务、争吵及内部不满等因素的困扰。托马斯·F.伯格斯打算对整个国家进行彻底改革,并谋划在南部非洲缔造一个崭新、完美的荷兰。托马斯·F.伯格斯具有很不错的天赋,他的演讲才能很突出,但令人遗憾的是,他对军队和商业不甚了解。因此,托马斯·F.伯格斯的计划是不切实际、不可靠的空想。托马斯·F.伯格斯强迫布尔人接受一

托马斯·F.伯格斯

巴佩迪人

种与基督教教义相悖的教育制度，导致数百名布尔人离开南部非洲；他计划贷款三十万英镑在德拉瓜湾修建一条铁路，最终却花费了数百万英镑；他设计了奇特的军装和旗帜；他还在金币上印上自己的肖像。托马斯·F.伯格斯在上帝面前耍弄"奇葩似的把戏"。现在，即使采取完全不同的办法来帮助德兰士瓦共和国度过破产和毁灭的危机，也很难挽救这个国家。

1875年，巴佩迪人的主要首领塞库库尼趁托马斯·F.伯格斯不在非洲的时候发动了叛乱。1876年4月，德兰士瓦共和国政府要求塞库库尼投降。塞库库尼非但没有投降，反倒大胆地要求获得莱登堡和比勒陀利亚地区的一大片土地。随后,德兰士瓦共和国政府的一支义勇军向塞库库尼发起进攻并占领马修比孤山。夸张一点说,这座山就好比南非的"直布罗陀",具有重要的战略地位。随后义勇军又对塞库库尼所在的营地发动了攻击,但以失败告终。于是,德兰士瓦共和国政府的志愿兵部队发起战斗。不久,德兰士瓦共和国政府与塞库库尼达成一项和平协定。然而,这项和平协定令人感到十分不光彩。这项协定的目标好像就是为了撕毁,因为它随后便遭到了塞库库尼的否定和蔑视。

德兰士瓦共和国政府的软弱和愚蠢,严重危害了整个英属南非殖民地的和平。德兰士瓦共和国无法征服塞库库尼,又受到塞奇瓦约的威胁,还极有可能遭到塞奇瓦约的入侵。这显然会殃及英国殖民地。因此,西奥菲勒斯·谢普斯通爵士被英国政府任命为特别专员。1877年1月,他抵达比勒陀利亚。1877年2月,他召开了人民议会特别会议。当时,摆在德兰士瓦共和国政府面前有两个选择:一个选择是进行彻底的立法、行政和司法改革,另一个选择是接受英国统治。德兰士瓦共和国政府选择了前者,但这样的改革来得太晚了,这个"病人"已经无可救药。托马斯·F.伯格斯总统最终宣布,改革措施无法拯救德兰士瓦共和国。1877年3月8日,人民议会解散。1877年4月12日,西奥菲勒斯·谢普斯通爵士正式将德兰士瓦并入英国版图。对于一个破产的国家来说,这是它最好的选择,因为它已经完全无法应付自身的债务和对手。对英国政府来说,这是不是最明智的选择还值得商榷。一个沉重的负担立刻压在了英国政府的肩上,那些满腔怨恨的人很容易被荷兰人和其他人引发不满,甚至可能因此引发叛乱,而荷兰人和其他人可以利用虚假的反对趁机牟利,并从武装叛乱中大赚一笔。如果西奥菲勒斯·谢普斯通爵士等得太久,一旦祖鲁国王塞奇瓦约发动大军进犯,那么德兰士瓦的人们会跪下来向塞奇瓦约恳求保护和帮助。英国如果要介入这场危机,就必须得到成千上万骑兵的援助——这可是非常宝贵的援助。然而,当英国人真正为德兰士瓦人而战时,德兰士瓦的居民对发生的一切非常反感,几乎没有为英国人提供任何帮助。毫无疑问,英国对德兰士瓦共和国的接管事宜处理得很糟糕,所以不得不承受痛苦。一方面,如果英国采取拖延的策略,德兰士瓦的人们会被迫来乞求英国保护并接管他们的国家,这种策略肯定不会那么友善但更加明智。当德兰士瓦人的生命和财产受到塞奇瓦约威胁时,只有英国的干预才能挽救他们。另一方面,可以肯定的是,拖延也会导致特别危险的后果,如果英国不立刻接管德兰士瓦共和国,祖鲁人就会点燃战火,而后战火会迅速蔓延到每一个土著部落,还会破坏英国人所有定居点的和平。西奥菲勒斯·谢普斯通爵士在判断接管德兰士瓦共和国的必要性时,局势对他非常有利,因为英国女王亚历山德拉·维多利亚陛下的政府一贯支持他吞并德兰士瓦共和国。

事实证明,塞库库尼是德兰士瓦共和国的眼中钉肉中刺,但德兰士瓦共和国又无法摆脱他。荷兰人要与塞库库尼和平相处只是一种幻想,同时暴露出荷兰人的软弱。塞库库尼与德兰士瓦共和国的敌对状态很快恢复了,我并未对此感到惊讶。1878年,在英国政府授权下,一支由志愿兵和当地警察组成的远征军,在克拉克上校指挥下,被派去攻打塞库库尼。这支部队不够强大。因此,在罗兰上校率领下,第十三团一部分兵力、第八十团的一部分兵力连同骑兵和志愿兵,也被派去攻打塞库库尼。然而,被派去的部队遭遇了前所未有的干旱天气,几乎无法作战。因此,第八十团的一部分兵力只得留下把守关口,其他远征部队不得不返回。英军与塞奇瓦约之间的大战,很快吸引了英国人所有的注意力并使英国人动员了所有力量,而英军对塞库库尼大本营的进攻也因此推迟。对塞库库尼的征伐早在1878年年底之前就已经开始,但最终不得不留给加尼特·沃尔斯利爵士完结。直到1879年年底,他才率部凯旋。塞库库尼的叛乱专门针对德兰士瓦共和国,所以英国不得不接管这个债务累累、战事纷扰的国家。

1879年初,亨利·巴特尔·弗里尔爵士前往纳塔尔殖民地。在伊桑德尔瓦纳战役引发危机期间,他一直都待在纳塔尔。亨利·巴特尔·弗里尔爵士返回途经德兰士瓦时,他发现德兰士瓦人的抱怨和不满已被煽动并演变成了初期的叛乱。德兰士瓦的农民召集群众集会成立了人民委员会。人们自由地表达心声，决心要恢复农民的独立自主权力。亨利·巴特尔·弗里尔爵士以无比的坚定和坦率，加上令人钦佩的机智和耐心，向英国政府指出事态的真实状况，并递交了一份恢复德兰士瓦独立的请愿书。只有这样，人们因不满而引发叛乱的危机才能暂时平息。以前派往德兰士瓦的特使都没能达到这一目的。试想一下，英国政府会再次允许重建一个既不能保卫自己、英国又无法统治的共和国吗？这个希望真的很渺茫。

第8章

路易-拿破仑·波拿巴王子之死

精彩看点

亨利·巴特尔·弗里尔爵士的策略——英国政府的谴责——战事进展缓慢——1879年6月5日发生的事情——路易-拿破仑·波拿巴王子——路易-拿破仑·波拿巴王子到来——路易-拿破仑·波拿巴王子参战——路易-拿破仑·波拿巴王子的性格——路易-拿破仑·波拿巴王子阵亡

早在1879年2月9日,切尔姆斯福德男爵弗雷德里克·塞西杰就写信给英国政府,请求立即派来一名少将级军官。亨利·巴特尔·弗里尔爵士也同意向英国政府提出这一请求,并建议所选军官应该适合接替自己高级专员的职务。1879年3月19日,国务大臣迈克尔·希克斯·比奇爵士指责亨利·巴特尔·弗里尔爵士没有给英国女王亚历山德拉·维多利亚陛下的政府留有机会来考虑同祖鲁国王塞奇瓦约的交涉——如果有必要进行交涉的话。国务大臣迈克尔·希克斯·比

迈克尔·希克斯·比奇爵士

第 8 章 路易–拿破仑·波拿巴王子之死 | 173

奇爵士说，这一交涉本应该进行，尽管英国军队可能已经错过了一个有利的机会，而塞奇瓦约的军队也可能已经得到加强武装及储备军粮的有利机会。然而，国务大臣迈克尔·希克斯·比奇爵士没有说到这些情况，当然也不能说。在纳塔尔殖民地面临遭到入侵和摧毁的危险时刻，英国政府应该与祖鲁国王塞奇瓦约进行交涉，毕竟这才是真正的问题。亨利·巴特尔·弗里尔爵士受国务大臣迈克尔·希克斯·比奇爵士的任命，被特别授权保护英国的领地不受土著入侵。在极其紧急的情况下，他必须迅速使用国务大臣迈克尔·希克斯·比奇爵士的授权来控制局面。两年来，塞奇瓦约一直计划对白人进行一次特别打击并且一直跃跃欲试，所以亨利·巴特尔·弗里尔爵士必须立即采取行动[①]。于是，1879

[①] 以下信息来自一位殖民者，他的性格和经验使他的描述无可指摘。他说："作为一个在祖鲁兰生活多年的居民，我有一些自己的经验和观察方法。人民委员会在洛克渡口成立的前一年，乌西拉约酋长在乌索格克塞建造了自己的营地，周围建起了一堵有射击孔的坚固石墙。他的臣民经常告诉我，他们希望利用这些石墙来对付白人。他们经常谈论战争。我不止一次向乌西拉约酋长和他的臣民提出抗议，还告诉他们要小心，不要和白人开战，因为后果对他们来说会很糟，但这都没用，因为他们对自己的枪支和庞大的军队充满信心。有一次，塞奇瓦约送了一块牛皮给西奥菲勒斯·谢普斯通爵士，并且说，如果西奥菲勒斯·谢普斯通爵士能数清牛皮上面的毛，他也许就能知道祖鲁士兵的数量了，但我认为这块牛皮没能达到其目的。当人民委员会在洛克渡口成立时，乌西拉约酋长威胁说，如果英军士兵穿过布法罗河来查看边境线，他会杀死这些人并毁掉他们的帐篷。在乌西拉约酋长所在营地附近，人们仍然能看到烽火台后面的石头堆。我通过一位传教士向人民委员会发出警报，后来阵亡的杜恩福德上校注意到了警报。为了对付白人，祖鲁人购买了数千支枪，又购买了大量弹药，请来巴苏陀兰的人们教他们制作火药，同时进行了大量的射击训练。当乌姆贝里尼在乌姆蓬戈拉发动第一次大屠杀时，我记得那是1877年，他去见祖鲁国王塞奇瓦约，塞奇瓦约给他戴上了"无畏者"的头饰。因此，像有人说的那样，塞奇瓦约不认同这个无耻之徒的所作所为，但这对乌姆贝里尼似乎没什么影响。想一想，为什么塞奇瓦约任由乌西拉约酋长和他的臣民年复一年从布尔人那里盗马、牛、羊而不惩罚他们？1876年冬天，乌西拉约酋长和他的手下带着武器越过边界，拖走了那些逃命的可怜女人，当时塞奇瓦约为什么没有立即予以惩罚？为什么祖鲁国王塞奇瓦约要煽动其他部落反对白人？为什么塞奇瓦约不在乎加冕礼上的承诺？因为他希望发生战争，而且他如愿以偿了。使塞奇瓦约陷入疯狂的主要原因是：第一，他轻视福音，因为他非常了解福音，所以不允许他的臣民成为基督徒；第二，因为基督教政府不允许塞奇瓦约像他的祖先那样对其他部落发动战争；第三，塞奇瓦约坚信自己一定能消灭白人，因为他认为白人屈指可数，而他自己的士兵则像草一样不计其数——他在谈话中经常用这句话来形容自己的士兵数量。只要能除掉白人，塞奇瓦约很快就能征服黑人部落——这一直是他的希望。现在我们必须感谢上帝，因为上帝派了像亨利·巴特尔·弗里尔爵士这样的人来拯救殖民地的居民，从而使他们免受塞奇瓦约预谋的攻击。"——原注

年1月初英军在祖鲁兰境内发动了战争。如果英军没有伊桑德尔瓦纳战役的惨败，人们也不会谴责亨利·巴特尔·弗里尔爵士。英国女王亚历山德拉·维多利亚陛下的政府关于和平相处的想法，国务大臣迈克尔·希克斯·比奇爵士在1879年3月20日的加急信中做出说明：除确保邻近殖民地的和平与安全所必需之外，英国政府不允许高级专员亨利·巴特尔·弗里尔爵士等人进一步干涉纳塔尔殖民地的内政；正式批准居民或外来人员在纳塔尔殖民地居住；废除祖鲁人的军事制度；接纳传教士。以上意见必须根据未来出现的状况进行定夺。

1879年4月2日，金格洛沃战役打响。1879年7月4日，英军又打响了乌伦迪战役——这一战役我们之后再叙。对不同部队的作战进行完整的长篇记述时，间隔插入别的内容不至于令人感到厌烦和无趣。因此，我又进行了插叙，内容包括以下方面：英军对祖鲁军队的小规模袭击和祖鲁军队对英军的袭击；英军偶尔出现的恐慌状况；亨利·伊夫林·伍德上校的部队在四十英里内对驻地进行全面搜索；英军丢失或找回牲畜；英军的行军；堡垒的修筑；营地的生活状况；最重要的是，向前线缓慢前进的过程中英军遭遇的麻烦、焦虑和烦恼及英军运输方面的困难①。祖鲁国王塞奇瓦约表面上经常派使者来和谈，但从随

---

① 诸如以下的段落会经常出现。1879年5月，一位在图盖拉河下游的记者写道："获知援军已经到达，人们一边看着一边计算着援军的数量。牛车驶来的道路上充斥着饥饿的牛，它们饿得快拉不动车了，而地上的草变得干燥而稀疏。但人们看不到援军任何准备行动的迹象。可能要过几个月的时间，援军才会重新开始行动。报纸上的这类说法，真的让人感到悲伤而绝望，并让人担心整个祖鲁战争会失败。取得任何一次成功后，如果英军能迅速推进，那么战争早就结束了。但事实上，它留给祖鲁人足够的时间来重整旗鼓，还使祖鲁人认为，英军在遇到一些未知的困难后，最终肯定会彻底放弃。这场战争如果是从英国国内发起的，那毫无疑问将会失败。英军如果能在两周前进军，现在可能已经看到战争结束了。这种拖延只会进一步影响祖鲁人的心理，使他们继续抱有最终取胜的希望。英军物资运输的问题越来越令人担忧。正如我们在其他地方所指出的，一个简单的事实是，南部非洲的物资已经过度紧张。在许多情况下，年幼而没有运输经验的牛也被用来运送物资。这会面临非常严重的风险，从而损失这些牛。我们庆幸地获悉，调查委员会的调查表明，运输费用和运输困难是导致人们发出强烈谴责的最根本原因。实际上，供求之间出现了问题。粮食供应部现在雇用了一千八百辆牛车，但还急需两百多辆。我们认为，有关粮食供应产生过高费用的问题，人们提出的说法有些过分夸大。然而，我们依然非常焦急地等待着人民委员会的报告。"——原注

后发生的事件来看，派来的使者是来做间谍工作的，目的是获取情报同时麻痹英军。1879年6月5日，祖鲁军队与亨利·伊夫林·伍德上校的一部分部队进行了交战。这次战斗需要引起读者关注。英军预计行军途中会遭到攻击。因此，枪骑兵、龙骑兵与土著骑兵都被派去增援。雷德弗斯·布勒上校指挥两支边境轻骑兵部队、贝克部队的分遣队、麦克唐纳德部队的分遣队、科克伦的巴苏陀骑兵，提前组成了一支侦察部队。威廉·贝雷斯福德勋爵担任参谋，协助雷德弗斯·布勒上校。第九十团是前卫，第八十团在中间，第一旅第十三团是后卫。

威廉·贝雷斯福德勋爵

英军骑兵渡河

在乌西拉约酋长庞大的克拉尔附近,英军看到两部分祖鲁人,共约一千人。从祖鲁人所处的位置来看,他们似乎要发动攻击。英军士兵奉命快速前进,祖鲁军队退到山脚周围的荆棘丛中,并向英军猛烈开火。双方交火半个小时后,祖鲁军队的火力开始减弱。枪骑兵和龙骑兵渡过河,由于没有大炮支援,所以无法赶走祖鲁人。不幸的是,他们失去了副官弗里斯。弗里斯是一位非常有前途的年轻军官。随后,祖鲁军队企图消灭英军正在撤退的骑哨。幸好西奥菲勒斯·谢普斯通爵士麾下的纳塔尔土著骑兵部队阻止了祖鲁人这一企图。在这之后,祖鲁人只是大声喊叫着向英军挑衅。英军烧毁了祖鲁人的兵营,确定了参加进攻英军主力部队的祖鲁军队大致人数后返回营地。值得注意的是,在这次战斗中,正规军和志愿兵都表现得既勇敢又坚定[①]。

---

① 在这次战斗中,几家报纸的记者,包括《标准报》《每日电讯报》《每日纪事报》的记者,遭到祖鲁人的攻击。——原注

我们现在必须关注一下战争中最杰出的一名志愿兵的事迹。这名志愿兵是一位王子，他拥有当时法兰西最显赫的家族姓氏——波拿巴，这是法兰西帝国皇室的姓氏。这位王子就是路易-拿破仑·波拿巴王子，法兰西第二帝国皇帝拿破仑三世与其妻欧仁妮皇后的独生子，即法兰西第二帝国的皇太子，也被称为"拿破仑四世"。他出身皇室家庭，在优越的环境中长大，最终与法兰西第二帝国一样遭遇了非常不幸的命运——英年早逝。路易-拿破仑·波拿巴王子

拿破仑三世

欧仁妮皇后

曾经流亡英国，在伍尔维奇皇家军事学院——现在桑赫斯特皇家军事学院的前身——学习。在伍尔维奇军皇家事学院，路易-拿破仑·波拿巴取得了巨大成功，这远远超过了朋友们的期望。南非的战争似乎为法兰西帝国的继承人提供了一次很好的学习机会。作为一名士兵，路易-拿破仑·波拿巴王子热切地渴望获得实用的军事专业知识；作为波拿巴家族的一员，他渴望拿起那把自己家族用来建立帝国的宝剑彰显自己、成就自己。大不列颠是他家族的避难所，大

路易-拿破仑·波拿巴王子

不列颠的士兵给了他家一样的亲切自在感。1879年2月27日，路易-拿破仑·波拿巴王子在基色赫斯特的拿破仑三世皇帝墓前接受了天主教圣礼，然后在多瑙河登上前往南非战场的轮船。去祖鲁兰完全是他自己的决定，尽管他的母亲欧仁妮皇后心里反对，但还是顺从了儿子的意愿。路易-拿破仑·波拿巴王子真心想要赢得所有人的爱戴。他内心纯洁、聪明智慧、信仰基督教。他曾宣称："如果我重新登上我父亲的帝位，那么我身边人的诚实、名誉和道德就不会受到怀疑。"路易-拿破仑·波拿巴王子真挚地对待每个人，总是乐观、真诚、可亲、友好。和他接触过的人都因他的性格、品质而折服。在远航途中，路易-拿破仑·波拿巴王子和乘客们一起玩游戏，其乐融融。他的风度和善良的天性深受大家的喜爱①。到达开普敦后,尽管詹尼斯总督不在纳塔尔,但总督夫人——弗莱尔夫人——邀请路易-拿破仑·波拿巴王子去做客。当初在多瑙河停留期间,路易-拿破仑·波拿巴王子只待了几天,便乘船前往纳塔尔了。路易-拿破仑·波拿巴已经得到英国政府许可,可以随英军一起前往战场。剑桥公爵乔治已就此事致函切尔姆斯福德男爵弗雷德里克·塞西杰和亨利·巴特尔·弗里尔爵士。

剑桥公爵乔治

---

① 在开普敦的一个港口,一位乘客说,他留意到的那个年轻人不可能是王子,因为他看见那个年轻人站在梯子下,把一个贫穷工人的孩子们接过来放到一只船上。在开普敦,人们误把一位衣着华丽、举止高雅的年轻人当成了那位法兰西帝国的王子。而当一位衣着朴素、举止谦逊的年轻人从轮船上走下来,坐进等候在那里的总督牛车时,人们都感到非常惊讶。——原注

路易-拿破仑·波拿巴王子不喜欢炫耀，也不想制造麻烦，所以他的一切行动都显得非常低调。他只带了一个随从上了前线，甚至把忠实的同伴乌尔玛米先生留在了德班。1879年4月底，由于身体不适，路易-拿破仑·波拿巴王子在彼得马里茨堡耽搁了几天而未能加入切尔姆斯福德男爵弗雷德里克·塞西杰总指挥部的工作。不久，所有战友都清楚地看到，路易-拿破仑·波拿巴王子是勇敢的士兵。他从未恐惧，这种无畏的性格并没有因他的阅历而受影响。因此，在战争期间，保护他的英国高级军官应该更加谨慎。1789年5月18日，路易-拿破仑·波拿巴王子参加了英军的侦察巡逻。在这次侦察巡逻中，路易-拿破仑·波拿巴王子在面临危险时非常冷静的表现令人觉得他很了不起。那天，路易-拿破仑·波拿巴王子与二十五名贝丁顿的骑兵及哈里森上校率领的巴苏陀骑兵部队一同渡过布拉德河，前进到伊托乔兹山谷，打算在这里与雷德弗斯·布勒上校及其三百名士兵会合。然而，他们错过了雷德弗斯·布勒上校的部队，所以不得不在因克图河东南附近扎营过夜。因为祖鲁军队随时可能出现，所以士兵们不能生火。黑夜在令人害怕的沉寂中终于过去。天亮后，他们出发去寻找行军的道路。接近一条通向一个大克拉尔的上坡路时，他们遭到山脊上六十个祖鲁人袭击。这一袭击立即遭到英军反击，贝丁顿上尉带着人马毫不犹豫地冲上山去。山路非常陡峭，到处是乱石，但贝丁顿上尉一行突然冲过来占据了这个位置，杀死两名祖鲁人并俘获了七匹战马。路易-拿破仑·波拿巴王子显然很喜欢这次行动。他自始至终都像坐在书房里一样沉着冷静。在被攻占的大克拉尔中，士兵们发现了伊桑德尔瓦纳战役中的几件遗物，其中有第二旅第二十四团布莱克上校的马鞍、一些装过马提尼-亨利步枪的空枪盒子及一个炮兵部队的锻炉风箱。

　　这种侥幸脱险的情况时有发生。这次交战后，这种情况又发生了。贝丁顿上尉骑马追击三个祖鲁人，两个祖鲁人带着枪，一个祖鲁人带着长矛。祖鲁人以为贝丁顿上尉没有携带武器，便任凭他追到了十码以内。这时，贝丁顿上尉大叫一声，并拔出左轮手枪向祖鲁人开枪。两个带枪的祖鲁人没有被击中，带着长矛的祖鲁人胸部中弹倒地而亡。两个带枪的祖鲁人吓得撒腿就跑。不久，巡逻队的其他人也赶来了。

路易-拿破仑·波拿巴王子绝对不是一个贪图舒适、玩忽职守的士兵。他非常喜欢作战，也愿意与战友同甘共苦。他总是迫切地和侦察部队一起去侦察。如果压制他的热情，那就显得太不礼貌了。不过，正是因为他的勇敢和毫不畏惧，所以特别需要经验丰富的人与他同行。1879年6月初，路易-拿破仑·波拿巴王子已是总司令部的工作人员，住在纽迪吉特少将的营地。他已经申请并得到许可，可以带领师部前往即将建立的新营地。1879年6月1日早晨，由路易-拿破仑·波拿巴王子、英军第九十八团的凯里中尉、从贝丁顿上尉骑兵部队中挑选的六名骑兵和一名卡菲尔士兵组成的巡逻部队出发了。六名巴苏陀骑兵也奉命加入巡逻部队。不过，他们落在了后面。对路易-拿破仑·波拿巴王子来说，巡逻部队要去的地方很熟悉。他知道这个地方一边靠近切尔姆斯福德男爵弗雷德里克·塞西杰的营地，另一边是亨利·伊夫林·伍德上校的营地。巡逻部队于1879年6月1日9时30分出发。到达印加西山的山口时，几名军官也加入了巡逻部队。前进了一段之后，这几名军官向左朝亨利·伊夫林·伍德上校营地的方向走了。巡逻部队穿过一条小河——伊托乔兹河的支流，来到一座平顶的大山前。路易-拿破仑·波拿巴王子命令士兵们休息，而他就地开始绘制地形图[①]。

继续行进一段后不久，路易-拿破仑·波拿巴王子指给别人看他曾经遭到射击的那个克拉尔并转身去查看另一个克拉尔，但发现里面空无一人。接着，巡逻部队又来到大约一英里外的第三个克拉尔。这时，路易-拿破仑·波拿巴王子看到一条小河——姆巴扎尼河。在这里，战马可以喝水，士兵们可以煮咖啡。于是，他们朝克拉尔走去。这个克拉尔有五个小棚屋组成，还有一小段石头围墙，距离小河大约两百码。前面是一块空地，上面有生火做饭的痕迹。克拉尔和小河之间布满五六英尺高的塔姆布基草，玉米和高粱点缀其间。巡逻部

---

① 路易-拿破仑·波拿巴王子早已以超群的绘图技巧和识别位置的能力而声名远扬。——原注

队在空地上停了下来,路易-拿破仑·波拿巴王子下令"卸下马鞍休息"一个小时。空地上除几条狗偷偷地从这些"不速之客"面前跑开之外,再没有任何异常迹象。士兵们打水煮咖啡喝。战马吃了草和谷物后,伸展四蹄,非常安逸地躺在草地上休息。

一个小时很快过去了。其间,五十个祖鲁人神不知鬼不觉地摸过来,准备发动袭击。地势对祖鲁人非常有利,一个很深的山谷为他们提供很好的掩护。祖鲁人从山谷中出来,沿着完全被茂密的植被遮挡的河边爬行。给路易-拿破仑·波拿巴王子等人打水的卡菲尔人看见了一个隐蔽爬行的祖鲁人。那个祖鲁人逃跑了。打水的卡菲尔人回来报告了自己看到的情况。这时,路易-拿破仑·波拿巴王子看了看表说道:"你们可以再让战马休息十多分钟。"然而,卡菲尔人报告的情况使大家急切要动身。他们牵过战马套上马鞍。一切都准备就绪,路易-拿破仑·波拿巴王子又仔细检查了一遍自己的马嚼子,然后传令说:"准备上马!上马!"几乎同时,在二十码远的地方,祖鲁人的四十支步枪一起开火,子弹飞向他们中间。这时,士兵们紧挨着战马排成了一行,面朝东背对着克拉尔,路易-拿破仑·波拿巴王子在最前面,离祖鲁人最近。接着,祖鲁人大喊着"乌苏图!""瞧,英国的胆小鬼!"并向前冲来。骑马的士兵立刻掉转方向开始奔逃。巡逻部队一片慌乱,跳上马背的士兵都在拼命奔逃。没有人想到也没有人想要坚守阵地,更不用说抵抗祖鲁人的突袭了。当时,路易-拿破仑·波拿巴王子虽然没有受伤,但无法骑上自己那匹高大的战马。战马被突然响起的枪声吓坏了,往后一仰,腾跃而起,路易-拿破仑·波拿巴王子根本跨不上马鞍。许多人看到路易-拿破仑·波拿巴王子陷入了困境,但没有一个等一等或提供哪怕一点点帮助。士兵们一个个策马疾驰而过。二等兵勒托克骑马经过路易-拿破仑·波拿巴王子时,大声喊道:"您快点!请您快点!"路易-拿破仑·波拿巴王子正试图竭尽全力骑上马背,所以没有做出回应。为了跨上马背,他左手抓着马镫,右手拽住马鞍,但还是跨不上去。最后,路易-拿破仑·波拿巴王子借助手枪皮套,孤注一掷地往上跨,但皮套有一部分被拉了下来。这时，马一定是踩着了路易-拿破仑·波拿巴王子的腿，把他的主人摔在了地上，然后飞奔而去。路易-拿破仑·波拿巴王子马上站起来想去追赶战友，但他们已经逃得很远了。十几个祖鲁人追到他身后几英尺远的地方。路易-拿破仑·波拿巴王子拿着剑转过身来，面对追赶的祖鲁人。从一开始，路易-拿破仑·波拿巴王子就没有呼救过。现在，他勇敢地面对祖鲁人，战斗到了最后。据说，祖鲁人把长矛刺向了他，一支长矛刺穿了路易-拿破仑·波拿巴王子的眼睛。受到致命伤后，他很快便死了。

无论生前还是死后，路易-拿破仑·波拿巴王子都是一位勇敢的士兵，法兰西第二帝国伟大事业当之无愧的继承人，真正的法兰西之子。在他生命的最后时刻，他没感到任何折磨或痛苦。他第一次受伤就是致命伤。在生命的最后时刻，这位高贵而受人爱戴的王子一如在整个职业生涯中一样，没有玷污自己的名字，也没有玷污自己出生的国家。

巡逻部队中还有两名士兵也战死了。一个叫罗杰斯，他还没有靠近自己的战马，正站在一间茅屋旁拿着枪准备自卫时，就受到了致命的枪击。另一个叫亚伯，在第一次开枪时也战死了——他还没有走到山谷边。巡逻部队中打水煮咖啡的卡菲尔人很快被包围并被杀，其余士兵都策马疾驰而去。当时，凯里中尉和另外两个士兵在一个比较难走的地方穿过了山谷，而路易-拿破仑·波拿巴王子和其他人走了一条比较容易走的路。士兵们朝着亨利·伊夫林·伍德上校的营地方向奔逃。凯里中尉逃跑后不久大声喊道："靠左边走，穿过山谷，在山谷后面集合。"他注意到祖鲁人显然想切断他们的退路。再往前走了一点，凯里中尉查看周围情况时，在他身边的一个士兵注意到路易-拿破仑·波拿巴王子的马疾驰而去。当时，凯里中尉说回去也救不了路易-拿破仑·波拿巴王子，因为其他士兵已经跑到两百码之外了。凯里中尉向他们大声喊，叫他们靠左边走。于是，大家都尽力往亨利·伊夫林·伍德上校营地方向奔去。1879年6月1日18时30分，巡逻部队到达亨利·伊夫林·伍德上校的营地。

这次发动攻击时，祖鲁人很多，又很突然，而巡逻部队既没有部署哨兵，

路易-拿破仑·波拿巴王子被祖鲁人围住

路易-拿破仑·波拿巴王子被杀害

也没有采取任何形式的预防措施，作战时更没有将子弹装入卡宾枪。凯里中尉说，看见路易-拿破仑·波拿巴王子骑上马后就再也没有看到他；环顾四周时也没有察觉任何特别迹象。

亨利·伊夫林·伍德上校和雷德弗斯·布勒上校会见了凯里中尉和其他幸存的士兵。当时，亨利·伊夫林·伍德上校和雷德弗斯·布勒上校离营地大约六英里，距伊桑德尔瓦纳山四五英里。他们看见山下五个骑马的白人好像在逃命。一看见亨利·伊夫林·伍德上校和他的随从，骑马奔逃的白人就向他们飞奔而来，并告知巡逻部队遭到袭击的可怕消息。通过战地望远镜可以看到，祖鲁人牵着三匹马在距此大约七英里的地方向前行进，还有二三十个祖鲁人跟在后面。那时已经快17时了，天色已晚，来不及做任何事情。第二天，即1879年6月2日圣灵降临节的早上，纳塔尔土著特遣部队的先头卫队和拉夫骑兵部队从亨利·伊夫林·伍德上校的营地出发，前往昨天发生袭击的地方，纽迪吉特少将的骑兵中队和龙骑兵也加入了这支队伍。搜寻尸体的过程并不长，首先被发现的是可怜的罗杰斯，他赤裸着身体躺在地上，身上布满了长矛的刺伤，腹部有一道致命的伤口。离他三十码的地方是亚伯，亚伯的状况也是这样。亚伯右手的伤口似乎表明他曾近距离与祖鲁人搏斗过。离这儿大约三十码的山谷边躺着路易-拿破仑·波拿巴王子的尸体。切尔姆斯福德男爵弗雷德里克·塞西杰特别委派外科医生斯科特少校负责处理路易-拿破仑·波拿巴王子的遗体，并对其进行仔细检查。路易-拿破仑·波拿巴王子的右胸上有一处很长的伤口。更致命的是，长矛刺穿了他的右眼，这或许导致路易-拿破仑·波拿巴王子立即死亡，或许导致他疼痛倒地。路易-拿破仑·波拿巴王子身体左侧有两处伤口，胸部上方都是较轻的伤口，腹部有一道长长的伤口露出了肠子，但没有伤到肠子。路易-拿破仑·波拿巴王子的脖子上挂着一条小小的金链子，上面缀着一枚勋章和上帝的羔羊挂饰。祖鲁人不敢碰这些东西，因为他们认为这些东西都是可怕的魔咒。路易-拿破仑·波拿巴王子的遗体随后被送往营地，士兵们的遗体在举行过宗教仪式后下葬了。

现在有必要为读者提供在军事法庭上取得的证据及凯里中尉的供词。初步调查报告如下：

> 法庭认为，凯里中尉不明白自己对路易-拿破仑·波拿巴王子的责任和作用。因此，他未能正确估计自己的责任。哈里森上校说，作为高级指挥官，凯里中尉理所当然要为巡逻部队负责。在谈到保护路易-拿破仑·波拿巴王子的职责时，凯里中尉说："在切尔姆斯福德男爵弗雷德里克·塞西杰就路易-拿破仑·波拿巴王子的职位做出明确而仔细的指示之后，我认为我对这个问题没有任何权力。"至于路易-拿破仑·波拿巴王子总是有一名官员负责陪同、保护的问题，法庭认为，同一部分的两名军官之间不应该存在这种分歧。法庭还认为，凯里中尉在执行任务时，只负责了哈里森上校详细描述的那部分任务，这应该受到严厉谴责。法庭不认同凯里中尉对此事不承担责任的供词，因为他没能尽到保护路易-拿破仑·波拿巴王子的责任。此外，哈里森上校当时在伊特莱兹山，凯里中尉自己无力解决这个问题时应该向哈里森上校进行咨询。通过实地查看，法庭认为选择克拉尔作为停歇地点，并且全军卸下马鞍休息是缺乏审慎的行为，这种做法令人非常遗憾，因为休息时巡逻部队所在的地方地势非常险峻，周围又利于祖鲁人隐蔽。更令法庭深感遗憾的是，在遭到祖鲁人袭击后，竟然没有一个人采取任何行动来召集士兵对祖鲁人积极应战，从而帮助那些还未撤退的人撤退。
>
> 由马歇尔少将、第九十四团马尔萨斯上校、对外事务部莱格莱斯少校签名

基于这份报告，切尔姆斯福德男爵弗雷德里克·塞西杰召集了军事法庭对凯里中尉进行审判，因为在1879年6月1日面临祖鲁军队袭击时凯里中尉的行为失当。当时，路易-拿破仑·波拿巴王子正在祖鲁兰参与巡逻任务，凯里中尉奉命保护他。当路易-拿破仑·波拿巴王子和巡逻部队遭到祖鲁人袭击时，凯里中尉骑马飞奔而去，却没有努力召集士兵积极应战或者保护路易-拿破仑·波拿巴王子，从而导致路易-拿破仑·波拿巴王子惨遭祖鲁人杀害。审判由格林上校主持。审判人员由怀特海德上校、考特尼上校、哈尼斯上校、布维里少校和安斯特拉瑟少校组成。

军法检察官布兰德提起诉讼，对外事务部克鲁肯登上尉做辩护律师。

法庭开审时，巡逻部队行动的情况得到了证实。

格拉布下士说，在克拉尔那里，路易-拿破仑·波拿巴王子下令"卸下马鞍"，后来下令"准备上马"。之后，路易-拿破仑·波拿巴王子上马了。遭到祖鲁军队射击之后，格拉布下士看到凯里中尉用马刺在马肋上刺了几下。于是，格拉布下士也照做了。然后，格拉布下士看到亚伯从马上摔了下来，罗杰斯试图向祖鲁人开枪。勒托克从格拉布下士身边经过时说："伙计，用马刺策马。路易-拿破仑·波拿巴王子摔下去了！"格拉布下士环顾四周，看见路易-拿破仑·波拿巴王子倒在了马下。不久，路易-拿破仑·波拿巴王子的马跑过来，格拉布下士抓住了它。然而，没有人下令集合。

勒托克被传唤时说：路易-拿破仑·波拿巴王子让随行的土著人去搜查克拉尔，发现空无一人，他们才卸下了马鞍。祖鲁人扫射时，勒托克骑上了马，但他的卡宾枪掉在了地上。因此，他下马去捡枪。重新上马时，他的腿无法跨过马鞍。他从路易-拿破仑·波拿巴王子身边经过时用法语说："赶快上马。"路易-拿破仑·波拿巴王子没有应声。勒托克看见路易-拿破仑·波拿巴王子的马踩到了他的腿上。然而，因为路易-拿破仑·波拿巴王子当时指挥这支巡逻部队，所以勒托克以为凯里中尉和路易-拿破仑·波拿巴王子会从一间茅屋的两个侧面快速奔逃过来，而且凯里中尉很有可能没有看到路易-拿破仑·波拿巴王子陷入跨不上战马的困境。从勒托克看到路易-拿破仑·波拿巴王子的地方到路易-拿破仑·波拿巴王子死亡的地方大约两百五十码。

骑兵科克伦被传唤时说：路易-拿破仑·波拿巴王子上马时没有跨到马鞍上。科克伦从大约五十码之外看到，路易-拿破仑·波拿巴王子向山谷跑去，十四个祖鲁人紧追其后。没有人采取任何措施去帮助路易-拿破仑·波拿巴王子，科克伦没有听到任何人下达命令。直到过了一阵，他才有机会告诉凯里中尉自己看到的情况。科克伦是个老兵。他凭自己的经验认为，在当时情况下，大家不可能被召集到一起。

随后法庭休庭。第二天重新开庭时，第一批被传唤的证人及证词如下：

威利斯中士被传唤时说：他离开目击现场时，看到骑兵罗杰斯躺在自己战马旁边的地上，离克拉尔很近。威利斯中士觉得他看到路易-拿破仑·波拿巴王子受伤了，同时看到骑兵亚伯举起了双臂。他还认为，路易-拿破仑·波拿巴王子可能是被拖到了死后被发现的地方。当时，在山谷二十码之外召集士兵是可以做到的。

哈里森上校被传唤时说：凯里中尉作为一名高级作战军官必须指挥这支部队。凯里中尉自告奋勇去执行巡逻任务，以便侦察路上的情况。路易-拿破仑·波拿巴王子奉命去侦察，以便做更全面的报告。因此，他已经把路易-拿破仑·波拿巴王子交给凯里中尉保护。

法庭审查时，哈里森上校说：当路易-拿破仑·波拿巴王子被派到他的部门时，他并没有被告知要将路易-拿破仑·波拿巴王子当作皇室成员保护。因此，像对待其他军官一样，他只是采取适当的预防措施以防可能发生的危险。

随后，斯科特医生——路易-拿破仑·波拿巴王子的医护人员——被传唤。他说：路易-拿破仑·波拿巴王子受到十八处长矛的刺伤，其中五处是致命伤，但没有枪伤。路易-拿破仑·波拿巴王子的死亡地点就是发现尸体的地方。

起诉至此结束，辩护又开始了。

哈里森上校证实了凯里中尉作为指挥官的能力，并说自己对凯里中尉充满信心。

贝莱尔斯上校也被传唤。他说，由于1879年6月1日发生的事件，凯里中尉在受审前一天已被免职。

凯里中尉提出，他的案子已经预先判决，在受审之前自己已经受到惩罚。

以下是凯里中尉的陈述：

1879年5月31日，我接到哈里森上校的通知，他说路易-拿破仑·波拿巴王子将于6月1日动身，由我带领先头部队骑马去为6月2日的宿营选择行军路线和宿营地点。我立刻建议派我和路易-拿破仑·波拿巴王子一起去，因为我知道那条路，想再走一遍，以便核实某些地方的情况。哈里森上校同意并提醒我说，路易-拿破仑·波拿巴王子自己要求去做这项工作，我不能以任何方式进行干涉。为了护送我们，贝丁顿上尉骑兵部队的六名欧洲人和六名巴苏陀人奉命与我们一起前往。贝丁顿上尉骑兵部队在1879年6月1日9时接受了检阅。由于受到一点耽误，巴苏陀人还没有出现，而此时路易-拿破仑·波拿巴王子希望立即出发，所以没有等到巴苏陀人赶来我们就出发了。当我们到达伊特莱兹山和印加西山之间的山脊时，我建议等一等巴苏陀人，但路易-拿破仑·波拿巴王子回答道："哦，不用，我们的队伍已经足够强大了。"或者类似的话。我们开始侦察，在一座可以俯瞰伊托乔兹河的山上停留了大约半个小时。其间，路易-拿破仑·波拿巴王子绘制地形图。从这里我们可以看到数英里之外的乡村，并且没有发现祖鲁人的任何踪迹。然后，我们下到山谷，进入一个克拉尔，并卸下马鞍让马卧地休息。我们看到这片土地很荒凉。虽然克拉尔右边长满了玉米，但我们认为在这里扎营没有什么危险。如果这件事的责任要归咎于某一个人，那就是我，因为我同意路易-拿破仑·波拿巴王子的看法，认为这里非常安全。我曾经两次到过这个地方，而且没有看到过一个祖鲁人。骑兵旅的旅长曾经只带了几个士兵骑马走过这片地方，他还嘲笑我带了这么多人。我们身边有一位友好的祖鲁人，他在回答我的询问时说周围没有祖鲁军队。我相信他说的话，但仍然拿着望远镜进行了仔细的查看和搜寻。大约一个小时之后，即1879年6月1日15时40分左右，路易-拿破仑·波拿巴王子命令我们备好马鞍。于是，我们去玉米地赶马，但至少花了十分钟才把马鞍备好。正是在这个时候，那个卡菲尔人向导告诉我们他在远处看到了一个祖鲁士兵，但他看上去似乎并不担心，所以我没觉得有任何危险的迹象。路易-拿破仑·波拿巴王子率先备好了马鞍。看到他准备好了，我也骑上了马，士兵们还没有完全准备好。然后，路易-拿破仑·波拿巴王子问士兵们是否都准备好了，士兵们回答"准备好了"，于是路易-拿破仑·波拿巴王子下令"准备上马"。这时，我转身看见路易-拿破仑·波拿巴王子一只脚踩在马镫上，眼睛看着士兵们。过了一会儿，我听见路易-拿破仑·波拿巴王子说"上马"。然后，他转身对着士兵们，看着他们跨上了马鞍。这时，我的目光落在离我二三十码的玉米丛中，我看到那里有大约二十张黑脸，还看见一股烟。接着，我听到一串嗒嗒的开枪射击声及一阵急促的喊叫声，"乌苏图"！我们的人和马立刻惊慌地逃走了。有两个士兵从我身边冲了过去。大家似乎都已骑上马时，我用马刺策马快跑。其实，战马已经自动跑起来了。我确信没有人遭到射击而受伤，因为我没有听到任何呼喊声。于是，我大声喊道："靠左边走，穿过山谷，在山谷后面集合！"同时，我看到在左侧的玉米丛中冲出了更多的祖鲁人，他们企图切断我们的退路。我跟在几个士兵后面赶往山谷，山谷太窄，每次只能通过一个人，其他人已经骑马跑了。我向高处跑了几百码之后，停下来向周围察看，我看见祖鲁人跟在我们后面，还看见我们的士兵向右边奔逃，而山谷的左边一个人也没有。我的一个骑兵把我的注意力吸引到了路易-拿破仑·波拿巴王子的战马上——它正向山谷的左边飞奔而去。这个骑兵说:"恐怕路易-拿破仑·波拿巴王子被杀了,长官!"我立刻说:"你认为回去有什么用吗?"这个骑兵指着我们左边充斥着黑人的玉米丛说道:"路易-拿破仑·波拿巴王子肯定早死了,长官!祖鲁人很快就把人杀了。"我认为路易-拿破仑·波拿巴王子已经在克拉尔附近摔下去了,因为他的战马正是从那个方向跑过来的,返回去牺牲更多的生命毫无用处。况且我身边只有一个士兵,其他人都已经跑到距离山谷大约两百码的地方了。于是,我向他们大喊,让他们靠左边走,在托姆博卡拉河找一个渡口会合。然后,我对身边的骑兵说:"我们继续向亨利·伊夫林·伍德上校的营地走,别走我们来时的路,之后再带一些龙骑兵回来寻找尸体。"我们大约在1879年6月1日18时30分到达营地。当我们受到攻击时,我们的卡宾枪还没有装好子弹。据我所知,我们没有一个人开枪。我之后就再没有看到路易-拿破仑·波拿巴王子。他骑的是一匹快马,我以为他离我很近。除了路易-拿破仑·波拿巴王子,我们还死了两名士兵及那个友好的卡菲尔人。我们在山谷和克拉尔之间找到了两名士兵的尸体,他们的身上满是长矛的刺伤。他们一定是在撤退时从战马上摔下来被祖鲁人用长矛刺死了——因为我反复察看了现场,没有看到任何战斗的痕迹。

令人恐惧的氛围和充满责备的遗憾情绪笼罩着整个纳塔尔。路易-拿破仑·波拿巴王子被杀令人悲伤,但更加令人悲伤的是,当路易-拿破仑·波拿巴王子遭到野蛮的祖鲁人的长矛残忍刺杀时,他的战友弃他而去。在军队里,将士们特别愤怒和悔恨。无论他们多么渴望伸张正义,但对那天与路易-拿破仑·波拿巴王子在一起的人的行为做出评判时,出于人的本性,很难完全公正。军事法庭判凯里中尉有罪并将他押解回国。然后,有人提出了不同意见。欧仁妮皇后为这个不幸的人求情，英国女王亚历山德拉·维多利亚陛下也很乐意地下令释放凯里中尉。

路易-拿破仑·波拿巴王子的死亡令殖民地每个军民都很痛苦。整个纳塔尔弥漫着悲伤的情绪，人们不禁回想起伊桑德尔瓦纳战役的惨败，令人震惊的惨状至今历历在目。路易-拿破仑·波拿巴王子对英国殖民者的事业慷慨热情、无畏献身的精神令人充满同情。一个帝国的继承人死了，这个消息一定会传到他那已经成为寡妇的母亲那里，而她依然客居英国。人们以各种方式表达自己对路易-拿破仑·波拿巴王子的尊重，军队和军事当局，政府及人民，纷纷向路易-拿破仑·波拿巴王子致敬。纳塔尔举行了隆重的全民哀悼活动。当路易-拿破仑·波拿巴王子的遗体被运到彼得马里茨堡时，各阶层的人们纷纷涌上街

丧子的欧仁妮皇后

第 8 章 路易 - 拿破仑·波拿巴王子之死

头,加入送别的队伍,以表达对路易-拿破仑·波拿巴王子的敬意。据《纳塔尔时报》报道,1879年6月8日13时15分,人们听到从纳皮尔堡传来鸣枪之声,这是向人们宣告路易-拿破仑·波拿巴王子的遗体已经到达离纳皮尔堡不到两英里的地方。14时,商贸路集合点已经超过三千人。在这里,人们聚集成庞大的遗体送别队伍,一边是由通信监察长H.H.克利福德少将带领的军队,另一边是由殖民地副总督亨利·布尔沃爵士带领的平民队伍。

成千上万的人排起长龙,来到将要举行遗体送别仪式的地方。遗体送别仪式组织者花费了不少功夫,才使所有人按照指示的顺序就位。最先走过来的是政府官员,之后是大约六十人组成的城市卫队,米切尔上校担任总负责人,J.H.斯宾塞担任地方负责人;他们后面来了许多奥德·费洛斯家族和福雷斯特

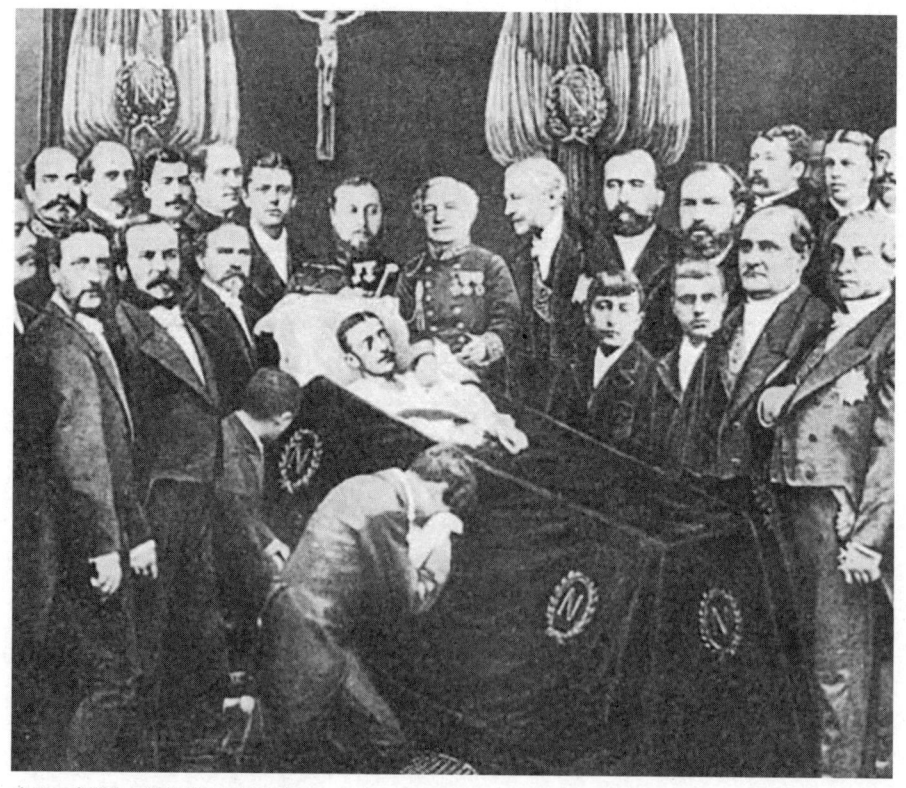

路易－拿破仑·波拿巴王子的遗体

家族的人，他们都戴着本教会的丧礼徽章；最后是普通百姓。人们纷纷哀悼路易-拿破仑·波拿巴王子。

在庄严的鸣枪声和沉重的教堂钟声中，一切都安排就绪。人们看到，载着灵柩的炮车在正规军和骑警护送下从山上慢慢下来。当灵柩走近时，将士们立正敬礼，人群一片寂静。路易-拿破仑·波拿巴王子的遗体走近人群时，人们的悲痛之情涌上心头。每个人都脱帽致敬，军队也举枪致敬。灵柩上覆盖着一面很大的三色旗，三色旗上放着一顶头盔和一把剑，周围摆放着用玫瑰花和山茶花编成的花环及一个美丽的紫罗兰十字架；灵柩后面跟着路易-拿破仑·波拿巴王子的灰色战马，马背上披着缀着"N"字的黑纱。按照军队习俗，路易-拿破仑·波拿巴王子的靴子倒扣在马镫上。接着，送别队伍按照之前的顺序排好，前面是H.H.克利福德少将和副总督亨利·布尔沃爵士，后面是跟着遗体下山的德·莱西神父和鲍德里神父。在送别队伍中，人们可以看到英国教会和其他教派的许多神职人员，包括科伦索主教、麦克罗里主教迪安·格林、领班神父厄舍伍德、G.M.St.M.里奇牧师、随军牧师等。路易-拿破仑·波拿巴王子的两名随从紧跟在天主教神职人员后面。护柩人员包括威洛比上尉、第二十一皇家苏格兰燧发枪团士兵、福克斯上校、贝克·拉塞尔中尉、第十二枪骑兵队士兵、伊斯特中校、斯图尔德中校、赖利上校。H.H.克利福德少将的随从是福克斯上校和第七十七团的韦斯特马科特中尉。比塞特将军全身戎装出席遗体送别仪式，因为贝莱尔斯少校不在，所以斯伯丁少校担任了比塞特将军的副官。出席送别仪式的政府公务人员包括殖民地司法部部长M.H.加尔韦、殖民地财政部部长波尔金霍恩、测绘局局长P.C.萨瑟兰、马里茨堡市市长W.弗朗西斯、市政参议员，沃克·阿克曼先生和C.C.格里芬先生，以及所有部门行政主官。他们都没有因不在马里茨堡或生病而缺席。

马里茨堡的官兵们在斯库恩斯中尉指挥下全部集合。英军乐队演奏着《撒乌耳》中的哀乐，送别的氛围显得更加肃穆。送别队伍沿着商贸路缓慢地行进到教堂街拐角处，拐弯后又经教堂街进入朗马克特街，于1879年6月8日大约15

时50分到达罗马天主教学校。在这里，护柩人员将灵柩从炮车上抬下来并抬进教堂，跟在后面的送别人员站满了教堂。在场的军人在教堂外排成了两列。牧师巴雷特神父在门口迎接送葬队伍。他和德·莱西神父、鲍德里神父一起在灵柩前主持并举行了简短的祈祷仪式。在场的人们都深受感染。接着，官员和其他名流穿过两排军人形成的通道走出了教堂。随后教堂的门关上了，路易-拿破仑·波拿巴王子的遗体留在了教堂里面。

H.H.克利福德将军下达了下列特别命令：

1879年6月4日星期三

通信线路和军事基地监察长已经收到中将[①]的正式确认，中将指挥的部队在战场上遭遇了一件不幸事件，即英勇的年轻士兵——法兰西帝国的路易-拿破仑·波拿巴王子不幸被祖鲁人杀害。路易-拿破仑·波拿巴王子一直在英国接受军事训练，之后来到非洲参加祖鲁战争。

军事基地监察长认为，自己正在按照中将的愿望，在祖鲁兰记录所有军官和所有士兵体验到的深切悲痛和同情之感，虽然不断有人战死，但职责使每个人在这片殖民地坚守岗位。

不幸的路易-拿破仑·波拿巴王子的遗体将于下周一，即1879年6月9日，运达彼得马里茨堡，然后继续运往英国。我们将迎接路易-拿破仑·波拿巴王子的遗体，并表达我们的敬意和悲痛之情。

路易-拿破仑·波拿巴王子的遗体从彼得马里茨堡出发，运到港口城市德班。在德班，助理副官W.P.巴特勒少校发布了以下特别命令：

---

① 即切尔姆斯福德男爵弗雷德里克·塞西杰。——译者注

路易－拿破仑·波拿巴王子的遗体运抵德班

1879年6月10日

1879年6月11日9时30分，路易-拿破仑·波拿巴王子的遗体将从德班的罗马天主教堂运往纳塔尔港码头，然后送上"博阿迪西亚"号军舰前往英国。

我们将派出驻防部队护送路易-拿破仑·波拿巴王子的灵柩，并向其致以最后的哀悼和敬意！派出的驻防部队要谨记以下三点：

第一，路易-拿破仑·波拿巴王子既是伟大家族的最后一位继承人，也是享有崇高军事声望的一名士兵。

第二，在危险的日子里，他是英国坚定的盟友之子。

第三，他是法兰西孀居皇后欧仁妮的独生子。欧仁妮皇后现已无权无子，流亡英国，客居海外。

让我们怀着深切的悲痛和无限的崇敬悼念路易-拿破仑·波拿巴王子。英军所有官兵要铭记，路易-拿破仑·波拿巴王子加入英军，是作为一名英国士兵在战斗中阵亡的。

W. P.巴特勒

于德班

德班的罗马天主教堂被改造成了灵堂，灵柩在这里停放了一整夜。第二天早上，这里举行了庄严的安魂弥撒。据《纳塔尔水星报》1879年6月10日报道，9时，一大群人聚集在教堂外面，一辆炮车在教堂外面等候。仪式结束，一切安排妥当后，人们便很快列队送别。外面最引人注目的是路易-拿破仑·波拿巴王子那匹灰色的战马。这匹马是路易-拿破仑·波拿巴王子从一位德班的绅士手中买来的。负责照管这匹战马的马夫正忙着回答人们提出的有关路易-拿破仑·波拿巴王子的各种问题。这匹战马的马鞍已经备好了，就像它回到营地后发现主人不在一样。在外面等候送别的军人共有七百名。全体官兵依然由驻防部队指挥官赫斯基森少校指挥。在南非参战的每个团都派了代表前来,包括龙骑兵团和枪骑兵团。

1879年6月10日9时45分,教堂的门开了,灵柩被抬上了炮车。抬灵柩这项光荣任务由军饷部海恩斯上尉、军需部格兰维尔上尉、扬上尉和布伦克尔上尉、军械署军资供应处长官马什和外科医生莱斯利少校六人负责。

遗体送别队伍组成如下:

军乐队

遗体

首席送葬者

军队

互助会

公共机构

城镇警卫

领事官员

各部门负责人

领班神父和牧师

行政及立法委员

市长和市议会成员

社会名流

民众

左侧:仪仗队 护柩者 军队和志愿兵

右侧:护柩者 仪仗队 四列平民

现在,灵柩由一艘小汽船运到"博阿迪西亚"号军舰旁边,之后又被抬上军舰,并用绳索吊进舱中。军舰上到处挂着对路易-拿破仑·波拿巴王子充满敬意的悼念饰物。《巴黎费加罗报》记者德莱吉先生和路易-拿破仑·波拿巴王子的两名随从同遗体一起前往英国。

在此,我要插入一份在纳塔尔签署的致辞副本,以表达对欧仁妮皇后的深切同情,从而结束祖鲁战争史上这一令人悲伤的篇章。

尊敬的欧仁妮皇后：

　　纳塔尔殖民地人民恭敬地向法兰西帝国皇后表达敬意。年轻勇敢的路易-拿破仑·波拿巴王子，忠诚于高尚的事业却不幸英年早逝。我们为此痛心疾首！

　　面对这一巨大不幸，作为母亲，您的内心一定充满了痛失爱子的遗憾与悲痛。此时，纳塔尔殖民地所有人民都感同身受，在此向您及爱子表达我们由衷的敬意！

　　我们能给您的慰藉不足以安抚您悲痛的心。事实上，您遭受的巨大痛苦无以慰藉。不过，我们真诚地祈求上帝，祈求上帝让您的悲伤得到慰藉！

　　如蒙启阅，我们倍感荣幸，深表敬意！

　　致伟大帝国的皇后

您忠诚而卑微的仆人

第9章
乌伦迪战役

精彩看点

亨利·巴特尔·弗里尔爵士的政策——英军缓慢前进——加尼特·沃尔斯利爵士的任命及到任——乌伦迪战役——切尔姆斯福德男爵弗雷德里克·塞西杰辞职及离任

亨利·巴特尔·弗里尔爵士的政策得到了纳塔尔殖民地居民和开普敦殖民地居民最衷心最诚挚的支持，他们是最有资格对其政策进行评判的人。在每个重要城镇举行的大规模公众集会上，人们投票一致赞成亨利·巴特尔·弗里尔爵士的政策。在开普敦市，一次盛大的群众大会召开了，人们一致表示支持亨利·巴特尔·弗里尔爵士。格雷厄姆镇的军民同样表达了对亨利·巴特尔·弗里尔爵士的支持。伊丽莎白港的居民对亨利·巴特尔·弗里尔爵士表达了最充分的信任。他们说："我们深信，亨利·巴特尔·弗里尔爵士在南非推行的政策是为了确保这片土地的永久安宁和人民的福祉。我们坚定地支持他，并且完全信任他。"赫拉夫-里内特镇的居民表示："我们很满意听到开普敦市已经赞同亨利·巴特尔·弗里尔爵士的政策，并同样诚恳地赞同开普敦市提出的决议。"斯韦伦丹镇"对开普敦正合时宜的行动感到很满意"，乔治镇表达了赞成的态度，女王镇表达了诚挚的支持和信心，金伯利镇强烈表示支持亨利·巴特尔·弗里尔爵士。当然，彼得马里茨堡、德班和纳塔尔殖民地的其他城镇也都表示支持亨利·巴特尔·弗里尔爵士的政策。事实上，从东到西，从南到北，所有阶层、不同信仰、不同种族的人都一致支持亨利·巴特尔·弗里尔爵士的政策。所有人都认为这是唯一适合南非的政策。不过，纳塔尔的科伦索主教和开普敦

斯韦伦丹镇

乔治镇

几个能干的人对亨利·巴特尔·弗里尔爵士的政策持有不同的观点。因为反对者的数量非常少，所以只在很小程度上影响人们思想表达的一致性而无伤大局。在这次公开会议上，人们还对英国女王亚历山德拉·维多利亚陛下政府派遣援军表示衷心感谢。

不过，有一点毫无疑问，即在1879年4月至6月，纳塔尔殖民地和英国国内对于战争过度拖延都产生了非常不满的情绪。其间，英军对祖鲁兰进行的小规模、产生刺激效果的袭击不能算是成功的作战，反而招致祖鲁军队的报复。人们认为，这样的报复袭击产生了打击英军士气的不良后果。如果亨利·伊夫林·伍德上校得到合理增援并获准继续前进，那么人们会有充分的理由相信，这场战争原本可以结束。截至1879年5月18日，亨利·伊夫林·伍德上校的部队已经成功进行了七次小规模战斗和一次激战，烧毁了马奎利兹巨大的祖鲁人的克拉尔，缴获了九千头牛。这支轻骑兵已经非常适应祖鲁人的战术了。皮尔逊上校的海岸纵队也表现得令人钦佩。经过重新计划与部署，乌伦迪战役没有出现运输方面的特别困难和延误。1879年5月14日，切尔姆斯福德男爵弗雷德里克·塞西杰在纳塔尔殖民地的纽卡斯尔写信给国务大臣说，部队已经就位，只等充足的补给物资到位便可以开始进军。根据总司令切尔姆斯福德男爵弗雷德里克·塞西杰从H.H.克利福德少将①那里获知的情况，他担心1879年6月1日前无法继续前进。当时，指挥第一师——海岸师——的克里洛克上校报告说，他希望三周内在因耶赞河上得到两个月的补给。直到纽迪吉特少将率领的第二师部队准备好进军时，北线的哨所都已被纽迪吉特少将视察过，而且第二师司令部设在了乌得勒支。不久，传来消息说，边界上的祖鲁人正向巴宾金屈和因亚耶尼集结，这是布拉德河附近的两个重要据点，而且祖鲁人已向乌伦迪派遣了援军。现在，祖鲁军队已经休整了两个月，物资得到了保障。在此期间，尽管祖鲁人不时派人来，以寻求和谈条件为幌子向英军散布虚假信息，但他们继

---

① H.H.克利福德少将一直待在彼得马里茨堡，负责纳塔尔的防卫。——原注

英军中的黑人部队

续作战的决心是显而易见的。1879年5月26日,亨利·伊夫林·伍德上校的部队前进了八英里,同时纽迪吉特少将的部队也向布拉德河前进了十二英里。

切尔姆斯福德男爵弗雷德里克·塞西杰将其指挥部设在科佩阿莱恩。直到1879年6月中旬,杜恩福德港才可以向克里洛克上校的海岸师运送补给,保障大批附加的运输设施到港上岸。1879年6月3日,图盖拉河下游的人们普遍认为,只要牛充足,英军就可以快速向前推进。在整个战争中,英军士兵患病的概率不是很高。在战争初期,许多士兵因伤致残,特别是海岸师的士兵致残较多。德班的医院人满为患,但死亡人数并不多。随着寒冷季节临近,疾病也在减少。事实上,每年5月至7月,祖鲁兰和世界上许多国家一样,其气候非常益于健康。

向北行军的两支部队前进缓慢。1879年6月7日,切尔姆斯福德男爵弗雷德里克·塞西杰来到农达乃河,这里已经筑起防御工事。1879年6月5日,雷德弗斯·布勒上校进行了小规模作战,前面已经提到,枪骑兵和龙骑兵都参加了此次战斗。1879年6月17日,一名记者报道说,纽迪吉特少将的部队一直不断侦察并

祖鲁军队

炮击祖鲁军队的克拉尔及附近的峡谷，但收效甚微。就在这时，大批祖鲁军队出现在卢内堡营地的英军的视野之内。纽迪吉特少将的纵队随后与亨利·伊夫林·伍德上校的纵队一起行进。无论是行军过程中，还是宿营时，英军都采取最大限度的预防措施以免发生意外事件。英军在一个进攻时可以提供良好掩护的岩石下埋设了地雷，从而可以通过连接到临时防御营地的镀锌铁丝来引爆这些地雷。营地周围还铺设了镀锌电线，士兵们称之为"塞奇瓦约捕捉器"。日光反射信号器可以通过闪光发出信号，结果证明这个办法非常管用。1879年6月26日[①]，海岸师从拿破仑堡出发，期待已久的纵队会合终于能实现了。当时，确实

[①] 1879年6月，切尔姆斯福德男爵弗雷德里克·塞西杰从国务大臣迈克尔·希克斯·比奇爵士那里收到了对金格洛沃战役胜利的祝贺信。国务大臣说，他相信胜利主要由于切尔姆斯福德男爵弗雷德里克·塞西杰为援军前进做出的谨慎部署。国务大臣迈克尔·希克斯·比奇爵士还说，皮尔逊上校和切尔姆斯福德男爵弗雷德里克·塞西杰指挥的部队在保卫埃科韦时表现出的坚韧不拔的精神值得高度赞扬。国务大臣在谈到亨利·伊夫林·伍德上校部队的作战行动时说："得知军队在战争中采取的行动和发挥的作用，我感到非常满意，尽管我对其遭受的重大损失深感遗憾。英国不得不为失去许多英勇的军官而感到惋惜。虽然挑出某个让大家特别关注的人是很难的，但我必须对皮特·厄伊斯的阵亡表示哀悼，因为他在战斗中的表现及其他方面的表现都得到了上司的充分认可。"国务大臣还说："亨利·伊夫林·伍德上校的部队似乎以一种值得高度赞扬的英勇和决心保卫了位于坎布拉的英军营地。……我高兴地获知，在两次战斗中，祖鲁军队都被彻底而果断地击退。我已向女王陛下转达了贝莱尔斯上校电报中传达的可喜消息。最后，我奉女王陛下之命，向您及您指挥的部队致以亲切的祝贺。"——原注

是会合的时候了。由于天气恶劣和食物短缺,纽迪吉特少将①从英国带来的一个旅的马匹因此受到影响,祖鲁人却有充裕的时间集结一支庞大的军队。对祖鲁人发动决定性攻击行动的极大拖延不但使英军灰心丧气,而且鼓舞了对方的士气,同时导致英国国内民众及殖民地民众对战争极大不满。最终,英国政府似乎在一定程度上屈服于公众压力和舆论。加尼特·沃尔斯利爵士被任命为在纳塔尔、德兰士瓦和祖鲁兰英军的总司令及女王亚历山德拉·维多利亚陛下的高级专员。关于当时迫切需要解决的问题及南非的文职官员和军事指挥官受到强烈指责之事,读者应该仔细阅读国务大臣迈克尔·希克斯·比奇爵士的以下电文,从而深入了解。1879年5月28日,国务大臣迈克尔·希克斯·比奇爵士说:

一、在充分考虑南非战况之后,英国政府决定将南部非洲战场附近的主要民事权力和军事权力分配给四个不同的人来执掌,这种安排是为了满足当前形势的需要。

---

① 来自纽迪吉特少将部队的一位记者写道:"像往常一样,5时起床号吹响了。6时30分,士兵们解散,然后去喝备好的热咖啡。解散哨响过不久,集合哨又吹响了,这令士兵们很恼火,所以喝咖啡的兴致被破坏了。接着,帐篷被收起来了。士兵们骑上马,去离营地大约两百码的地方。由于时间不合适,通过交替吹响解散哨与集合哨来提高士兵警惕的策略的效果在军队中并不明显。在亨利·伊夫林·伍德上校的部队中,一个新的临时营地形成后,每天日落时分总会响起警报。这样一来,每个士兵都会知道晚上他在哪个用牛车围成的防御营地宿营,从而不会造成混乱。如果祖鲁军队要对纽迪吉特少将的部队发动夜袭,其营地就会遭殃,因为这里的一切都显得那么懒散、随意,一点也不警觉,所以有些士兵祈祷亨利·伊夫林·伍德上校快点回来。这样一来,这些士兵就可以回到自己的部队了。只要他回来,他们就会觉得不再远离朋友,并且远离祖鲁军队,从而变得更安全了。在南非战争中,纽迪吉特少将的部队中表现出太多繁文缛节,与亨利·伊夫林·伍德上校的部队相比,在很多方面两支部队都存在非常显著的差异,尤其体现在纽迪吉特少将部队的严苛军事礼仪中。在纽迪吉特少将的部队,你去每个地方都有可能被哨兵拦住。哨兵会告诉你不能穿过某一排帐篷,因为某个参谋的帐篷由他负责,并授权他管理帐篷。在指挥部,平民是不能轻易进入的。而在亨利·伊夫林·伍德上校的部队里,所有参谋的帐篷前都没有哨兵把守。哨兵出现是为了保护政府物资、护卫团旗及守卫帐篷等。如果所有参谋的帐篷都挂着旗子,就表示里面有军务要谈,但任何要汇报事情的人都可以畅通无阻。亨利·伊夫林·伍德上校、雷德弗斯·布勒上校和他们的军官既不骄傲也不做作。一般来说,各部队的军官都以他们的指挥官为榜样。因此,亨利·伊夫林·伍德上校麾下的军官都既勇敢,又彬彬有礼、待人友好。"——原注

二、在英国军队参战人数及产生费用方面，祖鲁战争远远超过了以往英国在南非进行的任何一场战争。民事主官和军事主官之间不和谐导致军事行动严重受阻。其中，指挥军队的中将①和纳塔尔殖民地副总督②在当地征兵的事宜方面产生的分歧就是一个鲜明的例子。

三、在战争持续情况下，高级专员③无权过多干涉战事决策，若非如此，战事就会受到影响而无法达到有利效果。一方面，战争状态下军队方面必须采取迅速、有效的行动，这不能拿开普敦殖民地做参照，开普敦殖民地的诸多问题需要高级专员亲自做出决定；另一方面，高级专员不可能亲临战场，这会直接影响军事决策。在长时间离开开普敦殖民地后，高级专员有许多重要事务缠身，这使其他事情必须拖延到他回来后才能处理，尽管在开普敦殖民地的这段时间里，他以非凡的热情和十足的精力努力履行自己的所有职责。

四、必须尽快完成西格里夸兰与好望角联盟。你④最近对好望角的访问将在很大程度上推进这一问题的解决。有关殖民地和英国的共同财政问题需要立即得到关注。在执行好望角议会通过的为保卫该殖民地而设立的最新法规时，高级专员仍然还要做许多重要的工作。但最重要的是，英国政府担心会牵涉与英国有关的一些更大、更复杂的问题——我会在不久的将来向你介绍这些问题。在你主持的在开普敦即将召开的会议上，与会者会特别重视你在这项伟大工作中所做的努力及可能带来的好处。

五、鉴于实际情况，英国政府已决定将南非东部的军事权力和民事权力交给一名军官负责，并且已经选定加尼特·沃尔斯利爵士。

---

① 即切尔姆斯福德男爵弗雷德里克·塞西杰。——译者注
② 即亨利·布尔沃爵士。——译者注
③ 即亨利·巴特尔·弗里尔爵士。——译者注
④ 指切尔姆斯福德男爵弗雷德里克·塞西杰。——译者注

加尼特·沃尔斯利爵士具有很高的职业素养,在许多方面表现卓越。届时,他将获得最高权力,与很多有能力的人共同指挥在南非的英军,管理纳塔尔政府和德兰士瓦政府。英国政府这种决定的适宜性毋庸置疑。同样我绝对相信,加尼特·沃尔斯利爵士的工作将会得到人们最忠诚、最热忱的支持。除了拥有军事指挥权,加尼特·沃尔斯利爵士还将被任命为纳塔尔总督和德兰士瓦总督,以及处理纳塔尔、德兰士瓦北部和东部当地事务和外交事务的高级专员。在目前如此紧急的危机中,在离战场一千多英里的地方,任何一个高级专员都无法及时有效地履行职责,而加尼特·沃尔斯利爵士将暂时以高级专员的身份承担全部职责。我相信,你们①会认识到这一安排的必要性,并会积极协助加尼特·沃尔斯利爵士的工作。如果加尼特·沃尔斯利爵士到任并履行其职责,届时你们会返回开普敦,我相信你们会以自己获知的情况和掌握的经验为他提供非常有价值的帮助。

1879年5月29日,英国战争部副大臣在给切尔姆斯福德男爵弗雷德里克·塞西的信中说:

  我现在必须向你们②转达女王陛下政府的正式决定,即女王陛下政府在认真分析了情报后做出如下决定。目前,只有将东南部非洲靠近战场中心地带的事务交给一个拥有民事与军事全权的人来负责,才能有利于令人满意的结果出现,而女王陛下政府认为加尼特·沃尔斯利爵士就是合适的人选。
  殖民部将通过这封信通知高级专员亨利·巴特尔·弗里尔爵士这一决定,并说明这一决定给他带来的影响。

---

① 指切尔姆斯福德男爵弗雷德里克·塞西杰与高级专员亨利·巴特尔·弗里尔爵士。——译者注
② 同上。——译者注

关于军事指挥，任命一位比你职位高的军官为高级专员来取代你，并不是要否定你之前做的一切工作。你依然有义务在军事行动中向高级专员提出你的计划，并服从他的指挥。这一决定是昨天通过圣文森特发来的电报通知你的，我随函寄去一份电报副本。

加尼特·沃尔斯利爵士有权采取政治方面和军事方面的行动。他将掌握女王陛下政府最新的信息和最详尽的意见。关于与塞奇瓦约进行交涉的事宜，你的职责将在加尼特·沃尔斯利爵士到任时终止。届时，任何有关和谈的提议都将由加尼特·沃尔斯利爵士决定。

在南非，人们对任命加尼特·沃尔斯利爵士的消息非常满意。战争已经到了关键阶段。关于祖鲁人态度的最矛盾、最浮躁的流言不断传播。塞奇瓦约一直企图通过派使者送和谈信息来误导、欺骗英军以争取时间。切尔姆斯福德男爵弗雷德里克·塞西杰凭借远见卓识，曾要求塞奇瓦约归还在伊桑德尔瓦纳夺走的英军枪支。在塞奇瓦约假装和谈的同时，祖鲁军队却在密德利渡口突袭了边界附近属于英国的领地，袭击了卢内堡附近与英国友好的土著居民。祖鲁人还试图与反对英国统治的布尔人结盟。塞奇瓦约将一直占据英托姆贝山谷的祖鲁部队撤回祖鲁兰。很明显，祖鲁军队将在乌伦迪集结。

1879年6月27日，加尼特·沃尔斯利爵士抵达纳塔尔。他的参谋包括科利上校、贝克·拉塞尔中尉和布拉肯·伯里上校、麦卡蒙特少校，以及埃德里克·吉福德上尉、布什曼上尉、叶特曼·比格斯上尉、莫里斯上尉、布拉思威特上尉和多伊尔上尉。德班市市长及市政委员会代表市政当局向加尼特·沃尔斯利爵士发表了热烈的欢迎致辞。致辞指出，英属南非一致赞同亨利·巴特尔·弗里尔爵士一贯奉行的政策，并认为这是确保持久和平的唯一途径。加尼特·沃尔斯利爵士在致谢时表示，他希望能获得一个稳定的和平局面来确保持久和平免受外部不和谐及敌对氛围的影响。当时，加尼特·沃尔斯利爵士说："尽管这对你们来说是一种沉重的压力，但我有信心你们一定能够看到德班的志愿兵为避免领地陷入危险而在战斗中发扬的英国军队的精神。他们的爱国精神及为成功而付出的努力都将令德班人民感到满意。"加尼特·沃尔斯利爵士随后从德班前往彼得马里茨堡。不久,他返回德班。接着,他从德班港乘船前往杜恩福德港,但由于无法在那里登陆,所以又被迫返回德班经陆路前往前线。

关于祖鲁战争的必要性及塞奇瓦约的性格特征,人们从一开始就存在分歧。这种分歧在伊桑德尔瓦纳战役惨败后变得更加明显。有一个重要的事实是,那些生活在纳塔尔并了解祖鲁人的人,只有极少数与英国博爱主义者的意见相符。英国博爱主义者安然无恙地生活在自己的祖国。在完全不了解事实的情况下,他们竟然谴责一项政策,这种做法令人不敢苟同。在南非,科伦索主教是反战派的领袖。在提交给英国议会的蓝皮书中,他发表了一些文采斐然的有趣文章。在这些文章中,科伦索主教阐述了祖鲁人的情况。他认为祖鲁人是一个文明的种族。祖鲁人遵守条约和信义,没有欺骗行为。1879年4月18日,亨利·巴特尔·弗里尔爵士在德兰士瓦的比勒陀利亚写的一封信中陈述了英国对南非发动战争的理由。他陈述的理由完全排除了英国政府任何复仇的想法或愿望,也排除了用武力推进文明、维持秩序及传播基督教的一切意图。然而,要终结祖鲁国王塞奇瓦约的统治,必须瓦解这个国家的军事力量并使其人民愿意服从英国的统治。亨利·巴特尔·弗里尔爵士的理由如下:

> 我认为,这不仅符合祖鲁人的利益,也符合其邻邦的利益,同时符合在纳塔尔和德兰士瓦的欧洲人的利益,因为在目前状态下,纳塔尔和德兰士瓦的欧洲人与祖鲁人不可能像邻居一样和平地共同生活。
>
> 从过去几个月发生的事情来看,我们没有必要通过争论来证明什么。祖鲁人已经建成强大的军事力量。祖鲁军队只要有大炮,就可以很快击溃英军一个团。除非英军谨慎部署,从容应战,否则祖鲁军队可以击败或消灭比驻纳塔尔的日常驻军强大六倍的部队。

祖鲁国王塞奇瓦约公开宣布，正如祖鲁军队的基本原则一样，对外征服和血腥杀戮是祖鲁军队的生存之道。

祖鲁军队所处位置几乎被英国属地包围。除了葡萄牙领地，现在没有任何一片外国领地可以在不经过英国属地的情况下遭到祖鲁军队的杀戮、征服。

因此，如果祖鲁军队不攻击英国臣民或那些生活着英国臣民或盟友的邻邦，那么祖鲁王国就无法在目前的情况下以当前的政府形式和军事组织形式继续存在下去。

除了偶尔赦免年轻妇女和半成年的孩子，祖鲁军队通常会毫不留情地杀死全部俘虏，也不给受伤或因伤致残的人任何生存的机会，而是立即把他们杀死。

祖鲁军队与纳塔尔殖民地之间隔着一条河。在一年大部分时间里，人们都很容易涉水而过。河面也不太宽，任何时候人们都可以隔河说话。

祖鲁军队的领地和德兰士瓦之间的边界更容易越过。

我认为，所有这些都是无可争辩的事实。过去几个月发生的众所周知的事情完全证明了上述事实。

我知道，许多受过良好教育、自称热爱自由和权利的人很有才华，并且因自己的种族而感到骄傲。如果让他们在祖鲁人附近居住很长一段时间，让他们单独待着，谁敢保证他们没有被祖鲁人抓走的危险？塞奇瓦约对自己的臣民拥有生杀大权。如果英军士兵进入他的领地，那么他更会大开杀戒。谁说塞奇瓦约是一位善良的君主？因此，为了自己的安全，我们必须让祖鲁国王塞奇瓦约离开。如果英国人不喜欢这样，那就离开邻居塞奇瓦约吧。

我在这里已经住了好几周，亲历了祖鲁边界的几次军事行动。在与明智的英国人打交道时我发现，他们都是聪明睿智、冷静果断、非常正直的人。他们从来都把枪放在手边睡觉，时刻准备着，一旦听到设防哨所发出一分钟时长的警报，便会立刻带着家人逃离。"移民先驱"及其孩子们目睹了韦纳镇和布劳克兰茨镇的残忍大屠杀。他们可以证明，祖鲁人敌对行动的特征并非最近才出现。因此，我有理由相信，让普通英国人和荷兰人生活在祖鲁军队触手可及的范围内，是永远不可能接受的事情。

在我看来，我们不能直接对纳塔尔或德兰士瓦的殖民者说，他们如果不喜欢这种状况，可以去其他地方。

祖鲁人有权待在现在所在的地方，除了通往德拉瓜湾的偏远地区，纳塔尔与德兰士瓦只是最近被祖鲁人毁灭、屠杀、征服的一个地方。

我从来没有听到有人质疑这样一个事实，即祖鲁军队早在几年前就已经进入现在的纳塔尔和德兰士瓦。如果确实如此，那么祖鲁军队跟荷兰冒险家和英国冒险家第一次出现在这片土地上的时间基本一致。祖鲁人不像荷兰人和英国人，不会因开发了这片土地而要求获得其所有权。因此，在我看来如果需要让步，那么让步的应该是祖鲁人而不是英国人或荷兰人，这自然是公正的道理。同时我认为，为了维护祖鲁人的利益，我们不应该让他们听天由命。

目前，塞奇瓦约的统治不是祖鲁王国的正确选择。这种统治是一种恐怖统治，像以前强加给世界上一些最文明国家的统治一样。这里的人民本身就像未经加工的原材料一样，作为一个非常优秀的种族，国家可以将其塑造成理想的模样。祖鲁人似乎能够建成一个真正幸福而文明的社会，但这样的社会应由法律、秩序及权利主导一切，而不是由一个残暴的野蛮人进行专制统治。

我只能想到三种可以使野蛮的祖鲁人变好的方法：

第一，让祖鲁人生活在一个文明的社会里，逐渐吸收文明的思想，养成文明的习惯。但为了实现这一点，祖鲁人文明的邻居必须能够生活在安全的环境之中。正如我说过的那样，除非瓦解塞奇瓦约的军事体系，剥夺他的统治权力，否则要获得这种安全毫无希望。

第二，在摧毁塞奇瓦约的军事体系后，我们才可能会找到改良祖鲁人的办法。因此，在我看来，摧毁塞奇瓦约的军事体系才是履行我们责任的唯一合理方式。我们征服阿比西尼亚和阿善堤后不得不退兵，所以我们对这些国家的未来不再承担任何进一步的责任。然而，在祖鲁兰我们不需要撤离，因为没有什么可以阻止我们轻松地承担起保护和教化祖鲁兰的责任。

第三个方法是我们的至尊——英国女王倡导的计划。祖鲁人确实是一个具有优良民族特色的民族，他们的优良品质可能会使他们成为南非所有民族文明的再生者和先驱。

到目前为止，我可以认同与我持相同观点的人，但我不认同他们所持的另一观点——塞奇瓦约是祖鲁人的阿提拉，其伟大堪比匈奴王。如果我们任由其发展，塞奇瓦约会成为查理曼大帝或阿尔弗雷德大帝那样的人，最后建立一个大帝国。

对于纳塔尔和德兰士瓦的文明居民来说，他们对这一过程能容忍到什么程度？我会不断追问。但很有可能，打败现在开化而文明的邻居并受到其俘虏人民的同化后，在适当的时候祖鲁人会吸收其邻居的文明而定居下来生活，逐渐变得开化而文明，最后萌生一种更好的民族生存体系。

我怀疑但不质疑产生这样结果的可能性，但我只能非常肯定地说，现在定居在纳塔尔和德兰士瓦的英国同胞，绝不会离开现在的居住地去做任何此类实验的实验对象。

正如我开始所说，除了征服祖鲁人，并像管理其他受英国统治的南非种族那样有效地管理他们，我们再没有其他选择。

在我看来，除了塞奇瓦约完全臣服前必不可少的准备工作之外，与塞奇瓦约达成的任何条约都不可能产生这样的结果。

1879年7月初，切尔姆斯福德男爵弗雷德里克·塞西杰的部队开到了离塞奇瓦约在乌伦迪的克拉尔只有十英里的地方。塞奇瓦约再次派使者带来路易-拿破仑·波拿巴王子的宝剑，从而向英军求和。塞奇瓦约的使者是一个叫沃格尔的荷兰人，他择机用铅笔在信封上做了记号，表示塞奇瓦约带了两万人。切尔姆斯福德男爵弗雷德里克·塞西杰的回复如下："如果塞奇瓦约送来在伊桑德尔瓦纳缴获的一千支英军步枪，并且如果祖鲁人感到害怕，我可以容许一千名祖鲁士兵带着自己的武器进入英军营地。塞奇瓦约必须送来两门大炮和剩下的牛，然后我才愿意谈判。他已经耽搁了我很长时间。我现在必须到乌姆沃洛西河让我的士兵们喝上一杯。我会在河对岸等待谈判，并且承诺在1879年7月3日之前不会烧毁祖鲁军队的任何一个克拉尔。不过，前提是祖鲁人不反对

英军在乌伦迪的营地

英军前进到乌姆沃洛西河附近的据点,并且在1879年7月3日中午前满足这些条件。在此期间,如果我的部队受到攻击,我将视为谈判已经结束。为了避免这种情况发生,塞奇瓦约最好在今晚或明天黎明来我的营地谈判,而且祖鲁军队必须从河边撤到乌伦迪。除非这些条件得到满足,否则我不会阻止指挥海岸师的将军向祖鲁军队发动进攻。"

当然,之后英军再也没有看到或听到关于塞奇瓦约的任何消息。1879年7月2日,两万名强壮的祖鲁士兵从乌伦迪开了过来,看似要发动进攻的样子。纽迪吉特少将和亨利·伊夫林·伍德上校相距不远。为了阻止祖鲁军队,英军立刻用牛车围成临时防御阵地。塞奇瓦约或许有投降的想法,因为从塞奇瓦约在马希兹坎耶新据点的方向,皇家运输队的一大群白牛朝英军营地赶来。英军许多士兵从营地出来把牛往里赶。营地里出现了吓人的慌乱景象,土著分遣部队的士兵惊慌失措地冲进了第二旅第四团的一部分士兵中。那些穿着红色外套的短期服役士兵们看见没穿衣服、手拿长矛的黑人冲过来,以为是祖鲁军队来袭击,所以惊恐地逃向用牛车围成的防御阵地。英军营地内的士兵因为这个插曲一下子变得灰心丧气,最后他们的军官使出了浑身解数才使他们回到自己的岗位上。

1879年7月3日,在雷德弗斯·布勒上校指挥下,一支庞大的英军骑兵部队在一座怪石嶙峋的小山脚下的一个渡口过了河,非正规骑兵部队勇敢而迅速地将祖鲁军队从那座小山里赶了出去。雷德弗斯·布勒上校前往诺德温古克拉尔,在路上打死几个祖鲁散兵。一个被威廉·贝雷斯福德勋爵"截住"的祖鲁人喊道:"第一枪,天哪!"不久,雷德弗斯·布勒上校的部队被一个牵着几只山羊的祖鲁人的圈套困住了。这个牵山羊的祖鲁人在前面走着,他若无其事的样子非常令人怀疑。结果,雷德弗斯·布勒上校的部队刚刚向右转到乌伦迪方向时,一群埋伏已久的祖鲁军队从一百码之外的一个深沟里冒了出来,开始向雷德弗斯·布勒上校的部队猛烈扫射。以下的生动描述是关于追捕祖鲁散兵的经过及英军从祖鲁军队陷阱中脱险的过程,读者可以饶有兴致地细细读来:"前两天,祖鲁国王塞奇瓦约没有做出任何指示,他的士兵一直在练习队列、操练长矛及跳战阵舞，看上去好像很平静的样子。停战协定的截止时间是1879年7月3日中午。这个问题的解决方式至少使切尔姆斯福德男爵弗雷德里克·塞西杰自己认为塞奇瓦约一直在愚弄他。1879年7月3日大约9时，潜伏的祖鲁人爬下山坡，来到一座可以俯瞰渡口的坚固小山丘下，然后向正在山丘下面河里洗澡的英军士兵开枪射击。英军士兵惊慌失措，纷纷逃窜，但我相信没有人受伤。然而，这还不是这伙祖鲁人的全部人手，因为他们中的一些人已经过河，赶走了五十头正在吃草的牛。他们把牛赶过河，然后沿着河岸向远处走了。于是，看守牛群的英军士兵很快过了河，又把牛赶了回来。1879年7月3日中午，英军营地又遭到那些开枪的无耻流氓的冒犯和几把马提尼-亨利步枪的袭扰，马提尼-亨利步枪射出的子弹实际上落在了营地中和车阵防御工事中。这太过分了，所以到中午时，雷德弗斯·布勒上校的部队接到命令——去杀死几个祖鲁人。于是，包含我在内的英军士兵从营地下面的一个渡口过了河，绕着山脚飞奔，试图射杀几个祖鲁人，但来得太晚了。祖鲁人看到英军准备出动就离开了。这时，英军士兵看到祖鲁人向诺德温古疾驰而去。于是，他们开始追赶祖鲁人。在接近克拉尔时，他们追上了最后面一个逃跑的祖鲁人。英军士兵竞相追他，但最后他被威廉·贝雷斯福德勋爵抓住了。威廉·贝雷斯福德勋爵用马刀指着这个祖鲁人。这时，祖鲁人转过身来，用自己的长矛刺穿了盾牌，也刺穿了自己的身体。然后，英军掉转方向，策马疾驰，去追赶那支至少有一百五十人的祖鲁部队。如果空地是平坦的，英军会把他们都射杀了。不过，那些祖鲁人企图将英军引进一个绝妙的陷阱。这个陷阱是他们专门为此而设的。在诺德温古和乌伦迪之间有一条缓慢流淌的小河，河床很宽，与这条路并行延伸了很远一段距离，然后以九十度急转而过。当我看到一些逃跑的祖鲁人消失在这条小河尽头时，我开始起了疑心。当我听到雷德弗斯·布勒上校大喊'撤退'时，这些怀疑便确定了。几乎与此同时，我们还没有掉转马头，两排祖鲁人已站在小河的河床上，在不到一百码的距离内开始向我们射击。如果他们知道如何瞄准——幸好他们不知道，那么我们所有人几乎都会被射杀，但实际上只有三个人和六匹

乌伦迪战役中的英军

马被击中了。威廉·贝雷斯福德勋爵拉起一个掉下马的士兵,指挥官达西拉起一个受伤的士兵。威廉·贝雷斯福德勋爵安全地带回了那个士兵,而指挥官达西——只能遗憾地说,由于他的马在负荷突然增加时猛然弓背跃起,所以他被甩了出去。那个可怜的士兵没有摔下去,却被祖鲁人射杀了,而指挥官达西由于摔下时身体翻转而受重伤,虽然得以安全返回,但已无法参加第二天的战斗。不用说都知道,我们跑得特别快,至少像来时那样快,甚至可能更快一些,因为我们被后面的祖鲁人紧追不放;而这时,祖鲁人又从四面八方的草地里涌出来,不停地向我们射击。我们一路往回狂奔,只在点缀着小树的一个山丘上短暂会合了。英军后面的部分落得很远,离我们有五百码,其中一些人中弹了,但我们没能停太久,因为我们看到祖鲁人的大部队向渡口方向赶来,目的要切断我们的退路。令人感到庆幸的是,雷德弗斯·布勒上校把贝克和他的部队留在了那个崎岖不平的石头山丘上来掩护我们撤退。掩护我们的部队对祖鲁人的拦截部队进行了猛烈的射击,从而有效地阻止了其前进。从营地可以看到我们的危险状况,所以莱格莱斯少校的九磅大炮架在了在前面的高地上,向祖鲁人的另一支部队精准地发射了一枚远程炮弹,这使祖鲁人大吃一惊而停止不前了。这样一来,我们只需要对付追击我们的祖鲁人,但他们一直紧追不舍,将我们一直追到了河流浅水处。维利上尉和纳塔尔轻骑兵部队等在那里掩护我们过河。想想我们当时遭受的猛烈袭击,而最终我们只有三人阵亡,四人受伤,十三匹马失踪,这简直是个奇迹。"

1879年7月3日晚上,祖鲁军队和英军都做好了战斗准备。祖鲁军队跳起了鼓舞士气的战阵舞,而英军士兵精心地将牛车编排在一起形成车阵式防御工事。1879年7月4日6时,英军离开营地,穿过乌姆沃洛西河,登上一个高地,并在上面布好队形准备战斗。这片高地是祖鲁人曾经打败布尔人取得辉煌胜利的地方,也是白人遭受惨败的地方。因此,英军必须取得一场最彻底、最令人满意的巨大胜利,才足以修复和抹去以往灾难留下的创伤和污点。

祖鲁军队的指挥官分别是泰因瓦约、曼尼亚曼、达布拉曼齐、蒙杜拉、西拉约、梅克拉·卡·祖鲁。他们指挥的部队由十三个以上团共两万多人组成,比参加坎布拉山战役的祖鲁军队规模更庞大。英军抓到一个叫乌东贡扬的祖鲁人,他是乌姆盖尼的儿子。他说,祖鲁国王塞奇瓦约在开战前的一次讲话中确实说过想要议和。因为英坎登庞武团不愿把白牛作为议和的礼物送给英军,所以英军现在有理由在祖鲁人的领地发动战争。这场战争在诺德温古的克拉尔和乌伦迪的克拉尔之间的开阔平原上进行。祖鲁国王塞奇瓦约亲自指挥并下达最后的作战命令,然后退到不远的一个克拉尔观战[①]。英军选定驻扎的地方,占据了周围一大片开阔的旷野,旷野上几乎没有灌木丛。只有一千码之外诺德温古的克拉尔可以为祖鲁军队提供一些掩护。如果不是雷德弗斯·布勒上校反对,诺德温古的克拉尔早被烧毁了。如果诺德温古的克拉尔被烧毁,祖鲁人就只能在浓烟的掩护下爬走了。

---

① 这名祖鲁俘虏说:"给国王写信的白人是个商人,国王总是派人监视他的一举一动。"在谈到乌伦迪战役的结果时,这名祖鲁俘虏说:"祖鲁军队现在已经彻底被打败了。祖鲁军队因为是在旷野上被打败的,所以无法重新集结,无法再战了。"——原注

乌伦迪战役中祖鲁人向英军发起进攻

祖鲁人败退

停战后不久,当英军在肃穆的氛围中埋葬前一天阵亡的一名士兵时,有人注意到祖鲁军队正从乌伦迪右侧的灌木丛中逼近。英军排成一个空心的四边形作战阵形,中心部分是土著特遣部队与弹药车。四边形的四边由第十三团的八个连、第八十团的五个连、第九十团、第五十八团、第三十四团及第十七枪骑兵部队和非正规骑兵部队组成;在四个角和中心部位都部署了炮兵,包括加特林机枪①、七磅大炮与九磅大炮。1879年7月4日8时30分,当祖鲁军队向前推进时,雷德弗斯·布勒上校的骑兵分布在前面、左边和后面。科克伦的巴苏陀骑兵从右边被派出去。当科克伦的巴苏陀骑兵退到后面的时候,由于右边没有骑兵掩护,所以祖鲁军队离得更近了,四边形的右边则以猛烈的火力开始进攻。1879年7月4日8时50分,祖鲁军队离英军阵地已经非常近了。英军开始全面开火。像往常的作战方式一样,祖鲁军队的牛角部分悄无声息而坚定地开过来。尽管英军的炮火猛烈而致命,但塞奇瓦约的勇士们既没说话也没喊叫,只是不断地向前推进。像在金格洛沃战役和坎布拉战役中一样,祖鲁军队将对死亡的非凡勇气和无畏精神表现得淋漓尽致。在祖鲁军队推进期间,英军步兵排成了四列,前面的跪蹲射击,后排背对前排补充弹药。在四边形内,弹药排放有序,士兵们可以方便而迅速地获取弹药。起初,英军对祖鲁军队连续不断的猛烈射击并没有取得明显的攻击效果,祖鲁军队像一波无法阻挡的海浪一样毫不畏惧地滚滚向前。当祖鲁军队推进到离英军阵地七十码时,祖鲁士兵的血肉之躯再也无法承受英军可怕而致命的炮火。祖鲁军队阵形的主体部分犹豫并停了下来。尽管一些更勇敢的祖鲁人继续向前冲锋,但动摇的情绪迅速蔓延到了整支祖鲁军队,祖鲁军队的士气急转直下,这时正是英军利用这种情绪的好时机。英军的枪骑兵部队冲了出来,像一阵飓风一样袭向这群灰心丧气的祖鲁人。炮弹在祖鲁人中到处爆炸。来复枪不断发出致命的"砰砰"声,祖鲁军队被英军骑兵冲得七零八落。然而,当枪骑兵部队的埃杰尔上

---

① 加特林机枪的威力并不是很大。在战斗中,加特林机枪因温度过高,不得不六次停止射击。——原注

尉被射杀，德鲁里洛上尉、詹姆斯中尉和其他军官死里逃生时，祖鲁军队的精锐再次开始疯狂地反攻。他们中九人死亡，至少七十五人受伤，但一切都是徒劳。最终，塞奇瓦约的大军被迫逃跑。虽然祖鲁军队有两万到两万五千多人，但在开阔的平原上庞大的祖鲁军队还是被英军的白人士兵彻底打败了。追击的英军骑兵撤退了，这场惨烈的战役终于结束。在战斗中，祖鲁军队足足有一千人阵亡。英军枪骑兵部队和非正规军骑兵部队都表现得非常出色。据估计，它们追击并杀死了四百五十名祖鲁士兵。祖鲁士兵以惊人的速度奔逃。枪骑兵部队将一大群祖鲁人赶进了峡谷后，在峡谷附近又追击了另一大群逃跑的祖鲁人，走投无路时，这些祖鲁人无奈地进行抵抗。最终，一百五十名祖鲁人全被杀死。

　　战斗结束后，部队下令稍事休息。接着，骑兵部队继续向乌伦迪进发。后来，骑兵部队发现祖鲁军队已经弃乌伦迪而去，骑兵部队立即放火焚烧了祖鲁军队的克拉尔。随后，英军所有部队都撤回了临时防御营地。乌伦迪——南部非洲伟大君主的圣地——就这样被彻底摧毁了。祖鲁国王塞奇瓦约的王宫只是一个茅草屋，其中有四个房间和一个凉台，里面没有任何家具和奢侈品。祖鲁国王塞奇瓦约的斯巴达式生活显而易见。然而，周围众多的小茅屋和克拉尔都表明，这里曾经是一支强大军队的总指挥部。威廉·贝雷斯福德勋爵率部首先进入乌伦迪，纵火焚烧这里的克拉尔。冲天的火焰向人们宣告了南部非洲最强大的野蛮统治者的威望和影响已经随之化为乌有。虽然《每日新闻报》的记者阿奇博尔德·福布斯先生已受伤，但他带着胜利的消息向纳塔尔殖民地飞奔而去。他带着切尔姆斯福德男爵弗雷德里克·塞西杰的一份重要文件，他要第一个将捷报电告纳塔尔殖民地和全世界。乌伦迪战役刚刚结束的第二天清晨他便骑马出发了。经过十四个小时、一百一十英里的艰难跋涉，阿奇博尔德·福布斯先生终于到达离布法罗河兰德曼渡口最近的电报站。途中，他两次在浓雾中迷路，还遭到祖鲁军队零散士兵的袭击。这是一段非常艰难、需要勇气的征程。阿奇博尔德·福布斯先生的壮举获得了人们特别慷慨的赞扬，并被载入史册。以下是切尔姆斯福德男爵弗雷德里克·塞西杰的文件中对这场战斗的描述：

> 直到昨天——1879年7月3日——中午，塞奇瓦约不但没有满足我提出的要求，而且还向我军驻扎在河边的部队猛烈开火。我将他送来的一百一十四头牛送回了营地，并命令雷德弗斯·布勒上校率领骑兵部队进行侦察。这一策略大增了我军进攻祖鲁军队的斗志。
>
> 1879年7月4日早上，我率领一支部队，其中包括纽迪吉特少将麾下的第二师（共一千八百七十名欧洲士兵、五百三十名土著士兵及八门大炮）和亨利·伊夫林·伍德上校的游击部队（共两千一百九十二名欧洲士兵、五百七十三名土著士兵及四门大炮和两挺加特林机枪）。1879年7月4日6时15分，我军穿过乌姆沃洛西河，行进到一片开阔的旷野。我军将弹药、修筑防御工事的工具与推车及运输部队都部署在这片旷野的中心地带。1879年7月4日8时30分左右，我军到达并占据诺德温古和乌伦迪之间的一个极佳位置。前一天，雷德弗斯·布勒上校已经侦察、选定了这一位置。
>
> 在乌姆沃洛西河右岸的防御营地，我留下了由贝莱尔斯上校指挥的守备部队，这支部队由九百名欧洲士兵、两百五十名土著士兵组成，配有一挺加特林机枪。
>
> 1879年7月4日7时30分刚过，我看到祖鲁军队离开宿营地，从四面八方向我军逼近。不久，英军骑兵开始与祖鲁军队交战。
>
> 9时，攻击已经全面展开。9时30分，祖鲁军队的斗志开始动摇，我军枪骑兵队及其他骑兵一起向祖鲁军队发起进攻，最终大败祖鲁军队，胜利而归。
>
> 我军抓到的俘虏们说，塞奇瓦约亲自指挥这场战役。安排好所有的部署后，他去齐卡兹克拉尔观战。参加这次战役的共有十二个

获胜后的英军

祖鲁军团。如果这一情况属实,那么攻击我军的祖鲁军队就达两万多人。

由于祖鲁军队进攻和撤退的范围很广,我无法准确估计其损失,但我认为祖鲁军队死亡人数不可能少于一千。到1879年7月4日中午,乌伦迪的祖鲁营地已被我军付之一炬。祖鲁军队在乌姆沃洛西山谷中的所有克拉尔全部被摧毁。1879年7月4日14时,我军开始返回营地。

我指挥的部队的作战表现令人极其满意。士兵们不停地射击,形成完整的火力网,其坚定与勇敢表现得很突出。骑兵部队展现的冲劲和勇敢令人称赞。炮兵的攻击也非常出色。一部分祖鲁军队接近我军的设防营地时,受到我军守备部队的攻击。守备部队的组成部分之一土著特遣部队,该部队在战斗结束后又被派去协助追击逃跑的祖鲁士兵。

因为我已经完全实现前进的目标,所以我想我现在最好执行加尼特·沃尔斯利爵士的指示——立即前往安东加尼尼,然后再去夸马加萨。我将派一部分部队带着空牛车返回以备运输补给之用,补给物资已经在马歇尔堡备好。

现在说说该文件的最后一部分。尽管英军已经取得巨大胜利,但还有一些方面不尽如人意。后来,情报证明塞奇瓦约当时就在祖鲁军队中。只要稍加努力,英军就可以将他俘虏。塞奇瓦约的新克拉尔离乌伦迪只有十二英里。英军如果向塞奇瓦约的新克拉尔推进,就能获得巨大优势,当然这只不过是逻辑推理而已。文件中提到了加尼特·沃尔斯利爵士关于向安东加尼尼撤退的指示,他显然要为这一决策负责。因此,战事受到了不必要的拖延。至于乌伦迪战役本身,切尔姆斯福德男爵弗雷德里克·塞西杰没有发动进攻而是受到了祖鲁军队的攻击。无论是在英国国内还是在殖民地,英国的所有阶层都为这一决定性的胜利而欢呼雀跃。这不仅因为这一胜利具有决定性意义，更因为这一胜利是由一位曾经非常不幸的将军所取得的[①]。

现在，预示结果的前兆已经出现。一切迹象都表明，祖鲁人并不想接受在乌伦迪战役的失败并以此来解决南部非洲最高统治权的问题。辞职之后，切尔姆斯福德男爵弗雷德里克·塞西杰带着一大批军队管理人员从安东加尼尼前往彼得马里茨堡。在这漫长的旅途中，他们没有遇到丝毫阻挡或袭击。乌姆拉图西丛林里再没有潜伏的祖鲁军队，从四面八方都可以看到祖鲁人正在重建茅屋、耕种土地。刀剑变成了犁头，祖鲁人已经屈服于命运的主宰。久居于此的殖民者心中依然充满疑虑，因为他们已经认定狡诈和伪装是祖鲁人最重要的特征。殖民者认为，在乌伦迪战役之后没有继续取得进展是一场灾难，只有塞奇瓦约被俘或被杀，战争才算真正结束。

1879年7月21日，切尔姆斯福德男爵弗雷德里克·塞西杰抵达纳塔尔殖民地首府。在这里受到的热情接待使他感到非常惊讶。切尔姆斯福德男爵弗雷德里克·塞西杰前一天还受到了严厉的批评，而今天却被捧上了天，这使公众心中产生了强烈的反差。德班市政委员会发表了一篇致辞。使人们感到特别高兴的是，在经历了无数不可预见的困难之后，切尔姆斯福德男爵弗雷德里克·塞

[①] 加尼特·沃尔斯利爵士在皮尔逊堡吃晚饭时，接到乌伦迪战役胜利的消息。一位在场的记者这样描述了收到消息时的情形：“坐在餐桌旁吃晚饭的时候，我们讨论了当时的情况会出现的所有可能结果。切尔姆斯福德男爵弗雷德里克·塞西杰是否已经开始孤注一掷地实施自己雄心勃勃的作战计划呢？如果他不能取得成功怎么办？一想到伊桑德尔瓦纳战役，我们的心情就变得阴郁起来。我们还在吃晚饭的时候，加尼特·沃尔斯利爵士收到了一份电报。他读着电报，脸上突然露出了笑容，然后抬起头兴高采烈地说，'这确实是我许多天来看到的最好消息。今天晚上，先生们，我们可以安然地睡个好觉了，因为切尔姆斯福德男爵弗雷德里克·塞西杰一直在和祖鲁国王塞奇瓦约的军队交战，现在已经彻底将其打败了'。这封电报是由南非电报公司总经理西韦赖特先生发来的。加尼特·沃尔斯利爵士宣读了这封电报。电报内容简明，表达清晰。电报向我们表明塞奇瓦约本人是如何做最后的努力来拯救自己王国的，而现在他已经沦为亡命徒，在乌姆沃洛西河畔的黑色沼泽地里被逐出自己的国家。按照切尔姆斯福德男爵弗雷德里克·塞西杰的命令，这封电报也向英军士兵们宣读，英国人的欢呼声随着大风经图盖拉河传入了祖鲁兰，从而宣告了这位勇敢、残忍、狡猾的祖鲁国王倒台。那天晚上，我们睡得很香。"——原注

西杰指挥的部队终于取得了辉煌的、具有决定性的胜利。德班市政委员会还在德班举办了一场盛大的公众宴会，加尼特·沃尔斯利爵士、亨利·布尔沃爵士、H.H.克利福德少将、亨利·伊夫林·伍德上校、雷德弗斯·布勒上校及其他重要军官和受人尊敬的知名人士出席了宴会。切尔姆斯福德男爵弗雷德里克·塞西杰在宴会上说："人们经常说'一事成功百事顺'。不过，先生们，如果你们仅仅是因我取得了胜利而邀请我吃饭，这就好比把死海的水倒进我嘴里一样，简直羞煞我也。根据德班市市长的讲话，你们同情我显然不是因为我取得的胜利，而是因为我在极端困难的情况下努力履行自己的职责。战争中发生了许多令人痛苦的事情。回顾战争，我们既满意又遗憾。关于这一点我不再赘述。还有我英勇的朋友亨利·伊夫林·伍德上校所说的一点，我可以带着纯粹的满足感回忆过去。我是指军队各级、各部给予我忠诚而有效的帮助。只要我活着，我会为此而感到满足和自豪，并永远铭记在心。我不知道有哪位将军能像我一样会从自己部下那里得到这样的忠诚和帮助。我总能感觉到，无论我在与不在，他们都在尽最大努力克服困难、摆脱困境。这并不局限于某一个级别的官兵，而是所有级别的官兵都全力以赴。我可以这样说，我得到了军队从最低到最高各级官兵的极大信任和真诚支持。在此我就不一一列举具体的人和事了，但当我回想起过去的十八个月，有两个人在大规模的救援中非常引人注目——一个是德班市市长已经提到的亨利·伊夫林·伍德上校，另一个是亨利·伊夫林·伍德上校提到的雷德弗斯·布勒上校。可以说我在南部非洲的整个任期内，这两个人一直是我的左膀右臂。我们同乘一艘轮船离开祖国来到这里，在我所经历的每一个阵地，他们都冲锋在前。现在我为他们能再次和我一起回到自己的祖国而感到自豪。市长问我战争是否已经结束？我想我最好的回答是这两个人要返回英国了。毫无疑问，如果有什么大事要做，这两个人绝不会离开部队。我再次感谢你们向我敬酒，也感谢所有星期一晚上我见到的人。我将充满感激地带回对这里的记忆，如果我能担任公职并对殖民地的繁荣昌盛尽绵薄之力，请你们相信我一定会尽我所能，万死不辞。"

在结束这一章时，应该充分说明一下《伦敦公报》"英雄榜"上的五名勇敢的将士。官方认为这五名将士在祖鲁战争中表现英勇而突出。

陆军部

1879年6月17日

亚历山德拉·维多利亚女王陛下非常高兴地表示，以下这些官兵在最近的南非战争中表现英勇而出色。亚历山德拉·维多利亚女王陛下将授予他们维多利亚十字勋章，还要将他们的名字载入史册。亚历山德拉·维多利亚女王陛下已经批准申请。以下是这些官兵的名字及其英勇事迹：

雷德弗斯·布勒上校，低级巴斯爵士，隶属第六十步枪团，因其在1879年3月28日兹洛巴内撤退中表现英勇，特授维多利亚十字勋章。其表现之一是，在祖鲁军队的凶猛追击下，雷德弗斯·布勒上校协助救援边境轻骑兵部队的达西上尉。正当达西上尉徒步撤退时，雷德弗斯·布勒上校将他拉上马背，赶上了后卫部队。其表现之二是，同一天在同样的情况下，边境轻骑兵部队的埃弗里特中尉的战马被射杀之后，雷德弗斯·布勒上校将他送到了安全的地方。其表现之三是，送走埃弗里特中尉之后，雷德弗斯·布勒上校又以同样的方式救了边境轻骑兵部队的一名士兵。当时这名士兵的战马已经筋疲力尽。要不是雷德弗斯·布勒上校帮助，他就会被离他不到八十码的祖鲁人杀害。

威廉·K.利特少校，隶属第十三团第一营，因其在1879年3月28日兹洛巴内撤退中表现英勇，特授维多利亚十字勋章。在兹洛巴内撤退中，威廉·K.利特少校在祖鲁军队的追击下救出了A.M.史密斯中尉。A.M.史密斯中尉的战马被射杀后他徒步撤退时，祖鲁军队紧追其后，幸好威廉·K.利特少校把他带上马，穿过祖鲁军队的炮火到达一个安全的地方，否则A.M.史密斯中尉将会遭到杀害。

外科医生詹姆斯·亨利·雷诺兹少校，隶属陆军医疗部，因其在1879年1月22日和23日洛克渡口保卫战中英勇的表现，特授维多利亚十字勋章。在洛克渡口保卫战中，詹姆斯·亨利·雷诺兹少校在祖鲁军队的攻击中不但救治伤员，而且在祖鲁军队的交错射击中奋不顾身地积极为守卫医院的士兵运送弹药。

爱德华·S.布朗中尉，隶属第二十四团第一营，因其在1879年3月29日兹洛巴内战役中英勇作战，特授维多利亚十字勋章。当时，骑马的步兵在兹洛巴内遭到祖鲁军队追击，爱德华·S.布朗中尉骑马冲进几码内祖鲁军队强大火力下，救出一名骑马的士兵，否则这名士兵肯定会落入祖鲁人之手。

二等兵瓦塞尔，隶属第八十团，因其在1879年1月22日伊桑德尔瓦纳战役中冒着生命危险救了同团二等兵韦斯特·伍德的生命，表现英勇，特授维多利亚十字勋章。当时，位于伊桑德尔瓦纳的英军营地被祖鲁军队占领，二等兵瓦塞尔撤退到布法罗河岸边时，他看到二等兵韦斯特·伍德在河里挣扎，显然是溺水了。他跳下战马把战友从河里救起，又在祖鲁军队的枪林弹雨中骑上马把二等兵韦斯特·伍德救过河去。

第10章
祖鲁国王灭亡

精彩看点

切尔姆斯福德男爵弗雷德里克·塞西杰的政策——加尼特·沃尔斯利爵士的迅速行动——加尼特·沃尔斯利爵士的决定——追捕和俘虏塞奇瓦约——最后一位祖鲁国王——开普敦城堡中的一名囚犯——与祖鲁酋长们的会晤——加尼特·沃尔斯利爵士的演讲——祖鲁战争结束

在离开南非之前，切尔姆斯福德男爵弗雷德里克·塞西杰在开普敦为自己的政策进行了公开辩护。在辩护中他否认自己曾有过犹豫和动摇。切尔姆斯福德男爵弗雷德里克·塞西杰很早就下定决心并坚定不移地按照既定计划前往乌伦迪。如果这个目标需要重复，他还会采用同样的作战计划。在向乌伦迪进军的过程中，切尔姆斯福德男爵弗雷德里克·塞西杰没有考虑从海岸纵队那里获得直接支援，只考虑争取间接支援。在乌伦迪大败祖鲁军队之后，除了物资充足再没有任何有利条件可以让英军进入塞奇瓦约克拉尔以北难以涉足的旷野。因此，一部分的士兵护送着伤员病号，带着所有空牛车返回布拉德河，其余部分经夸马加萨前往圣保罗传教站，在圣保罗传教站完成沿祖鲁兰中心地带向东和向西延伸的一系列坚固堡垒的修筑工作，这些堡垒间隔大约二十英里。这只是问题的一个方面。问题的另个一方面是，作为为数不多的世界顶尖报刊的记者，他们拥有勿庸置疑的能力和经验，居然也毫不犹豫地严厉谴责切尔姆斯福德男爵弗雷德里克·塞西杰。这些人当时都在现场，有资格发表自己的意见。他们认为任何形式的政治偏见都会影响新闻内容的写作，这是荒谬的、不公正的。

《泰晤士报》的记者抱怨说作战缺乏明确的计划，还谈到许多命令被撤销及战斗中存在许多不确定的事情。1879年6月16日，这位记者写道："我们需要下更大的决心。英军像以色列人去迦南一样散漫地向乌伦迪进发,毫无计划,甚至对未来没有明确的设想。如果有足够的精力、果断的判断和坚定的决心支撑,那么只要做出简单的常识性计划就足够了。"《每日电讯报》的记者告诉我们,切尔姆斯福德男爵弗雷德里克·塞西杰的情报部门"自始至终都存在异常严重的缺陷"。《每日新闻报》的记者阿奇博尔德·福布斯先生充分认同这些观点,并以犀利的语言表达了自己的观点。的确,从1879年3月援军到达到乌伦迪战役结束,任何仔细研究过这场旷日持久战役的人,几乎都不会称赞切尔姆斯福德男爵弗雷德里克·塞西杰的所作所为。人们认为,如果更早地采取加尼特·沃尔斯利爵士在抵达殖民地后雇用运输工的措施①,一定会极大地促进运输工作。英军在乌伦迪开阔的战场上击败塞奇瓦约庞大的军队——一支两万多人的军队,人们却很难相信,像亨利·伊夫林·伍德上校这样的部队在得到适当增援并快速进军之后,居然没能结束战争。

　　加尼特·沃尔斯利爵士的行动迅速而有效。不能在杜恩福德港登陆时,他立即返回德班经陆路赶往克里洛克上校的海岸纵队。靠近海岸时,他很高兴地听到了乌伦迪战役胜利的消息,但后来他又对切尔姆斯福德男爵弗雷德里克·塞西杰没有乘胜继续进军而感到失望。切尔姆斯福德男爵弗雷德里克·塞西杰立即辞职并与在圣保罗传教站相遇的加尼特·沃尔斯利爵士进行了会面。克拉克上校组建了乌伦迪纵队,其中包括第六十团、巴罗上尉的骑兵部队、朗斯代尔的两支骑兵部队及土著特遣部队的一部分。乌伦迪纵队行动快捷,奉命向白乌姆沃洛西河和黑乌姆沃洛西河上游挺进,同时奥罕率领一支民兵部队从卢内堡出发。1879年7月21日,加尼特·沃尔斯利爵士与祖鲁主要酋长进行

---

① "切尔姆斯福德男爵弗雷德里克·塞西杰大约雇用了两千名祖鲁人来做运输工作,其制度与他在阿善堤战争中采用的制度相同。这一做法已被证明是一个巨大的成功,并节省了一笔巨大的运输费用。这些运输工每月得到二十先令的工钱,外加口粮。他们每人一次能携带五十六磅重的物品。这一制度已经引起一些纳塔尔土著特遣部队士兵的不满。他们抱怨说,在祖鲁人与英国人开战之后,政府给了祖鲁人和他们一样的特权。然而,由于这些土著特遣部队士兵所做工作还不及运输工的一半,并且天生爱抱怨,所以没有人理会他们的抱怨。"——原注

了圆满的会谈。达布拉曼齐是国王塞奇瓦约的弟弟，也是祖鲁军队的主要将领。1879年7月11日，达布拉曼齐在切尔姆斯福德堡向克里洛克上校的海岸纵队投降，同时许多首领及其子民一起前来向英国政府投降。贝克·拉塞尔中尉奉命率部从英塔班卡瓦向黑乌姆沃洛西河进发，为更北的奥罕率领的民兵部队提供援助。在维利尔斯上校指挥下，麦克劳德带领下，斯威士兰人渡过了蓬戈拉河。加尼特·沃尔斯利爵士认为南部非洲英军的兵力过多，所以解散了第一师和骑兵旅。克里洛克上校和马歇尔少将也已回国。第一旅第十三团、第一旅第十四团和第十七枪骑兵部队接到命令离开了。一些在殖民地招募的志愿兵部队也被解散。亨利·伊夫林·伍德上校和雷德弗斯·布勒上校动身回国休养。从普利茅斯抵达亚穆纳河的海军陆战部队，到达纳塔尔之前已被调回国。

在英国殖民史上，追捕塞奇瓦约的过程是一个非常有趣的插曲。现在绝不能说祖鲁战争已经彻底结束，因为在这场战争中，将自己的意志强加给这片土地上的人民的独裁者还未抓到，而抓捕他是一项非常困难的任务。祖鲁人认为国王塞奇瓦约是神圣的，所以对他无限忠诚。他逃亡隐匿的那片区域情况十分复杂——森林密布，没有道路，难以进入。最重要的是这里的人民非常敌视英军对国王塞奇瓦约的追捕，他们对这位遭到白人追杀的君主忠贞不渝。尽管如此，追捕最终还是成功了。因此，参与这场追捕的官兵应该获得极大的荣誉。

在乌伦迪组建的追捕塞奇瓦约的部队由巴罗上尉指挥，追捕部队包括龙骑兵卫队、骑步兵部队、朗斯代尔的骑兵部队、诺斯上尉的骑兵分遣队、海耶斯上尉指挥的詹特杰骑兵部队及阿库特下士率领的一队向导。追捕行动持续了十四天。从一个星期二下午开始，追捕部队官兵骑着马进行了二十一个小时急行军，来到佐尼亚玛的克拉尔。追捕部队估计国王塞奇瓦约可能在这里，但塞奇瓦约在前一天已经带着三十个人离开了。追捕部队休息了两小时，接着穿过丘陵起伏的乡村地带，从一座非常陡峭的小山上下来，到达一个克拉尔。塞奇瓦约当天早晨还在这里待过。接着，追捕部队穿过莫纳河，又翻过一座陡峭的小山到达乌姆波帕的克拉尔，塞奇瓦约的踪迹在此完全消失。祖鲁人当然知道国王塞奇瓦约在哪里，但追捕部队无论如何也无法诱使他们说出真相。随后，乌姆波帕——其儿子与塞奇瓦约在一起——被俘，并被带到五英里外他儿子的克拉尔。在这里，追捕部队除发现一些被国王塞奇瓦约宰杀的牛之外，没发现一个人。副指挥官埃德里克·吉福德奉命搜索这片区域，不久发现一个没带任何随从的祖鲁人。于是，埃德里克·吉福德兴奋地去追，但没能抓到他。埃德里克·吉福德后来才知道这个人是被国王塞奇瓦约派去望风的仆人，当追捕部队到来时他要向国王塞奇瓦约发出警报。巴罗上尉召集了四十个祖鲁人并进行问询，但威逼利诱对他们都不起作用。他们对国王塞奇瓦约忠心耿耿，其忠心像高地人对自己的首领一样，又像骑士对他的国王一样。最后，一个祖鲁人意外地提到塞奇瓦约的一个仆人在场。追捕部队下了很大功夫才从这个仆人口中得到一些情报，并让他做出为英国军队正确带路去追捕塞奇瓦约的保证。拂晓时分，追捕部队在乌姆沃洛西河附近进入茂密的森林。在搜寻的路上，追捕部队捡到一些锅碗瓢盆和装水的葫芦，这显然是国王塞奇瓦约及其随从在逃跑时掉的。追捕部队一直走到了河边，但这里已是路的尽头。几只静静地吃草的纰角鹿代表着这里唯一的生命气息。然后，埃德里克·吉福德又被派往八英里外福恩瓦约的克拉尔，他得到消息说，有人看见国王塞奇瓦约的几个女儿从那里经过。再往前五英里是舍马纳的克拉尔，在那里埃德里克·吉福德听到了同样的消息。于是，埃德里克·吉福德率领追捕小分队穿过茂密的灌木丛和深深的草丛——这支小分队只有十一个人，很容易被消灭——终于来到一个克拉尔前。在这里，埃德里克·吉福德听到关于两个姑娘的消息，然后带着两个向导继续小心翼翼地向开阔地带前进，以便阻止塞奇瓦约逃入英坎德拉森林。最后，埃德里克·吉福德率领追捕小分队到达乌姆吉特亚的克拉尔，从这里可以俯瞰一片灌木丛。追捕小分队的士兵认为塞奇瓦约肯定已经进入了森林，这时他们失望的情绪油然而生。直到遇见两个姑娘后，他们才松了一口气。尽管这两个姑娘极力否认，但追捕小分队完全有理由相信她们就是塞奇瓦约的女儿。不久，追捕小分队又抓到了塞奇瓦约的一个仆人，并且在他的包裹里面发现一支做工精良、珍贵的马提尼-亨利步枪。这个仆人承认他在几天前才离开国王塞奇瓦约。追捕小分队在这里休整了一天。扎营的时候,士兵们又抓获一个年轻男子、七个女孩和一个男孩。这些人报告说他们以为塞奇瓦约已经被抓住了,两天前逃离了塞奇瓦约的住处。后来,追捕小分队士兵们获知,在黑乌姆沃洛西河岸扎营时,他们离塞奇瓦约只有三百码,塞奇瓦约的一些仆人认为塞奇瓦约一定会被抓获,所以就逃跑了。第二天追捕小分队要在灌木丛中搜索,所以士兵们不得不夜宿灌木丛,以祖鲁牛肉和祖鲁啤酒为餐。当时,追捕小分队的大多数士兵都认为已经找不到塞奇瓦约了,但埃德里克·吉福德仍然满怀希望。追捕小分队一路敲打着灌木丛往回走到了乌姆波帕儿子的住处,然后烧毁这里的克拉尔并俘获了牛群。主力部队不久也赶到了乌姆波帕儿子的克拉尔。主力部队"采用恰当的劝导策略"从一名祖鲁人那里获得了非常准确的消息。追捕部队要求这个人做向导去抓捕塞奇瓦约,但刚一走进灌木丛,塞奇瓦约就溜走了。追捕部队只发现两个为塞奇瓦约休息而准备的地方,只得再次返回乌姆波帕儿子的克拉尔。乌姆波帕儿子的克拉尔现在已经成为追捕部队的大本营。

　　奥罕手下的两个人走进来向追捕部队表达了他们的忠诚并被任命为密探。据一个小男孩透露,两个密探中的一个人曾经和塞奇瓦约一起在丛林里待过。追捕部队当着所有人的面告诉这两个人,他们这种两面派做法和欺骗行为是完全可以理解的。追捕部队追踪寻迹,深入调查,结果都是徒劳的,因为祖鲁人对国王塞奇瓦约的忠诚简直坚如磐石。无论带走他们的牛群、威胁杀死他们,还是给予他们价值不菲的奖励,追捕部队都无法从他们那里得到塞奇瓦约的消息。一次漫长的追踪、探查结束后,返回途中,追捕部队在灌木丛中意外地遇见一个女人。她一看到白人和枪吓得立刻坦白了国王塞奇瓦约前两天晚上睡觉的地方。黄昏时分,一支追捕小分队来到这个地方,又抓住了兄弟三人。追捕小分队盘问三兄弟,他们不怕死,什么也不说。如果追捕小分队直接杀掉三兄弟,他们只会无辜地死去。在黑暗的森林里,月光和营地的火光照亮了兄弟三人的脸,他们站在追捕小分队士兵面前。审讯、威逼、利诱都毫无用处。最后追捕部队才采取了下面的措施：把其中一个兄弟蒙住眼睛藏在灌木丛后，然后用步枪空打一枪，诱使另外两人相信他已经被打死。此举令其中一个人吓破了胆，说出前一天晚上塞奇瓦约睡觉的地方及第二天早上他见到塞奇瓦约的地方。之后，追捕部队的士兵们将已经掌握的情报告诉被藏起来的那个人，而他的坦白又印证了这一情报。埃德里克·吉福德及其追捕部队带着这两个人离开了营地，天亮时到达塞奇瓦约藏身的克拉尔，却发现里面空无一人。这时，这两个人指出塞奇瓦约逃走的方向。追捕部队顺着他们所指方向赶到乌姆尼姆纳的一个克拉尔，这时才发现塞奇瓦约离前天晚上的追捕部队的宿营地只有五英里，而且在那里停留了一天才离开。因此，绝对有必要十分隐蔽地包围塞奇瓦约宿营附近的地方，因为塞奇瓦约的藏身之处应该就在森林旁边，只要一有风吹草动，他会立刻逃进森林里，这样就更难追捕他了。龙骑兵已经离这个地方很远了，于是埃德里克·吉福德给马特少校送了一封信，提醒他注意森林附近的几个关隘。马特少校通过询问祖鲁人查明了塞奇瓦约的下落，于是立即做出部署以阻止塞奇瓦约逃跑。在塞奇瓦约毫无察觉的情况下，他所在的克拉尔已经被追捕部队包围。纳塔尔土著特遣部队的士兵们呼唤着，想让塞奇瓦约出来投降，但塞奇瓦约没有理会。马特少校喊话时塞奇瓦约才走出来。当地人向他伸出双手，塞奇瓦约很有尊严地向他们招了招手才向马特少校投降。塞奇瓦约要求立即枪毙他。但得到的答复是，如果他没有抵抗，就要保证他的人身安全。接着，马特少校的部队迅速上马出发，押送塞奇瓦约和他的四个女人前往乌伦迪。1879年8月29日早晨，乌伦迪当局派出一辆八匹骡子拉的救护车来到黑乌姆沃洛西河带走了塞奇瓦约。塞奇瓦约抱怨道路过于颠簸，他们的确走了很长一段路。

莱森特先生提供了上述内容，当时他是埃德里克·吉福德及其部队的翻译官。下面是马特少校对抓捕过程的有趣叙述。1879年8月27日，星期三，天亮时马特少校率部离开克拉克上校在黑乌姆沃洛西河的纵队，因为科利将军传来消息说，塞奇瓦约正逃往伊格诺姆森林。马特少校的部队包括龙骑兵卫队、普莱什上尉率领的巴顿上尉麾下的一个土著连、温格中尉率领的十名非正规骑兵、经常做翻译的年轻人及四名向导。马特少校派人去威胁祖鲁人说，如果他们不提供有关塞奇瓦约的情报并帮助抓捕塞奇瓦约，他会下令烧毁他们的克拉尔、抓捕他们、掳走他们的牲畜，在塞奇瓦约被抓之前不许他们种地。睡了一夜后，马特少校从一个叫乌兹利洛的祖鲁人那里得到一个间接提示。乌兹利洛说他从乌姆波帕的克拉尔来，他听到"风朝那边吹"的声音——他所指的方向就是后来塞奇瓦约被抓住的地方，但英军最好走"那条路"——乌兹利洛指向东北——这样才能顺利到达那里。这对马特少校来说已经足够了。马特少校还收到了埃德里克·吉福德送来的信，信中说他又追踪到了塞奇瓦约，预计当天晚上就能抓获塞奇瓦约。在信的结尾，埃德里克·吉福德强调自己已经发现了塞奇瓦约的踪迹，希望得到协助。马特少校小心翼翼地上山。接近山顶时，马特少校来到一个克拉尔跟前。在等待向导回答问题时，其中两个向导不声不响地往前走，并把马特少校及其部队带到了伊格诺姆森林中的最高处。从一个险峻的地方向下看这座山近一千五百英尺高。来到一个长满长草的空地上时，向导们举起手示意部队停止前进。然后，马特尔少校和他的翻译模仿着向导的动作爬了五十码。他们向下看到一个大约有二十个棚屋的小型克拉尔。这些棚屋都用栅栏牢固地围了起来。克拉尔设在略高的中心位置，三面都是被森林覆盖的陡坡，只有西南方是开阔的。这是塞奇瓦约藏身的地方。马特少校立刻设计了一个包围克拉尔的方案。土著士兵脱光了衣服，只带着步枪、长矛和弹药筒，走下左边的斜坡，再悄悄地绕过前面，穿过开阔地带，以便及时接应龙骑兵。龙骑兵牵着马往下走，试图找到所有可以进入克拉尔的路。经过一番搜寻，龙骑兵找到一条可以进入一个小山沟的路并非常小心地走到了尽头。1879年8月28日13时45分，马特少校率部离开山顶并于15时抵达山脚下。其间，马特少校的部队损失了两匹马，几名士兵受了伤。士兵们都说这是最可怕的任务，因为他们要穿过茂密的森林，有时还要从几英尺高的岩石上跳下。然而，"结果好一切都好"。这样的结果值得英军付出代价。幸运的是，士兵们可以隐藏在离克拉尔只有六百码的地方。马特少校率部再次登上了山。吉宾上尉的部队排成一列纵队向右前进，戈斯登的部队向左前进，然后都全速奔向克拉尔。在克拉尔里的人觉察之前，英军就可以包围克拉尔。土著士兵首先穿过开阔地带，与此同时其他人全部跟在土著士兵后面。克拉尔里所有人都带着武器，但他们立刻受到警告——如果有人开枪，他们立刻会四面受到攻击，克拉尔也会被烧掉。最后，克拉尔里的人很不情愿地投降了。马特少校下了马，在翻译和几个龙骑兵的陪同下走进克拉尔，并问塞奇瓦约在哪里。留在塞奇瓦约身边的最后一个首领乌姆科扎纳指了指另一头的一间小屋，马特少校立刻走过去让塞奇瓦约出来。塞奇瓦约拒绝出来，他让马特少校他们进来。塞奇瓦约想知道指挥官的军衔并要求马特少校开枪杀死他。接下来是一番毫无意义的讨价还价和浪费时间的愚蠢行为。直到马特少校威胁说如果塞奇瓦约不出来就把克拉尔烧掉时，塞奇瓦约才出来。塞奇瓦约出来说的第一件事就是，如果马特少校不从山上下来就永远抓不到他，因为他在平原上有密探。塞奇瓦约认为，除祖鲁军队以外其他任何军队都不可能从后面的悬崖上下来。塞奇瓦约被告知他将得到英国政府的赦免，但他必须作为俘虏随英军一起去乌伦迪。除了塞奇瓦约和乌姆科扎纳，英军还抓获了克拉尔的头目、六个男仆、一个男孩、五个女人及一个女孩；缴获四支马提尼-亨利步枪、许多弹药筒、十四支其他类型的枪；找到第二十四团士兵的许多遗物及塞奇瓦约的许多炊具和卧具。塞奇瓦约故意慢吞吞地走着，试图尽量拖延时间。

进入乌伦迪时，六名龙骑卫兵、土著特遣部队和第六十团的一个连走在前面，然后是三名龙骑卫兵，龙骑卫兵中间是塞奇瓦约。加尼特·沃尔斯利爵士没有去见这位最后的祖鲁国王，因为他拒绝并蔑视所有提议。塞奇瓦约没有被当作被俘的国王来对待，而只是被视为一个不服从法律和法令的逃犯。休息片刻之后，押送塞奇瓦约的部队又出发了，看上去是要经洛克渡口前往彼得马里茨堡。然而，走了没多久，一个信使带着加尼特·沃尔斯利爵士的命令疾驰而来。加尼特·沃尔斯利爵士命令部队全速前往杜恩福德堡。到达夸马加萨时，塞奇瓦约说："这不是去图盖拉的路。"他立刻意识到自己必须要过海。自

塞奇瓦约被英军抓获

此塞奇瓦约变得忧郁而心不在焉。在整个旅程中，他始终保持着特有的平静和尊严。到了杜恩福德港，一艘小艇已经备好，塞奇瓦约一行被小艇送到一直等候的"纳塔尔"号轮船上①。大海波涛汹涌，塞奇瓦约不得不手脚并用爬上甲板，而他的一个子民被大海上的恐怖景象吓倒了，仰面躺在小艇上，还做出一个表示"宁可被杀死"的手势。炮艇"福里斯特"号护送"纳塔尔"号到西蒙湾，然后从西蒙湾再到桌湾。塞奇瓦约和他的妻子们在桌湾登陆并被送到开普敦城堡。最后，最后一位祖鲁国王——塞奇瓦约——被关进了这里的监狱，塞奇瓦约的统治生涯及其民族独立就此结束。南非最伟大、最强大的统治者塞奇瓦约曾与英国对抗，但以失败告终。长久以来，祖鲁人很珍惜自由，现在随着塞奇瓦约被俘，他们的一切希望都破灭了。

塞奇瓦约身材魁梧，英俊潇洒，仪表堂堂。他四肢高大，胸部宽阔匀称，眼睛又大又亮，面容显得聪明而不张扬。塞奇瓦约享受着充足的食物，拥有完善的安保，不存在任何被杀的可能。他承担了坎布拉战役的全部责任。不过，他声明，乌伦迪战役违背了他的意愿，那是由于他麾下的年轻人没有下定决心，

---

① 塞奇瓦约是最后一个登上舷梯的，他像其他人一样爬了上去。登上甲板上时，他发出一声叹息，究竟是沮丧还是宽慰，我们不得而知。他不愿靠近船舷，而是站在甲板上紧紧抓住军官的手，以便站稳。有人让他往外看锚的重量，但他拒绝了，尽管他对船上的许多东西都表现出了孩子般的好奇心。各种各样的用品，如毯子和垫子等，都被带上了船。塞奇瓦约有两张睡觉用的垫子和两条军队提供的毯子，其他男人和女人各有一张睡垫和一条毯子。囚犯们很快适应了船上的环境，对看到和听到的一切都表现出极大的兴趣。在船尾甲板的前半部分，船员搭起了一个大约十二平方英尺大的凉亭。这个部位震动较小，但风很大。塞奇瓦约的女人和仆人都被安排在凉亭里和他们的国王待在一起，而且尽可能让他们感到舒服。上船后不久塞奇瓦约就去了凉亭，直到第二天才出来。这时，军官们带他穿过轮船。他对看到的许多东西表现出极大的惊讶和钦佩，尤其对机器感到很惊讶。他不愿下到轮船机舱，而是说了一句奇特的卡菲尔语："嚯！"他对白人的所有事物表现出很惊奇的样子。他不知道船舱里的许多设备如何使用。尽管他相信别人讲述的这艘船是怎么造出来的、花了多少钱等内容，但对他来说，造船过程是非常神秘的事情，而花费的金钱数量则像神话一般。关于这艘船，他问的第一个问题是它有多大年纪及"它花了多少头牛的代价"。他非常反对去好望角，因为他的密探和信使曾对好望角做过特别恶毒的描述。塞奇瓦约表达了自己听天由命的态度。他说，一开始他就知道战争会像现在这样结束，而他自己也会成为受害者。他责怪麾下的年轻人，因为一开始他无法控制他们。他还责怪英国人把战争拖延到现在才结束。——原注

塞奇瓦约被送上"纳塔尔"号轮船

没有试图再次用刀剑决出最后的胜负。现在，塞奇瓦约的权力已经丧失。他嘲笑那种认为在英国统治下南非可能爆发更多战争的想法。

1879年9月1日，与六年前塞奇瓦约当上国王是同一天，加尼特·沃尔斯利爵士召开了一次盛大的会议。永远不能实现的诺言的周年纪念日①变成了赎罪日，这是罪有应得。两百名祖鲁人坐在离加尼特·沃尔斯利爵士的帐篷几步之遥的地方，尽管祖鲁人天生健谈，但现在的气氛死一般沉寂。祖鲁首领们排成长长的四排，主要首领坐在最前面，全神贯注地听着决定他们国家及他们自己命运的讲话。1879年9月1日16时30分，加尼特·沃尔斯利爵士离开帐篷。当他走向与会人员时，人们举起手来迎接他，并高呼"恩科西"②。加尼特·沃尔斯利爵士倚着剑柄，平静地注视着这个被征服国家的代表们——他们聚集在一起，倾听着这个国家的厄运。西奥菲勒斯·谢普斯通爵士把加尼特·沃尔斯利爵士的发言逐句翻译成了祖鲁语，内容如下：

> 六年前的这一天，即1873年9月1日，塞奇瓦约加冕成为你们祖鲁人的国王。而在昨天，你们亲眼看到塞奇瓦约已被押解离开此地，而且再也不会回到祖鲁兰。在塞奇瓦约加冕的那一天，他虽然承诺将要遵守相关法律，但从来没有兑现自己的诺言。塞奇瓦约的国家将被划分为不同的首长国，我希望塞奇瓦约的结局能对你们这些首长起到警示作用，你们不要步他的后尘，而要根据英国女王亚历山德拉·维多利亚陛下的命令和要求行事。任何人有所违背，亚历山德拉·维多利亚女王陛下都将严惩不贷。亚历山德拉·维多利亚女王陛下非常重视南非各种族的利益和福祉。她渴望祖鲁这片土地上的土著人能像纳塔尔殖民地的居民一样，努力发展经济，使祖鲁呈现纳塔尔这样的繁荣局面。亚历山德拉·维多利亚女王陛下会宽容那

---

① 1873年9月1日，塞奇瓦约加冕成为祖鲁人的国王。当时，他承诺遵守法律。——译者注
② "恩科西"是南部非洲对有名望的人的尊称。——译者注

些因无知而犯的错误。但正如我所说，尽管亚历山德拉·维多利亚女王陛下会宽大处理因无知而犯错的人，但那些坚持背叛充满善意的政府及破坏和平的人肯定会像塞奇瓦约一样受到惩罚。正如你们所知，亚历山德拉·维多利亚女王陛下住在离祖鲁人很远的地方，但她的力量非常强大，她将要惩罚那些违背她的命令而夺去别人生命的人或发动战争的人，而且她完全能够做到。塞奇瓦约因一些微不足道的罪行而杀害他的子民，没有给他的子民任何为自己辩护的机会，也没有给他的子民一个公正的审判，这种做法必须终止。将来，轻罪将被处以罚款。塞奇瓦约控制着一支数量庞大的军队，并且未经他允许他的士兵不得结婚。今后，年轻的士兵只要有足够的钱养活妻子，并且得到女孩父母的同意，就可以随时与喜欢的人结婚。凡不遵行这条律法的人，必由酋长处以罚款。祖鲁兰地区几乎完全被英国女王亚历山德拉·维多利亚陛下统治的领地包围，所以不会受到任何威胁，因此也不需要一支庞大的军队。今后英国政府不允许祖鲁人进口枪支弹药，也不允许任何祖鲁人拥有枪支弹药，更不允许任何军火商在祖鲁海岸登陆，以防假借商品名义将武器带入祖鲁兰。英国政府鼓励年轻人参加劳动，允许他们来去自由，因为只有通过劳动才能使他们生活富裕。塞奇瓦约鼓励巫术，但我希望酋长们能放弃这种做法，让这一荒谬而愚蠢的行为终结。塞奇瓦约通过巫术杀死了许多人，人们的生命和财产都不安全。每一个酋长在签署这份协定之前都必须清楚，在授予酋长权力之前，不经公正审判，不允许任何人带走酋长所辖的子民，而且允许被告传唤其证人。年轻人可能已经不记得了，但在军事制度引入之前，夏卡古老的法律和习俗一直保持着良好的状态。我所说此类事情并非什么陌生的东西。我打算让一名英国军官作为常住居民留在祖鲁兰，承担起英国政府耳目的作用，以便照看这里的人们，确保法律得到遵守，督促酋长们公平、公正地进行管理和统治。我知道，仍有相当数量的步枪、大炮及牛还散落在祖鲁各处。我相信，那些希望与英国女王亚历山德拉·维多利亚陛下和睦相处的酋长们定会将其毫无保留地带来并交还给英国居民。

  酋长们很清楚，依据塞奇瓦约的战争规则和征服规则，祖鲁兰现在属于英国女王亚历山德拉·维多利亚陛下。英国女王亚历山德拉·维多利亚陛下在非洲已经拥有足够多的土地，她让我作为她的代表任命一些酋长来管理即将指定给相应酋长的地区。当选的酋长们必须记住，这是一种恩典，而我现在把领地划分给不同的酋长进行管理，只不过是塞奇瓦约以前没有做的事情。你们这些酋长很清楚，英国的法律、宗教和习俗与祖鲁人的大不相同，亚历山德拉·维多利亚女王陛下也不想把这些东西强加给祖鲁人。祖鲁人要遵从有关法律和习俗，但遵从的应该是夏卡之前的优良而古老的法律和习俗。生命和财产必须受到保护，未经公正审判不得剥夺任何人的生命。在宗教方面，我们并不想强迫祖鲁人接受我们的宗教信仰，也不会鼓励祖鲁人从事传教之事，因为这既不符合酋长的意愿，也不符合将与酋长共同生活的人们的意愿。英国政府坚决阻止白人在这片土地上定居，不允许或承认任何土地买卖、转移或转让。我认为这是非常重要的一点，因为在许多情况下，白人会说土地是他们从祖鲁人手中购买的，从而会引起非常严重的纠纷。因此，如果传教士确实来到某一酋长的领地并希望与当地人们共同生活，他所能拥有的只能是用来建造房屋和花园的一小块土地，但无论传教士做什么都不能对祖鲁人不友好或疏远祖鲁人，因为祖鲁人才是这片土地真正的主人。我很遗憾地看到我打算任命的一些人今天没有出席会议，但今天出席的一些人现在要签署一份协定，这份协定的主旨我已经告诉大家，其副本将交由每一位酋长保管，我也将保留一份相同的副本。各位酋长的领地边界将会被告知，之后由专门官员进行明确界定。

现在让我们继续关注英军的相关情况。克里洛克上校指挥的第一师（即海岸师）在战场上并没有遭到祖鲁人的对抗。他的部队在祖鲁兰的南部海岸建立了一系列防御工事，在杜恩福德港建立了一个新的补给基地，从这里向在乌伦迪作战的部队提供补给。除了肃清海岸地区的祖鲁散兵，克里洛克上校的部队还摧毁了祖鲁军队在恩潘盖尼的克拉尔以及塞奇瓦约在昂迪尼的旧克拉尔。到1879年7月6日，从图盖拉河到圣卢西亚湾，祖鲁所有大酋长及其子民都归顺了英国。皮尔逊上校率领的第一师不仅赢得了英根纳恩战役的胜利，而且在埃科韦勇敢作战三个月。第一师遭受的疾病折磨比其他部队更严重。克里洛克上校的告别致辞如下：

1879年7月17日

加尼特·沃尔斯利爵士向驻南非的英国军队做出通告，亨利·伊夫林·伍德上校和雷德弗斯·布勒上校即将离开祖鲁兰返回英国，加尼特·沃尔斯利爵士要公开表达对他们的高度赞扬，赞扬他们在作战中的突出表现。他们优良的军事指挥能力和坚持不懈的战斗精神有力地促进了战争的结束。游击部队作战取得成功，很大程度上要归功于亨利·伊夫林·伍德上校的军事天赋，归功于他在指挥中建立的令人钦佩的作战体系，归功于雷德弗斯·布勒上校在执行亨利·伊夫林·伍德上校精心构思的作战计划时所表现出的热忱和活力。

亨利·伊夫林·伍德上校提出，如果天气允许，他第二天将前往彼得马里茨堡。在向各级官兵道别时，亨利·伊夫林·伍德上校要对各级官兵始终如一的支持表示真挚的感谢。亨利·伊夫林·伍德上校因其游击部队的成功作战而获得上级的嘉奖，他认为自己获得的荣誉是战友们英勇作战及坚持不懈地忠于职守的结果，他永远不会忘记游击部队的战友们。

以下是两位杰出的军官在战争中下达的部分命令：

"组成第一师的骑兵连和海军旅必须确信，它们在战争早期阶段的英勇表现可能已经削弱了祖鲁军队在这一地带的作战力量。"

"部队受到疾病、发烧困扰而日渐削弱。在如此艰难的情况下，你们坚持不懈，干劲十足，成功地完成了切尔姆斯福德男爵弗雷德里克·塞西杰下达的任务。在海军准将理查兹和海军旅的大力协助下，你们在德恩福德港建立了登陆点，保证了英军纳塔尔作战行动的顺利进行。"

"第一师的士兵们和水手们，感谢你们所有人的良好表现和辛苦付出。这里对人类和动物都很致命的气候使许多官兵丧生，使你们失去了许多亲密的战友，我对你们表示深切的同情。我们在许多方面还有很大的困难需要克服。"

"我衷心地祝愿大家能够再次见面，祝愿你们万事顺利，马到成功。你们对亚历山德拉·维多利亚女王陛下的忠心将会引领你们走向更大成功。"

如果深入探究维利尔斯上校和贝克·拉塞尔中尉所率部队的作战行动，已经毫无意义。玛哈柏林和马古利辛的其他首领投降后，曼扬约巴也向卢内堡的英军指挥官提出了投降条件。北方大战之后剩下的零星战火很快就被扑灭。1879年9月，祖鲁兰被英国彻底征服。9月1日，约翰·邓恩、乌姆盖纳、乌斯比洛、乌姆西索布、索姆克鲁、贡齐签署了接受酋长职位的协定；奥罕和其他人的酋长任职于第二天宣布。协定中的主要条件是，酋长们应该尊重划定的边界；废除军事制度；允许所有男性按照自己的意愿结婚和劳动；禁止进口武器；未经公正审判不得处死任何人；停止巫术；移交英国领地的在逃罪犯；未经政府批准，不得发动战争；禁止出售或转让土地；祖鲁人与英国人发生纠纷时，应提请仲裁；酋长的继承须由英国政府批准。

以下是1879年9月1日所有新任命的祖鲁兰酋长在乌伦迪分别签署的一式两份的协定和条款的准确总结，序言和结尾都是逐字逐句摘录，条款和条件是原文内容的概述。内容如下：

我承认英国军队战胜了祖鲁民族，并承认亚历山德拉·维多利亚女王陛下，即英国女王兼印度女皇，完全有权力和资格以她认为适宜的方式与祖鲁酋长、祖鲁人及祖鲁国家进行交往。我同意并签署此协定，接受加尼特·沃尔斯利爵士既是维多利亚女王陛下的代表，也是祖鲁兰领土的最高领袖。

以下为简述的条款、条件和规定：

加尼特·沃尔斯利爵士规定的条款、条件和限制，我同意并接受对酋长国提出的下述条款、条件和限制。

一、遵守并尊重英国政府根据辖区居民所划给我的任何领土的边界。

二、我的领地内不允许存在祖鲁军事制度，也不允许存在任何军事制度或组织；宣布并规定，熟悉且遵循祖鲁人在夏卡建立军事制度之前的良好而古老的习俗；所有人可以按照自己的意愿结婚，允许并鼓励所有生活在自己领地的人自由往来，可以在纳塔尔或德兰士瓦或其他地方工作。

三、不得从任何港口、内陆或海岸进口枪械及其相关物品，也不允许任何人以任何理由进口枪械及其相关物品，禁止弹药等进入自己的领地。一经发现，英国政府坚决没收并对其物主或相关人员处以巨额罚款或其他可能的严厉处罚。

四、未经酋长召集会议审判，不允许以任何借口处死任何人，更不允许巫术或巫医存在。允许酋长在场的情况下公平、公正地质询证人。

五、交出英国政府要求的所有在逃逃犯，阻止他们进入祖鲁兰。如果他们进入祖鲁兰，酋长及其子民必须竭尽全力抓捕他们。

六、未经英国政府批准，不得召集该领地居民向任何其他酋长发动战争。

七、酋长的继承由旧有的法律和习俗决定，并报英国政府批准。

八、不得出售或转让土地。

九、允许居住在该领地的所有人在承认其权利的情况下继续居留，并允许任何希望离开的人离开。

十、涉及英国人的所有争议案件，由英国人提出上诉并由英国政府做出决定，在其他案件中未经英国人认同，不得处罚英国人。

十一、除了上述所述情况，若有其他不确定的情况，暂根据旧有法律法规进行管理并做出决定。

我在此承诺并郑重保证，我将根据文件或文件精神无条件、毫无保留地遵守并尊重这些条款、条件和规定。

签字人：酋长XXX（按手印）

签字人：加尼特·沃尔斯利爵士（按手印）

签字地点：乌伦迪

签字时间：1879年9月1日

备注：

指挥南非英军的将军兼非洲东南部高级专员约翰·谢普斯通爵士签字，这表明他做出了正确解释，并完全了解加尼特·沃尔斯利爵士签署文件的内容。

1879年9月12日，H.H.克利福德少将得知，维利尔斯上校和贝克·拉塞尔中尉率领的部队巡逻马库图斯后，发现四周一片寂静，他们的部队即将解散。奥罕在惠尔赖特的陪同下回到自己的领地。惠尔赖特被任命为常驻祖鲁兰的英国代表。蒙格利尔被赶出了山洞，他的牛也被掳走了，而他的哥哥已经在卢内堡投降。第二十四团的两个连奉命在萨达纳扎营，清除营地的最后残留物，掩埋了地面上剩下的所有尸体并在阵亡士兵的坟墓上竖起石制纪念碑。祖鲁人交出了五千多支枪，加尼特·沃尔斯利爵士彻底完成了自己的工作。英军被派往塞库克因。加尼特·沃尔斯利爵士亲自前往德兰士瓦，平息那里居民的不满，同时建立一个稳定的政府。此事无须赘叙。

随着祖鲁战争的结束，这本书也要结束了。关于祖鲁兰事务的政治整合，英国政府的指示无疑得到了无条件的遵从。从军事角度来看，祖鲁兰这片领地是自治的，酋长们和他们的族人都愿意构成一道屏障来防止外族的入侵。约翰·邓恩是基督教的背叛者，他以祖鲁人的身份享受着一夫多妻的生活，但他在这片土地上的影响力非常大，所以约翰·邓恩被任命为祖鲁兰东南部的酋长。之后，约翰·邓恩采取的第一项措施就是禁止所有传教士在其统治的领地内进行传教活动。在索拉亚边境附近一直延伸到德拉肯斯山脉的那块领地，英国政府任命胡布利为酋长，他对英国政府的忠诚是毋庸置疑的。奥罕的领地位于蓬戈拉河和黑乌姆沃洛西河之间。已废国王塞奇瓦约的重臣明亚马，其领地在奥罕领地附近。英国政府希望明亚马不会策划阴谋，鼓动奥罕坐上自己哥哥塞奇瓦约的王位。英国政府让祖鲁酋长拥有各自的领地，诠释了"祖鲁人的祖鲁兰"这一口号，但无知的偶像崇拜已经像枷锁一样钉在了人们身上。传教事业不受鼓励，甚至被禁止，而部落统治的所有弊端实际上都持续存在。有人说，新的制度实现了丁尼生在《洛克斯利大厅》对这个国家描述的情形，虽然有些自负，但非常准确。描述内容如下：

这片大地上从未有过商人涉足，天空从未有过欧洲旗帜飘扬。

鸟儿从光秃秃的林地飞过，拖车一样的房屋在悬崖边上摇摆。在我看来，生活在这片大地上比一切更美好。狭隘的激情不再有存在的机会和呼吸的空间。

野蛮的祖鲁妇女将被带去养育性情温和的种族，一夫多妻制得到英国政府的批准。不过，英国政府禁止传教士一夫多妻。奇怪的是，这一切都是英国埃克塞特大厅派狂热分子努力的结果。他们从一开始谴责亨利·巴特尔·弗里尔爵士和殖民者，赞扬不信仰基督教的祖鲁人，并极力反对任何侵占祖鲁人领土的行为。英国政府对祖鲁人不信仰基督教的容忍既是一种错误，也是一种犯罪，如果不及时制止，必将导致灾难性后果。

附录 1

历史经常重演,这是一条定律。因此,在像当前这样的政治危机中,当亨利·巴特尔·弗里尔爵士对南非土著部落的政策受到本国政府的谴责时,我们对历史的研究便变得特别有用。当野蛮遇上文明,世界各地都会上演悲剧。清教徒的先驱们从"五月花"号登陆北美,他们的遭遇非常悲剧。荷兰人之于爪哇原住民,英格兰人之于毛利人,法兰西人之于新喀里多尼亚人,其遭遇亦是如此。在世界上任何地方,只要在野蛮人中进行殖民开拓,其间一定会伴随战争,否则殖民地就不会获得安宁、取得进步。1652年,荷兰人在桌湾海岸建立殖民地,这既不是他们的兴趣使然,也不是他们的一时愿望。然而,不这样做是不行的。虽然荷兰人当时只需要一个出海船和返航船停靠的地方,但很快可以看出,无论是作为一种成功的防御措施,还是保护手段,荷兰人都必须长期占领这片已征服的领土。霍屯督人是欧洲人在南非的第一个对手,而卡菲尔人——他们本身就是入侵者——是欧洲人在南非的第二个对手。卡菲尔人是职业强盗,从事有组织的劫掠活动,不断骚扰殖民地边境的农民。

卡菲尔人对抗英国的战争悲剧的第一幕发生在1811年。当时,卡菲尔人不断进行掠夺。英国殖民者不得不在击退卡菲尔人或放弃领地之间做出选择。放弃领地的主张在纳尔逊和威灵顿的国民中不受推崇。因此,格雷厄姆上校奉命率领一支英军上前线。随行的地方官斯托克·恩斯特罗姆骑马来到一群土著人前，极力争取和平，结果斯托克·恩斯特罗姆被杀，与他同行的十四个人也惨遭杀害。当然，卡菲尔人也因此受到了惩罚。然而，这就好比一条蛇只是被惊动了而没有被杀死，定会后患无穷。1816年，殖民地边境的农民惨遭土著掠夺。于是，边境农民被迫向政府声明，除非得到有效的保护，否则他们将不得不放弃自己的农场。于是，1817年4月，查尔斯·萨默塞特勋爵与盖卡和其他大酋长举行了一次庄重的会议，并签订一项严肃的和平协定。后来，和平协定沦为了闹剧，这一定给野蛮人带来了极大的乐趣。盖卡非常乐意地做出保证——无论如何，这样做都没有任何困难。今后，人们将坚持诚信与正义，对于失盗的牛，只要找到盗牛人，就要追究其责任，而且要立即索赔。卡菲尔人将大量礼物送给这位"至高无上"的酋长，然后用牧师威廉姆斯先生的话来说就是，"盖卡就像个小偷一样，立刻逃到卡特河的对岸"。劫掠活动很快重新活跃起来，赔款的规定几乎成了与和平协定一样的大笑话。1818年，缇斯兰姆比酋长断然拒绝归还追查到他畜栏的牛。后来，为了拖延时间，他答应归还。当然，他违背了自己的诺言。政府又一次被迫面对战争，这次是一场严肃的较量。在科菲兰进行军事行动时，同犯的酋长们躲在英军后面攻入小的军事哨所，并且破坏了边境地区。在巫医马卡纳和林克斯的煽动下，九千名野蛮人猛烈袭击了格雷厄姆镇的英军总部。政府孤注一掷，经过战斗，才挽救了这个小镇。不久之后，政府和卡菲尔人又签订了另一项严肃的协定。该协定规定，所有卡菲尔人都应该搬离大鱼河和克斯卡玛河之间的土地，这片土地应该保持中立并空置。正如往常一样，卡菲尔人很快嘲笑并违反了协定。英国政府总是把卡菲尔人看作可敬的交战者，把不幸的殖民者看作贪婪、无耻之人。一方面是真理与正义，另一方面是所谓的博爱主义，两者之间形成了一种令人惊讶的割裂，因此开普敦殖民地的人民不得不承受这种异乎寻常的无知与愚昧带来的沉重而痛苦的惩罚。虽然战争过程非常简单，但人们必须记住，南非卡菲尔战争是由各种因素导致的一场悲剧，各场战役之间间隔长短不一。英国与塞奇瓦约的战争，大体上与盖卡、缇斯兰姆比、丁冈、克雷利及桑迪利的战争本质相同。经过艰苦的努力，野蛮的浪潮周期性地回落了。如果当时采取了明智的建议，1835年的战争就会成为最后的战争，但英国政府出手干预了。正是由于当时英国政府采取了极其糟糕的愚蠢政策，才导致了1846年和1852年的战争。我希望在这篇文章及以后的其他文章中，特别提请读者注意这种干预和这种干预政策。本杰明·德班爵士在1836年扮演的角色后来由亨利·巴特尔·弗里尔爵士在1879年扮演。格莱内尔格·查尔斯·格兰特勋爵曾经宣称"在战争后期，卡菲尔人有充分的正当理由"。他的角色似乎很有可能由现任亚历山德拉·维多利亚女王陛下殖民地大臣扮演。

附录 2

1835年的卡菲尔战争对殖民者来说极其糟糕。不久，哈里·史密斯上校（后来的哈里·史密斯爵士）写道："这片土地上充满了丧父孩子和寡妇的哀歌。由于野蛮人对分散居民的攻击，人们为了和平安宁几乎只从事畜牧业。这种可怕的事情已经给我留下了不可磨灭的印象。比起我现在所看到的一切，我从军三十年以来目睹的其他事情都是微不足道的。"卡菲尔人这次和从前一样都是入侵者，掠夺是他们发动战争的主要动机。十五年前，英国曾将五千名臣民安置在开普敦殖民地的边境地区进行开拓，然后防御和保护这片领地便成了英国的责任。在付出巨大努力和遭受巨大损失之后，战争终于结束了。作为战争的光荣成果，至少有一万五千名芬果人从残酷的囚禁中被解救出来。解除他们奴役之苦的"摩西"就是本杰明·德班爵士，正是这位睿智而开明的总督吞并了阿德莱德王后的领地并决定把得到解放的芬果人安置在这片土地上，以形成"阻止卡菲尔人进入大鱼河沿岸丛林的最好屏障"。这片广阔的丛林是卡菲尔人无法逾越的，只有英国和殖民地军队中最优秀的人才能通过努力得到这片土地。

在整个1835年战争期间，一小部分殖民者曾有试图毒害英国统治者的想法。这些殖民者的理由基于一些不真实的事情，其中包括殖民者的暴力导致了

阿德莱德王后

卡菲尔人的暴力及卡菲尔人中大多数从来没有冒犯过英国等断言。这些殖民者甚至利用关于辛扎没有参战的谎言，误导了格莱内尔格·查尔斯·格兰特勋爵，使他非常关心这位酋长的死亡细节，从而诱使他使用了后来被迫收回的一些言辞。一场由先入为主的思想助长的偏见之火，在英国国内不断引向偏袒卡菲尔部落的思想倾向——实际上偏袒了所有野蛮人。这几乎不费吹灰之力就能变成一场熊熊燃烧的愤怒之火。有人在南非孜孜不倦地努力并持续不断地争取最糟糕的结果。许多心地善良、有偏见的人可以被称为"埃克塞特大厅派"。他们猛烈地抨击殖民者。不幸的是，格莱内尔格·查尔斯·格兰特勋爵也加入了他们的行列。他显然认为，为人道主义付出的努力只应归功于野蛮人，而不应归功于殖民者。格莱内尔格·查尔斯·格兰特勋爵可恶的愚蠢成为对殖民者与卡菲尔人造成最严重伤害的因素。本杰明·德班爵士完全掌控了局势，从而证明他是一个诚实而明智的管理者。不过，本杰明·德班爵士被完全忽视了，他的政策遭到了最具侮辱性的诬蔑，取而代之的是纸上谈兵的理论家们的感性想法。在1835年12月28日的一份电报中，格莱内尔格·查尔斯·格兰特勋爵为卡菲尔人辩解，而对本杰明·德班爵士和殖民者进行了严厉谴责。格莱内尔格·查尔斯·格兰特勋爵说："在殖民者和殖民地政府对卡菲尔人采取的行动中，经过漫长的数年时间，卡菲尔人有充分的理由为后来的战争辩护。无论希望多么渺茫，卡菲尔人完全有权冒险去尝试用武力夺回他们以别的方式不可能得到的补偿。因此，英国政府的明智做法是必须放弃以克斯卡玛河和凯伊河为界的新领地的主权主张。因为这一主权建立在一场战争导致的征服之上。在这场战争中，我目前能判断的是，最初的正义在被征服者那边，而不是在征服者这边。"开普敦殖民地总督本杰明·德班爵士因为把卡菲尔人称作"无可救药的野蛮人"而受到严厉谴责，卫斯理派传教士也受到了谴责。英国殖民者不得不将大鱼河和布法罗河之间的所有土地移交给卡菲尔人，尽管大鱼河和克斯卡玛河之间的土地早在1819年已被盖卡割让给了开普敦殖民地，这就表明这不是最近战争中征服的土地。从军事角度来看，这种做法极其愚蠢，从乔治·托马斯·纳皮尔的军事秘书查特斯少校所做的边界描述中可以明显看出这一点。这位能干的军官说："边境线对卡菲尔人很有利，分布着一片茂密的丛林——平均宽度约五英里。其间深沟峡谷纵横交错。除了卡菲尔人和野兽，大部分地带别人无法进入，而且这些地带沿着曲折的大鱼河占据了大约一百英里的边界。因此，整个英国军队都不足以保卫这片边界。"事实上，这片土地可以比作卡菲尔人的铜墙铁壁，或者坚不可摧的要塞群。在1845年和1852年的战争中，为了夺回这片土地，英国人和殖民地的人们不得不牺牲很多人的生命。然而，有些人的狂热和偏见总是不会受到批驳。"流血牺牲代代传"这句话在历史上屡见不鲜。因此，当滑铁卢战役的老兵、英勇的英国士兵本杰明·德班爵士为了履行自己的职责而被解职时，格莱内尔格·查尔斯·格兰特勋爵不以为然地写道："你向我宣布放弃阿德莱德王后领地，并要求我承担你预测的由此而来的一切严重后果。我完全准备好了在这个时候承担自己的唯一责任。"

我们很难找到足够有力的语言来抨击格莱内尔格·查尔斯·格兰特勋爵卑鄙政策的背信弃义和愚昧无能。某片土地被开拓为殖民地，这里的土著为了获得保护而效忠殖民者，所以英国政府后来将五千名英国移民安置在开普敦殖民地的边境地区。边境内外的野蛮人的数量远远超过英国臣民，他们有组织地派出劫掠队伍破坏这片土地，导致边境农民变得非常贫困。正是这些野蛮人发动了战争。为了免遭劫掠，殖民者最后必须要做的是，要么击退侵犯者，要么放弃这片土地。我们一定要记住，这件事不是移民占领一片土地后向英国政府寻求保护，而是英国政府首先确立了主权后才把移民送过去。"英国付出了巨大的努力，同时付出了鲜血和财富的巨大代价，才将野蛮人的劫掠恶潮击退。然而，格莱内尔格·查尔斯·格兰特勋爵故意让恶潮再次在被征服的土地上涌起。他居然背信弃义地变成了野蛮人的盟友和朋友，还制造了一件不可避免的残酷之事——除了通过1845年和1852年的血腥战争来重新征服这片土地，英国政府没有别的办法。与这种严重的不公正和背信弃义相比，历史上几乎没有任何事情能与之相提并论。然而，目前英国一大批狂热的博爱主义者正追切要求在纳塔尔殖民地继续实施同样的政策。这股恶潮将被击退到塞奇瓦约的克拉尔，但我们必须在征服这片土地后放弃它。祖鲁国王塞奇瓦约发动了这场战争。像世界上发生的任何正义的自卫战争一样，这场战争纯粹是一种正当自卫。然而，我们却被告知，这场战争由殖民者挑起，并由殖民者负责！亨利·巴特尔·弗里尔爵士将被本杰明·德班爵士代替，亚历山德拉·维多利亚女王陛下的政府必须采纳新版的格莱内尔格·查尔斯·格兰特勋爵政策。"

附录 3

格莱内尔格·查尔斯·格兰特勋爵强调,卡菲尔人1835年发动战争有充分、正当的理由,而且这一主张是他整个政策的基础。格莱内尔格·查尔斯·格兰特勋爵认为自己是伪博爱主义者,伪博爱主义者把南非东部的白人居民看作入侵者和迫害者。英国人对此事的看法基本上没有什么变化,1879年时的看法仍然与1836年时一样,唯一不同之处就在于地点发生了变化,而野蛮人的恶潮进一步向东涌去。1820年,英国殖民者被英国政府安置在开普敦殖民地的边界上。他们及其后代当然没有去劫掠,但说他们迫害了卡菲尔人,这显然是偏执狂的说法。无可争辩的历史事实证明,恰恰与之相反,卡菲尔人才是侵扰和迫害这些英国殖民者的罪魁祸首。这片小小的领地人烟稀少,人们生活艰难,不断遭受非常严重的盗窃与袭扰的折磨,最终不得不诉诸武力来自卫,而这种自卫对农民和大部分定居者都极具灾难性。仅在1835年的战争中,被摧毁的边境贫困居民的牲畜、住房等价值就超过二十八万英镑。对贫困的定居者来说,这是一种残酷、可怕的伤害,但这并没有得到埃克塞特大厅派的足够重视。伪博爱主义者假借基督的名义,做与基督教义背道而驰的事,这其实是在亵渎基督。那些受到各种正义束缚的人,为了保卫自己的同胞而放弃博爱主义,转而又以最恶毒的方式反对自己的同胞,并尽其所能使这片遥远土地上的英国殖民者一次次遭受如此多的血腥场面。

戈德龙顿先生的《为殖民者辩护》一文中有大量证据可以证明上文已经提到的事实。卡菲尔人是入侵者，殖民者是受害者。在开普敦殖民地，严重的不公正、背信弃义、掠夺和欺诈行为——或者换句话说，严重的野蛮行为——必须受到打击、抵制和克服，而以格莱内尔格·查尔斯·格兰特勋爵为首的英国博爱主义者却竭尽全力助长和促进野蛮的卡菲尔人的行为。我们现在批评英国政策中所犯的错误，也许可以从格莱内尔格·查尔斯·格兰特勋爵选中的一个效忠者——也是其拥护者——提供的相关资料中找到最清晰的佐证。英国政府专门派乔治·托马斯·纳皮尔爵士去殖民地改变本杰明·德班爵士的政策。在伊丽莎白港发表演说时，乔治·托马斯·纳皮尔爵士说："我可以肯定地告诉你们，我接受了殖民地政府的管理，因为我相信以前的制度对我们的卡菲尔邻居来说既不合理也不合适。我来到这里，同意并决心支持开普敦殖民地副总督斯托克·恩斯特伦上尉按照亚历山德拉·维多利亚女王陛下的国务大臣格莱内尔格·查尔斯·格兰特勋爵的指示来推行为卡菲尔人辩解、严厉谴责开普敦英国殖民者的政策。"没有什么比乔治·托马斯·纳皮尔爵士的态度更清楚更确定了，但当乔治·托马斯·纳皮尔爵士了解到事情的真相后，他眼中的偏见之雾渐渐消失。幸运的是，他非常诚实，尽管他的雇主在英国，但他敢于为事实作证。乔治·托马斯·纳皮尔爵士发现自己执行的政策"震惊了一个人天生的正义感"（这是他自己的话），他完全被欺骗了。提到卡菲尔人入侵时，乔治·托马斯·纳皮尔爵士说："尽管殖民地居民遭受了许多损失，但边境殖民者对邻近部落的人们及其财产没有任何侵犯。我这样说不仅要推翻殖民者袭击卡菲尔人这一所谓事实，而且要表明真正的事实。"1840年10月，正是在伊丽莎白港，乔治·托马斯·纳皮尔爵士清楚地承认，《格莱内尔格协定》"似乎动摇了我们天生的正义感，并且没有体现出对合理政策的哪怕一丁点仔细考虑"。随后，在佩迪堡举行的一次卡菲尔人斯兰比部落和刚果部落的集会上，乔治·托马斯·纳皮尔爵士说："你们没有受到殖民者的任何不良对待。我恳请你们想一想，自签订协定以来，殖民者没有遵守协定中的哪项条款？我来问问你们，政府和殖民者是否有过任何不公正的做法令你们有任何理由抱怨？你们会说一个也没有。因此，我呼吁你们公正地对待殖民者。"事实上，乔治·托马斯·纳皮尔爵士被迫彻底改变了自己的观点，而对这一众所周知的事实提供大量证据已没有任何必要。天哪！但愿迈克尔·希克斯·比奇爵士，甚至查尔斯·迪尔克爵士，会到南非来亲自看一看并向本国政府报告实情，以免英国政府将已征服的祖鲁兰领地拱手让给塞奇瓦约，从而导致可怕的灾难发生！这将会成为比格莱内尔格·查尔斯·格兰特勋爵让出阿德莱德王后领地更严重、更可怕的自取灭亡的做法。然而，全世界都不会有谁成为比亨利·巴特尔·弗里尔爵士更可靠的人选来破解殖民地的困局。亨利·巴特尔·弗里尔爵士是一位非常正直、睿智、经验丰富的行政官员。他也是亚历山德拉·维多利亚女王陛下的朋友。他一向以令人尊敬和信任的品格而著称。亨利·巴特尔·弗里尔爵士是"土著居民保护协会"的成员。在各方面他都无可挑剔。不过，在消除欧洲某些阶层中存在的偏执思想方面，他做出非常积极的保证没有起到多大作用。祖鲁人在我们的人民中找到了最好的盟友。实际上，在南非的白人最致命的对手就是"他们自己的家人"，这一点令人痛苦不已。

  南非最受人推崇的一家报纸，其发表的观点附和了格莱内尔格·查尔斯·格兰特勋爵、菲利普博士和科伦索主教的观点。该报声明反对英国吞并殖民地，也反对英国政府干涉土著酋长的任用。据说，通过祖鲁人的首领来统治祖鲁人是亚历山德拉·维多利亚女王陛下的大臣们提出的政策。这一政策还特别承认，"秩序胜于反复无常的做法，法律胜于个人权力和意志"。当然，我们必须承认，酋长的统治纯粹是一种反复无常的统治，塞奇瓦约的统治历史充分证明了这一点。君主的意志成为国家法律，与巫术相关的血腥祭祀完全是残忍、贪婪、任性的个人行为。南非的整个历史表明，亨利·巴特尔·弗里尔爵士的反对者提倡的政策非常愚蠢而残酷。

  任何人只要仔细研究过开普敦历史，就都会看到，格莱内尔格·查尔斯·格兰特勋爵不吞并开普敦的计划非常具有灾难性。只有当盖卡和加兹卡酋长的权力最终被剥夺时，这片土地上的人民——白人和黑人——才有最终希望从不断发生的盗窃、流血和战争等可怕的诅咒中解脱出来。事实上，历史清楚地告诉我们，为了确保南非所有人民的和平、繁荣和幸福，我们绝对有必要做到以下两点。第一，保障领土安全，例如本杰明·德班爵士在一场保卫战中正当获得的领地的安全必须得到确保。第二，建立紧密联合而强大的殖民地联盟。在这个联盟中，亚历山德拉·维多利亚女王和公正的法律至高无上，要彻底避除巫术和酋长的任性行为。

顺便说一下，我们可以解释一下"酋长统治"的真正含义。众所周知，残暴和大规模屠杀是所有祖鲁统治者的统治特征。丁冈、潘达、塞奇瓦约在这方面都很像。我们要指责的不只是人，还有制度。也许没有比实施巫术更能证明，酋长统治就是接连不断出现非常血腥而令人反感的残暴行为的过程。百中选一便足矣。传教士们不时发布同类实例来表明酋长统治的残暴性，这令人非常反感。现在我们只想让读者看一看戈德龙顿先生在《为殖民者辩护》中第九十九页提到的一个案例，将其作为一个样本供大家了解酋长统治中的残暴行为。一个首领的儿子生病了。一个非常富有的祖鲁人被立刻选中拉去拷打并被处死。这仅仅是因为巫医说，病人是在这个富人的邪恶影响下才遭受了痛苦。这个富人请求速死，但这种恩惠永远不会赐予他。一开始，这个富人被按倒在地。几个施刑者用卡菲尔人用的针扎满他的全身，每根针扎得都有几英寸深。受刑人异常坚毅地忍受着，折磨他的人感到疲倦了，还抱怨说他们的手都扎疼了，针都扎弯了。这个富人的妻子遭到毒打和虐待。这时，施刑人生起火，炙烤许多大方石，之后这个富人被抬到火边。他躺在地上，手脚被绑到钉在地上的木桩上。石头烧得滚烫时，施刑人便把滚烫的石头放在受刑人的腹股沟、腹部和胸部。富人的身体被烫糊烤焦。石头偶尔会掉下来，但施刑人很快会用木棍夹上去并按在富人的身上。这些可怕的折磨从10时一直持续到18时。当时，这个不幸的受刑人在南非酋长的暴行之下已经奄奄一息了。有人提出，我们应该让这一制度永久化，而且应该向祖鲁人交出我们在祖鲁兰征服的一切领地，以便这种野蛮做法在祖鲁兰继续下去。结果，我们会从1879年的祖鲁兰政策中，尝到1836年格莱内尔格·查尔斯·格兰特勋爵政策导致的苦果，即遭受1845年与1852年的战争痛苦。

附录 4

关于亨利·巴特尔·弗里尔爵士对祖鲁人及其他土著的政策,其中的重大问题可窥一斑而知全豹。因为与此相反的政策导致了1845年的战争、1852年的战争和1877年的战争,所以亨利·巴特尔·弗里尔爵士认为应该废除酋长的权力,并且在防御性战争后英国应获得充分的领土保障。格莱内尔格·查尔斯·格兰特勋爵因为放弃了阿德莱德王后的领地,所以英国就需要重新征服这片领地。而试图利用酋长进行统治的制度遭到了严重失败。酋长的存在必然与文明对立,因为酋长所有的权力、影响力和统治手段都是通过野蛮方式来实现的,而酋长的兴趣则在于发展和延续这种野蛮的统治制度。要不是乔治·格雷·克雷里爵士的机敏和能干,毫无疑问英国人会在1857年陷入一场严重战争。曾经有一位伟大的祖鲁酋长下令屠杀牛群,并表明他决定"烧毁自己的船"。后来,他派使者前往莫什赫人、塔库人和坦布其人的领地求助。像往常一样,酋长以巫医为工具,用迷信手段煽动人民、统治人民,甚至将人民引向毁灭。后来,正是酋长制度的延续才导致英国人卷入1877年的战争。如果酋长的权力被废除——本该如此,那么其子民和开普敦殖民地就可以避免遭受巨大的灾难。我们如果认真、诚实地研究殖民历史,就足以证明,英国殖民者对卡菲尔人采取的软弱措施,不仅不合理,而且荒谬,最终导致了悲惨的结果。英国人征服某一领地后,一定要完全剥夺该地酋长的权力,并且要保留那些对未来安全真

莫什赫人

正必要的领土保障措施。提倡这种合理而明智政策的人才是真正的博爱主义者，他们以公正、合理的思想取代了不切实际的空想。那些空想大部分建立在对事态最糟糕的无知描述之上，而这种无知又建立在偏见和先入为主的思想之上。

人们反对联邦制的一个论据竟然是基于最不可能的一些原因。反对联邦制的恳切呼吁只是针对钱财，而不是针对人们的思想或内心。在南非，殖民地政府要建立一个拥有多个省级管理部门的政府的代价真的太大了！此外，有人反对免除英国政府目前承担的责任。他们意图让英国继续失去其最优秀的年轻士兵,而不是让在南非的英国人失去金钱。一个强大的联盟可以毁掉卡菲尔人获胜的一切可能,从而终结卡菲尔战争。然而,为了避免英国在南非的移民上交更多税,英国国内纳税人的钱包就必须继续放血,英国士兵也必须继续流血。这一臭名昭著的政策不值得在好望角殖民地实行。作为大英帝国的子民,我们已经实现了自己的大多数目标,同时必须准备好重新承担自己的责任。毫无疑问,这些责任中包括自卫。为了进行有效的自卫,我们必须让所有联邦和殖民地都紧密地联合起来,所谓"人多力齐推山倒,众人拾柴火焰高"。

整个南非恰似一个棋盘——黑人占据一方,白人占据另一方,这种实际情况再清楚不过了。博弈双方的利益不可分割。因此,当塞奇瓦约率军进攻纳塔尔殖民地时,他不仅要与纳塔尔殖民地作战,还要与德兰士瓦共和国及奥兰治自由邦作战。然而,真正的秩序总是伴随着一个健全的、由政治家主导的政府体系而出现。联邦统治下不会再发生本土战争,而这本身就是稳定与繁荣的源泉。南非将实行自己的本土政策,而不由英国来实行,届时人们也不用担心格莱内尔格·查尔斯·格兰特勋爵的政策会重演。目前在南非的英国人并不安全,这种不确定的、危险的时期结束得越早,对南非的纳税人与英国的纳税人越有利。南非的人民不能在联邦制中自治吗?各联邦和殖民地的历史证明,情况恰恰相反。我们如果有能力,应该愿意自治,因为这种自治可以让在南非的英国人对抗强大的土著,这也意味着在南非的英国人可以享有和平与稳定。最重要的是,我们应该使自己从本国政策干预及干扰的祸根中解脱出来。像格莱内尔格·查尔斯·格兰特勋爵这样的愚蠢、无能之辈,足以毁掉六个殖民地,而在南非的英国人真的无法确定这样的愚蠢无能之辈是否还会重新出现。

一提到亨利·巴特尔·弗里尔爵士的指示,这就非常清楚地证明了他拥有远远超越任何前任总督、将军或高级专员的权力。在完全拥有自由处置权的情况下,亨利·巴特尔·弗里尔爵士的所作所为绝没有超越自己的权力范围。是允许祖鲁暴君以其选择的方式肆意发动战争,还是先发制人?亨利·巴特尔·弗里尔爵士必须做出选择。与对付克雷利一样,亨利·巴特尔·弗里尔爵士对塞奇瓦约也采取了先发制人的策略，尽管这一策略只能暂时起到阻止塞奇瓦约的作用，但有效地保护了英国殖民者和英国王室的利益。英国从来没有出现过一个比亨利·巴特尔·弗里尔爵士更忠诚或更认真负责的官员。因此，将来有一天，亨利·巴特尔·弗里尔爵士及本杰明·德班爵士和乔治·格雷·克雷里爵士，都将作为有史以来统治过南部非洲最伟大、最开明的政治家而载入史册。"我身后是可怕的大洪水。"对三个人中的每一个来说，都是一句非常恰当的箴言，但他们蔑视这种浪费时间的卑鄙策略而没有把它从身边打发走，从而使灾难不断积聚、扩大，继而对后继者造成了可怕的影响。不过，对亨利·巴特尔·弗里尔爵士采取的行动和政策的主要辩护可以在他的报告中找到，我恳请人们认真而公正地对其加以关注。

开普敦殖民地和纳塔尔殖民地的人民由许多种族组成，有很多不同的信仰，但除了极少数例外情况，他们都以最有力的方式宣布支持亨利·巴特尔·弗里尔爵士的政策。

"我们当中有撒克逊人、凯尔特人和丹麦人，但我们所有丹麦人都欢迎亨利·巴特尔·弗里尔爵士。"

从开普敦到图盖拉河，从阿古拉斯到奥兰治河，人们都向英国发出同情和赞同的呼声。人们都诚恳而坚定地表明高级专员亨利·巴特尔·弗里尔爵士的政策是正确的，这样的民意从开普敦、伊丽莎白港、格雷厄姆镇、赫拉夫-里内特镇、彼得马里茨堡、德班及其他一些小地方，一直传到了英国女王亚历山德拉·维多利亚陛下那里。除了极少数几个例外，报社不断大力宣扬公众的高昂情绪。当然，所有这些都是有力的证据，都证明南非人民的生命、财产和勇气受到了威胁，英国移民相信所有南非人民会对整个问题产生极大兴趣而去彻底了解它。南非的利益和英国的利益在这个问题上完全一致，即使在英国本土，上天也没有改变人们的想法，从而避免人们完全歪曲亚历山德拉·维多利亚女王陛下众多忠诚臣民的道德本质。

与祖鲁战争有关的政治事件是迄今为止最有力的论据，这些论据又被引用,来支持南非联邦制。在南非的英国人真的不能再进行任何格莱内尔格·查尔斯·格兰特勋爵式的实验了。南非的英国人只要把自己团结在一个强大的统治体系下,就绝不用担心为自己战斗而付出代价。首先,南非的英国人要确保没有任何酋长与他们战斗,巫术、暴政和其他可憎的行为最终会停止。当地人必须学习并养成勤劳、和平相处的习惯,必须不使用枪支弹药,而代之以铁锹和犁来参加劳动。这种公正、坚定的政策将会为基督教的传播、和平与文明的推进奠定基础,而所谓博爱主义者不明智而愚蠢的计划,既对当地人产生了破坏性作用,又对殖民者和他们所属的英国造成了很大伤害。

如果能像英国人鼓吹的那样实现公平竞争,那么南非将会很幸运。在英国国内,许多人同乔治·托马斯·纳皮尔爵士到达南非之前一样义愤填膺。不过,很少有人能像乔治·托马斯·纳皮尔爵士那样,认为自己有责任去深入了解南非的实际状况,然后以坚定的信念指引自己的行为。争论的原因仅仅是野蛮与文明的较量。在做出裁决之前,人们应该认真听取并仔细考虑所有的证据和论据。殖民者不希望战争发生,而是希望战争结束;他们最渴望的是拯救野蛮人而不是毁灭野蛮人。殖民者必须拥有像本杰明·德班爵士、乔治·格雷·克雷里爵士和亨利·巴特尔·弗里尔爵士这样睿智英明、政治才能卓越的人才能实现这一目标。

亨利·巴特尔·弗里尔爵士于1879年2月12日从彼得马里茨堡发出的电报,已作为议会文件发布,内容如下:

> 先生,在1879年1月24日的电报中,我只是部分地回复了您[①]1878年12月18日的电报。事实上,1879年1月22日我正在英军大本营写回复的信,因为收到我军伤亡惨重的情报而被打断。为了您能及时收到回复,我不得不停止未写完的信。然而,1879年2月22日我军遭受的打

---

① 指国务大臣格莱内尔格·查尔斯·格兰特勋爵。——译者注

击非常严重。在我看来，这并不需要改变我向亚历山德拉·维多利亚女王陛下政府提出的意见。相反，这一打击似乎非常有力地证实了我在1879年1月24日的电报中提出的论点，从而表明，考虑到殖民地的安全，将英国政府对塞奇瓦约提出的要求交给指挥亚历山德拉·维多利亚女王陛下军队的总司令去执行，这一行动不可能推迟。和亚历山德拉·维多利亚女王陛下的每个臣民一样，我对英军受到的灾难性打击深感遗憾。我不能对这样一个事实视而不见。参战将士无视切尔姆斯福德男爵弗雷德里克·塞西杰的命令，才发生了如此巨大的灾难，这种可能性非常大。同时，那天①及随后发生的所有事件都证明，与一个共同拥有几百英里边界的邻居在一起却毫无设防，无论英军在纳塔尔还是在德兰士瓦都处于极度不安全的境地。格林上校和杜恩福德上校的部队遭到了沉重打击，殖民地的英军、欧洲居民和土著居民都感到非常震惊。皮尔逊上校的部队和亨利·伊夫林·伍德上校的部队被迫暂停前进，等待增援，而增援只能依靠南非偏远地区与英国。令人苦恼的是，祖鲁国王塞奇瓦约拥有一支完全听命于他的军队，这支军队可能会随时出人意料地入侵纳塔尔殖民地，这一点显然人尽皆知。加之边疆辽阔，没有组织意识的土著部落完全没有能力对祖鲁军队进行有效的抵抗。祖鲁军队只要不进攻相隔五十英里至一百英里的英军堡垒，就不会受到任何阻遏而任意出击，进而很有可能横扫整个纳塔尔殖民地，进行大肆破坏和杀戮。彼得马里茨堡和所有主要城镇此时都建有"临时防御阵地"做好准备抵抗攻击，即使能够成功抵抗祖鲁军队的攻击，三分之二的城镇也会彻底被毁，甚至被毁城镇周围的土地也会荒芜。从殖民地以外以土著民族为主要居民的南非的每一个地方都会传来同样的报告——

---

① 指1897年1月22日。——译者注

人们感到非常不安,而且土著意图反抗白人。德兰士瓦的绝大多数欧洲人都公开表示,他们准备抓住任何机会摆脱英国政府的束缚。可以说,这只是英国不应该对祖鲁国王塞奇瓦约发动战争更强有力的原因。但我认为,最近发生的所有事情都表明,把战争推迟几个星期是不可能的,而是要等到庄稼收获之后,甚至要等到图盖拉河可以涉水而过的时候。在土著和德兰士瓦人中间,脱离英国统治的意愿已经出现。而且在德兰士瓦人中,这种意愿无论如何都不可能因推迟对祖鲁人的战争而延后暴发。然而,塞奇瓦约在自己的领地内能持续多长时间静而不动呢?塞奇瓦约没有正式承认有争议领地的裁决对他有利,甚至没有讨论我给他的信息。如果切尔姆斯福德男爵弗雷德里克·塞西杰的大军长期驻扎在边境上,塞奇瓦约也许不会采取行动。但正如塞奇瓦约知道的那样,这支军队不可能长期驻守在边境,而撤走它肯定会导致在一年半时间里塞奇瓦约指示或默许的入侵再次发生。即使是祖鲁军队与英军最微不足道的意外遭遇也可能导致一场冲突,从而使英军处于不利的境地。塞奇瓦约能够在一个几乎没有做好自卫准备的殖民地里做什么,从英军越过边界以来他的所作所为即可判知。英军的容忍使殖民地旁边已经崛起一支非常强大的军队,并由一个不负责任、残暴嗜血、奸诈背信的暴君指挥。只要这支军队存在并且受这个暴君调遣,对亚历山德拉·维多利亚女王陛下爱好和平的臣民来说,在离这个暴君的领地边界五十英里以内就不可能享有生命安全或财产安全。对我来说,对这一事实视而不见简直是自欺欺人,也可以说是不道德的、有罪责的。这支军队使殖民地不可能存在一个和平的英国人的居住区,除非塞奇瓦约实施谋杀和掠夺的权力受到限制,否则殖民地只有依靠驻军才能继续存在。在试图逼迫塞奇瓦约之前,英国应该确保有一支庞大的部队可以开进战场作战。对此,我只能回答,面对一支较庞大的祖鲁军队无疑会减少英军取胜的概率，但当时没有任何理由认为英国能调遣的军队太过弱小，不足以完成预定任务。如果切尔姆斯福德男爵弗雷德里克·塞西杰的命令得到执行，如果事情与实际发生的相反，那么情况会怎么样？我不想继续这样想了。我坚持的不争事实是我从所有可能的方面积极寻找到的情报得来的，所以无论过去还是现在我都没有任何理由认为我在这次战事中有任何轻率鲁莽之处。据我所知，只要遇到任何一个了解祖鲁人的人，我就充分听取并采纳他的建议。在官方和非官方的权威人士中，据说有三个人最了解祖鲁人、祖鲁人的情感及其可能的意图。其中一个人向我表示，他相信祖鲁人最终能够不经过战争而接受英国提出的条件；另一个人认为，在我军的作战预测中我军高估了祖鲁人的力量；第三个人也许做出了比任何人都更好的判断，他既认同祖鲁人的力量被高估这一说法，同时深信祖鲁人自己会把暴君带到理性思考的方向上来，而且经过几次战争之后，祖鲁人的军事体系自然会崩溃。很巧的是，最后一个人的意见是1879年2月22日向我阐述的，当时我军在伊桑达拉的营地正好被祖鲁军队占领。回顾过去，从所发生的事情来看，我不认为这次战役有任何轻率的成分。即使我希望英军能够在合理的一段时间内得到进一步增援，那也没有时间继续等待。但凡仔细研究过去两年发生的事件并且清楚地了解这些野蛮人行为方式的人，没有一个认为祖鲁人会保持蛰伏的状态。很明显，即使祖鲁人推迟发动战争，其他地方的冲突也无法回避。正如我之前在其他信中所说的那样，两年多之前已经注定许多人要为和平而牺牲。我们是要求与邻居在和平共处的基础上稳步解决分歧，还是要等到祖鲁国王塞奇瓦约方便的时候抓住时机将我们置于不利境地？这是一个很简单的问题。在我看来，在今后的所有行动中，我们都应该坚定地坚持自我保护原则和自卫原则。我们也许能与这个或那个部落和平相处，因为这样做在当时或多或少地会满足本殖民地或邻近殖民地的某些利益需求。但我认为，在亚历山德拉·维多利亚女王陛下绝对、崇高的统治地位在南非确立之前，在纳塔尔殖民地与德拉瓜湾周围葡萄牙人殖民地之间的地区都归祖鲁人所有得到承认之前，亚历山德拉·维多利亚女王陛下的政府绝不会停战。我坚信这是在亚历山德拉·维多利亚女王陛下的领地及南非所有邻近领土内实现和平、安全、良好管理和进步文明的唯一保障。如果没有这样的保障，我确信，对热爱和平、具有欧洲血统的文明人来说，纳塔尔殖民地永远不会成为他们的安全居所。

亨利·巴特尔·弗里尔爵士

考据 1 祖鲁君主世系

一、姆恩古尼一世，生卒年月不详，生平不详。

二、鲁菲努，生卒年月不详，生平不详。

三、古梅德，生卒年月不详，生平不详。

四、厄页，生卒年月不详，生平不详。

五、姆恩古尼二世，生卒年月不详，生平不详。

六、姆德拉尼，生卒年月不详，生平不详。

七、鲁祖马纳①，生卒年月不详，生平不详。

八、马兰德拉·卡鲁祖马纳，鲁祖马纳之子，生卒年月不详，生平不详。

九、祖鲁一世·卡鲁祖马纳，马兰德拉·卡鲁祖马纳之子，生卒年月不详，生平不详。

十、恩科辛库鲁，生卒年月不详，生平不详。

十一、恩图姆贝拉，生卒年月不详，生平不详。

十二、祖鲁二世·卡恩图姆贝拉，恩图姆贝拉之子。约1709年，他成为祖鲁国王。生卒年月不详。

---

① 姆恩古尼一世、鲁菲努、古梅德、厄页、姆恩古尼二世、姆德拉尼与鲁祖马纳七位君主之间是否存在血缘关系，无法考据。——译者注

十三、古梅德·卡祖鲁二世，祖鲁二世·卡恩图姆贝拉之子。生卒年月不详，生平不详。

十四、蓬加·卡古梅德，古梅德·卡祖鲁二世之子，卒于1727年。

十五、马格巴·卡古梅德（约1667—1745），古梅德·卡祖鲁二世之子，蓬加·卡古梅德之弟，1727年至1745年在位。

十六、恩达巴·卡马格巴（约1697—1763），马格巴·卡古梅德之子，1745年至1763年在位。

十七、贾马·卡恩达巴（约1757—1781），恩达巴·卡马格巴之子，1763年至1781年在位。

十八、姆卡巴伊·卡贾马，她是贾马·卡恩达巴之女，1781年短暂在位，生卒年月不详，生平不详。

十九、辛赞格科纳·卡贾马（约1757—1816），贾马·卡恩达巴之子，1781年至1816年在位。

二十、夏卡（约1787—1828），辛赞格科纳·卡贾马之子，1816年至1828年在位。

二十一、丁冈（约1795—1840），辛赞格科纳·卡贾马之子，夏卡同父异母的弟弟，1828年至1840年在位。

二十二、潘达（约1798—1872），辛赞格科纳·卡贾马之子，夏卡和丁冈同父异母的弟弟，1840年至1872年在位。

二十三、塞奇瓦约（1834—1884），潘达之子，1872年至1884年在位。

考据 2 祖鲁国王夏卡

　　夏卡是祖鲁王国最有影响力的君主之一。1787年7月,他出生在今南非共和国夸祖鲁-纳塔尔省的梅尔莫斯附近。他因自己的私生子(非婚生子)身份而受到迫害,夏卡随母亲南迪回到她的娘家——兰格尼部落,并在这里度过了童年。夏卡与母亲南迪备受歧视,被迫四处流浪。大约在1803年,他们去投奔姆特泰瓦的姑妈,姆特泰瓦酋长丁吉斯瓦约接纳了他们,他们这才安顿下来。从此,夏卡小小年纪就成为丁吉斯瓦约的一名士兵。在部队中,夏卡系统学习了丁吉斯瓦约麾下部队和其他部落军队的作战方式。

　　接下来的几年里,来自北方的恩德万德韦人不断发动突袭,严重威胁着姆特泰瓦人。为了对抗恩德万德韦人,在姆特泰瓦人的支持下,夏卡与周边的小部落建立了联盟。祖鲁人最初的作战方式主要是防御,而夏卡更喜欢近身肉搏、用短柄宽刃矛刺杀的非常规战术,通过这种机智的战术震慑对手。在当地社会现有结构的基础上,夏卡进行了变革。他虽然更喜欢采用社交和宣传造势这样的政治手段,但也发动了多次战争。然而,夏卡最终被自己同父异母的两个弟弟丁冈和姆兰加纳刺杀。夏卡的统治时期恰逢大动乱爆发。1815年至1840年,南部非洲发生了大规模战争,致使这里的人口锐减。在大动乱时期,夏卡扮演的角色极具争议。

　　1816年,夏卡的父亲辛赞格科纳·卡贾马去世,夏卡同父异母的弟弟苏古贾纳即位。这时，丁吉斯瓦约急于在祖鲁人中确认自己的权威，于是就给了夏卡一支部队，目的是让夏卡杀死苏古贾纳。夏卡发动了一场政变，没有大开杀戒就轻而易举地赢得了祖鲁人的拥戴。苏古贾纳短暂的统治宣告结束，夏卡成为祖鲁国王。此后，夏卡一直向丁吉斯瓦约称臣。直到一年后，即1817年，丁吉斯瓦约率领的姆特泰瓦部队与策韦德率领的恩德万德韦部队大战。结果，丁吉斯瓦约阵亡。姆特泰瓦人陷入分裂，夏卡趁机收编了姆特泰瓦人和其他部落的残余部队，并推行军事改革。

丁吉斯瓦约死后，夏卡试图为他报仇。尽管具体细节尚不清楚，但策韦德差点被夏卡抓住了。当时，策韦德的母亲恩坦巴兹——她是一个女祭司——被夏卡杀死了。杀死策韦德的母亲之前，夏卡对她进行了特别恐怖的报复。夏卡先把她锁在一间房子里，然后把几条鬣狗放进去。最后，策韦德的母亲被鬣狗吞噬殆尽。第二天早晨，夏卡又放火把房子烧成灰烬。尽管实施了如此残酷的报复，但夏卡仍然不解心头之恨。

在成为祖鲁国王的最初几年里，夏卡没有什么影响力，所以只能吞并一些最弱小的部落。丁吉斯瓦约死后，夏卡向南迁移，穿过图盖拉河，在奇瓦贝建立了首都布拉瓦约。从此，他再也没有回到祖鲁人传统的中心地带。

夏卡越来越受祖鲁人拥戴。于是，他能够更轻松地传播自己的思想。夏卡教导祖鲁人，快速变得强大的最有效的方法就是征服其他部落，这极大地影响了祖鲁人的生存理念。勇士观念很快就在祖鲁形成了，而夏卡正是利用这种观念开始建立自己的霸业。

夏卡的统治权主要建立在军事力量上。他常常先打败对手，接着将散落各地的残余部队并入自己的军队。他还积极拉拢友好的酋长，包括姆基兹部的齐兰多、西索尔部的约伯和图利部的马图班。在战争中，这些部落酋长从来没有被祖鲁人打败过，他们也不必担心被祖鲁人打败，因为夏卡送给他们钱，赢得了他们的支持。

在奇瓦贝人、图利人和姆基兹人的支持下，夏卡终于召集了一支可以与策

格考克利山战役中，策韦德的军队渡过姆福洛兹河

韦德一较高下的军队。历史学家唐纳德·莫里斯指出，夏卡与策韦德之间的第一场重要战役发生在姆福洛兹河边的格考克利山，史称"格考克利山战役"。在这次战役中，夏卡的军队占据山顶上的有利阵地。策韦德命令军队正面进攻，但没能赶走夏卡的军队。夏卡派预备队进攻策韦德军队的后方，从而取得了胜利。总的来说，在格考克利山战役中，夏卡的军队损失很大，但夏卡的新战术效果明显。或许，随着时间的推移，祖鲁人能够不断改进这种新战术。

1825年，另一场具有决定性意义的战役最终在姆拉图兹河与姆武扎内溪的交汇处爆发。在持续两天的战斗中，祖鲁人彻底击败了策韦德的军队。随后，夏卡率领预备队追击大约七十英里，最后来到策韦德的克拉尔，并将其摧毁。与巴别鲁部酋长马扬吉——不久，马扬吉神秘地死了——遭遇之前，策韦德就已经带着随从逃走了。策韦德的将军索尚甘向北跑到了莫桑比克。1826年，夏卡不得不与策韦德之子锡库尼亚内再次交战。

夏卡很少允许欧洲人进入祖鲁人的领地。19世纪20年代中期，敌对部落的一个人潜入祖鲁，企图刺杀夏卡。不久，亨利·弗朗西斯·费恩来到祖鲁为夏卡疗伤。为了表达感激之情，夏卡允许欧洲人进入祖鲁王国居住、活动。这就为后来英国人入侵这个动荡的王国打开了大门。夏卡观看过几次欧洲的知识和技术展示活动，但他认为祖鲁人的方法优于那些外国人的。

夏卡被杀之前，他同父异母的两个弟弟丁冈和姆兰加纳或许得到心怀不满的伊兹扬丹人的支持，似乎至少进行过两次刺杀行动。虽然英国殖民者认为夏卡的政权对他们的未来会构成威胁，但鉴于夏卡生前已经向欧洲人做出让步，其中就包括赋予欧洲人在纳塔尔（现在的德班）居住权，所以欧洲商人希望夏卡死的说法是有些过分的。夏卡树敌太多，从而加速了他的死亡。1827年10月，夏卡的母亲南迪去世。夏卡过度悲痛，最终行为失常。根据历史学家唐纳德·莫里斯的记述，夏卡下令，为其母亲哀悼的第二年，祖鲁人不准种植庄稼，不准饮用牛奶——当时牛奶是祖鲁人的基本饮品之一，甚至任何怀孕的妇女都要与丈夫一同被处死。至少有七千名被认为没有表现出极度悲伤的祖鲁人被处死了，尽管如此残忍，但杀戮并非仅限于人类，大量的奶牛也被宰杀，目的是让小牛感受失去母亲的悲痛。

1828年某天，祖鲁国王夏卡被三名刺客杀害。人们常常提到1828年9月，因为几乎所有可用的祖鲁人都被派往北方进行肃清夏卡势力的大规模扫荡。这就是阴谋分子——夏卡同父异母的弟弟丁冈和姆兰加纳及一个叫姆波帕的祭司——做的一切。刺杀夏卡前，祭司姆波帕制造事端，转移了人们的注意力。丁冈和姆兰加纳趁机杀害了夏卡。夏卡的尸体被他们扔进了一个坑里，然后填满了石头和泥土。历史学家唐纳德·莫里斯认为，夏卡尸体埋在斯坦格村库珀街某处。

夏卡同父异母的弟弟丁冈即位后，为了巩固王位，在接下来几年打击亲夏卡分子。一开始，丁冈面临的紧要问题就是如何使祖鲁军队效忠。为了解决这个问题，丁冈允许士兵结婚并建立家园，而在夏卡统治时期这是被禁止的。士兵们还领到了丁冈分发的牛。恐惧也会使人保持忠诚，因为任何被怀疑与丁冈敌对的人都被处死了。丁冈在姆蒙贡贡德洛沃建立了自己的寝宫，也确立了对祖鲁王国的统治。丁冈统治祖鲁王国大约十二年。其间，他与沃特雷克人及他的另一个同父异母的弟弟潘达进行了残酷的斗争。在布尔人和英国人的支持下，1840年潘达夺取祖鲁王位，此后统治祖鲁王国三十多年。

人们习惯于将祖鲁的军事创新和社会变革归功于夏卡，但一些较早的历史记载对此持怀疑态度，这些记载要么直接否认军事创新和社会变革与夏卡有关，要么将之归功于欧洲的影响。更多的现代研究者认为，这种解释是不充分的，祖鲁的变革确实包含了夏卡为实现自己的目标而采取的做法，无论是突袭、征服还是建立统一祖鲁的霸业。

以下内容展示了夏卡的一些做法。

据说，对于军队打仗时远距离互投长矛的作战方式，夏卡常常感到不满。他发明了一种新的武器——短柄宽刃矛，这是一种短矛，矛头长而宽，实际上很像剑。

手握短柄宽刃矛的祖鲁士兵

据祖鲁学者约翰·拉班德说，虽然短柄宽刃矛可能不是夏卡发明的，但他坚持让士兵训练时使用这种武器。最终，他的士兵"比那些坚持传统作战方式投掷长矛、避免近身肉搏战的对手的战斗力更强"。投掷长矛的作战方式并没有被祖鲁人抛弃。战斗开始后，与敌人近距离接触前，祖鲁士兵将长矛作为投掷武器来使用，当近距离肉搏战开始时，士兵用短柄宽刃矛。

有人说，夏卡设计了一种比恩古尼盾更大、更重的盾牌。此外，他还教士兵如何用盾牌的左侧将对手的盾牌钩向右侧，从而在对手的肋骨露出时，予以致命一击。夏卡时代，士兵用的牛皮盾牌都由国王提供，所有权归国王。不同部队的士兵使用不同颜色的盾牌，从而很容易区分士兵的所属部队。有的部队使

手拿比恩古尼盾的祖鲁勇士

用黑色盾牌，有的部队使用带有黑色斑点的白色盾牌，有的部队使用带有棕色斑点的白色盾牌，有的部队使用纯棕色或纯白色的盾牌。

《清洗长矛》《雄狮之战》《祖鲁军队探究》等军事著作中都提到过这样一个故事：祖鲁士兵脱掉粗糙的牛皮凉鞋，赤脚进行急行军训练。祖鲁军队的纪律非常严明，反对赤脚训练的士兵会被直接处死。夏卡经常命令军队急行军，有时在炎热的岩石地带一天要行进五十多英里。他还命令军队练习围攻战术。

历史学家约翰·拉班德认为这些故事是不真实的。他写道："对于欧洲商人亨利·弗朗西斯·费恩所说的——1826年，祖鲁军队到达坚硬多石的地带后，夏卡立刻下令为自己制作一双牛皮凉鞋，那么，我们从他的话中能得出什么结论呢？"

约翰·拉班德还驳斥了祖鲁军队在一天内行进五十英里的说法，他认为这种说法很荒谬。他进一步指出，尽管一些故事被"感到震惊而钦佩的白人评论者"一再记述，但实际上祖鲁军队每天行军不超过十二英里，通常行军大约只有八点七英里。此外，夏卡亲自率军时，军队行进得更慢。有一次，祖鲁军队休整了两天，还有一次休整了一天两夜，才开始追击敌人。然而，其他几位研究祖鲁人和祖鲁军事制度的历史学家证实，祖鲁军队一天行军长达五十英里。

六岁及以上的男孩和女孩作为少年兵，也加入了夏卡的军队。他们负责补充、运输食物、炊具和睡垫等补给及备用武器，一直到他们加入主力部队。有时，人们认为，这些少年兵只服务于没有重大任务的部队——需要从邻近的非祖鲁部落中索取牛和奴隶时，这样的部队才会出动。行动迅速的祖鲁突袭部队，或称"伊布索莱姆皮"，执行任务时，总是轻装上阵。祖鲁突袭部队用牛驮运沉重的武器和补给，而不用自己携带。夏卡将不同年龄的士兵编成不同的部队，它们驻扎在军事要地。各部队都有自己独特的名字和徽章。

大多数历史学家相信，夏卡创立了著名的"牛角"阵。"牛角"阵把兵力分配到"胸部""牛角部"和"腰部"。主力集中在"胸部"，牵制敌人，然后进行肉搏战。"胸部"的士兵由老兵组成。

当敌人被祖鲁军队"牛角"阵"胸部"兵力牵制住时,"牛角部"的兵力就从两侧包围敌人,然后与"胸部"兵力一起围歼敌人。"牛角部"士兵是身手敏捷的年轻士兵。

庞大的后备兵力集中在"腰部"。"腰部"兵力在"胸部"兵力的后面。"腰部"兵力会背对着战场隐藏起来。只要敌人试图突破包围圈,"腰部"兵力就会发起进攻。

夏卡认为,对付行动快速的冲锋矛兵,枪械是不管用的。1879年,祖鲁人与装备现代步枪和大炮的英军对抗中,夏卡的作战方法最终未能取胜,但伊桑德尔瓦纳战役证明它能取得一定程度的成功。

夏卡死后的几十年里,不断扩张的祖鲁王国不可避免地与欧洲移民发生冲突。事实上,夏卡生前,前往祖鲁王国的欧洲游客向他展示了先进武器,但他并不信服。他认为,没有必要把信息记录下来,因为他的信使如果带来不准确的消息,将被处死。至于枪械,在观看了装枪者的演示后,夏卡承认枪械是快速射击的武器,但他辩称,持枪者重新装弹时,就会被挥舞长矛的士兵包围。

夏卡死后,祖鲁人与欧洲人第一次重大冲突是,祖鲁军队在其继任者丁冈指挥下下,对抗从好望角迁徙而来的荷兰移民。最初,祖鲁军队凭借快速的突袭和伏击取得了战斗胜利,但在布拉德河战役中,荷兰移民凭借坚固的牛车阵打败了祖鲁人,并收复了失地。1879年,第二次重大冲突发生于祖鲁人与英国人之间。祖鲁人凭借灵活机动、巧妙隐藏与适时包围等战术,取得了一系列胜利。众所周知,祖鲁人在伊桑德尔瓦纳战役中取得重大胜利,在兹洛巴内山战役中击退了一个英军纵队。祖鲁人采取的战术是在一片宽阔的峡谷沟壑交错地带部署军队,袭击无序撤退的英军,最终迫使英军撤退到坎布拉镇。

许多历史学家认为,夏卡"改变了南部非洲战争的本质",将原本"很少杀人的情况下进行一定仪式的互相羞辱变成了通过大规模屠杀来实现征服"。一些学者对这种定性描述提出了异议。学者大都比较关注夏卡的军事创新,比如祖鲁人使用的短柄宽刃矛、"牛角"阵。

关于夏卡的性格、统治方式和作战活动，争议仍然很多。从军事的角度来看，历史学家约翰·基根指出，关于夏卡的传说存在许多夸张和不实之处，但这些传说依然流传。想象力丰富的评论家称他为"黑人拿破仑"。虽然夏卡与拿破仑·波拿巴的习俗不同，但这个比方恰如其分。夏卡无疑是非洲最伟大的指挥官之一。

一些学者认为，人们普遍将夏卡描述为一个突然出现的创新天才，这种说法有些夸大。相反，夏卡只是恰当地借用并模仿本族的土方法、习俗，甚至利用了自己的统治者血统。他们还认为，与非洲南部其他历史更悠久的部落和在位时间更长的统治者相比，夏卡的统治时间相对较短，人们不应该过多关注。

似乎更有可能的是，为了将一个从前无足轻重的酋长部落建成一个强大的王国，夏卡借鉴了近邻所知的现成的治理传统。J.H.索加用家谱做证据，证明祖鲁人自命不凡，而他们在人格和地位方面都次于存在已久的部落，例如赫鲁比人、恩德万德韦人和德拉米尼人。A.T.布莱恩特综合不同的研究，也得出了类似的结论。与兰格尼人、恩德万德韦人、斯威士人、赫鲁比人相比，祖鲁人的"血统可疑"，其存在的时间很短。A.T.布莱恩特以每个统治期十八年为标准，分别推算出斯威士人、恩德万德韦人和赫鲁比人的祖先都可以追溯到15世纪初，而与祖鲁同名的酋长只能推算到18世纪初。

现在，我们系统地分析一下学者们的观点。

近年来，学术界整理了夏卡统治时期的史料。最早的史料是欧洲商人写的两篇见闻。在夏卡统治的最后四年，他们见过夏卡。1836年，纳撒尼尔·艾萨克斯出版了《东非旅行与冒险》。在书中他将夏卡描绘成一个堕落而不理智的怪人。纳撒尼尔·艾萨克斯依靠亨利·弗朗西斯·费恩的帮助，获得了一些对夏卡的了解。直到1900年，纳撒尼尔·艾萨克斯的日记——实际上是各种文献的改写拼贴——才由詹姆斯·斯图亚特进行了编辑。

1900年前后，詹姆斯·斯图亚特收集了大量口述历史资料，现在这些资料以六卷本《詹姆斯·斯图亚特档案》出版。A.T.布莱恩特等人为我们提供了一个以祖鲁人为中心的画面。最受欢迎的故事是根据E.A.里特的小说《祖鲁王夏卡》改编而成。这是一部波澜壮阔的小说,更接近历史记载。

许多现代历史学家在写关于夏卡和祖鲁人的作品时,都指出亨利·弗朗西斯·费恩和纳撒尼尔·艾萨克斯对夏卡统治的说法具有不确定性。关于夏卡和祖鲁人的重要参考著作是唐纳德·莫里斯写的《清洗长矛》。该书指出,从整体上讲,对于这个历史时代来说,早期的资料并非最好的。尽管如此,唐纳德·莫里斯还是引用了大量的资料来源,包括詹姆斯·斯图亚特的作品与A.T.布莱恩特的作品《祖鲁兰和纳塔尔的过去》。《祖鲁兰和纳塔尔的过去》内容广泛但不均衡,是基于四十年部落渊源的详尽访谈而写成的。在阅读上述资料并指出其优缺点后,唐纳德·莫里斯总体上认为夏卡在军事方面和社会方面进行了大量创新,这是普遍共识。

译名对照表

South African Kafir wars	卡菲尔战争
Cetywayo	塞奇瓦约
Gaika	盖卡
T'Slambie	缇斯兰姆比
Dingaan	丁冈
Kreli	克雷利
Sandilli	桑迪利
Lord Glenelg Charles Grant	格莱内尔格·查尔斯·格兰特勋爵
Sir Henry Bartle Frere	亨利·巴特尔·弗里尔爵士
Kafirs	卡菲尔人
Dutch	荷兰人
Great Fish River	大鱼河
Jan Van Riebeek	扬·范·里贝克
Table Bay	桌湾
Dutch East India Company	荷兰东印度公司
Cape of Good Hope	好望角
Natal	纳塔尔
Ama-Zulus	阿玛祖鲁部
Black Umvolosi Rivers	黑乌姆沃洛西河
White Umvolosi Rivers	白乌姆沃洛西河
Utskaka	乌茨卡
Chaka	夏卡
Amadoda	阿马多达

Ebuto	埃布托
Ezibuto	埃兹布托
The Matabele	马塔贝列人
Drakenberg Mountains	德拉肯斯山脉
Undwandwa People	德文达瓦人
Umtetwas	乌姆特瓦人
Amaquabi	阿马卡比人
Tugela River	图盖拉河
Umsimvoboo	乌姆西沃沃
Lieutenant Farewell	范尔威尔中尉
D'Urban	德班
Lieutenant King	金中尉
Bamangwato	巴曼格瓦托
Captain Harris	哈里斯上尉
Moselekatsi	莫斯利卡西
Sen nacherib	辛那赫布里
Palula River	帕卢拉河
Umvotiriver	乌姆沃提河
Captain Allen Gardiner	艾伦·嘉丁纳船长
Cape Colony	开普敦殖民地
Pieter Retief	彼得·雷蒂夫
Buffalo River	布法罗河
Boers	布尔人
Mr. Owen	欧文先生
Blaauwkrantz River	布劳克兰茨河
Weenen	韦纳
Bushmans River	布什曼斯河
Necht Laager	内赫特车阵
Piet Uys	皮特·厄伊斯
Hendrik Potgieter	亨德里克·波特吉特
Klip River Division	克勒普河流域
Zululand	祖鲁兰

Umslatoos River	乌姆斯拉托斯河
Andries Pretorius	安德里斯·比勒陀利乌斯
Port Natal	纳塔尔港
Major Charteris	少校查特里斯
Governor of the Cape Colony	开普敦殖民地总督
Sir George Thomas Napier	乔治·托马斯·纳皮尔爵士
Bay of Natal	纳塔尔湾
Alexandrina Victoria	亚历山德拉·维多利亚
Pietermaritzburg	彼得马里茨堡
Panda	潘达
Tamboosa	坦布萨
Delagoa Bay	德拉瓜湾
St. Lucia Bay	圣卢西亚湾
St. John's	圣约翰斯
Captain Jervis	杰维斯上尉
Volksraad	人民议会
Commissie Raad	人民委员会
Orange Free State	奥兰治自由邦
Winburg	温堡
Caledon	卡利登
Madder	马德
Judge Cloete	亨利·克卢蒂
Hottentot	霍屯督人
Amabaka tribe	阿玛巴卡族部落
Umgasi river	乌姆加西河
Transvaal	德兰士瓦
Faku	法库
Pilot	"皮洛特"号
Mazeppa	"马泽帕"号
Congella	康格拉
Richard King	理查德·金
Bluff	布拉夫

Umcomas River	乌姆科马斯河
Graham's Town	格雷厄姆镇
Eastern Province	东部省
Colonel Hare	海尔上校
Port Elizabeth	伊丽莎白港
Schooner Conch	双桅纵帆船
Admiral Percy	海军上将珀西
Conch	"海螺"号
Smellekamp	斯梅勒坎普
William II	威廉二世
Henry Cloete	亨利·克卢蒂
Cataline	卡提林纳
Cicero	西塞罗
Colonel Boys	博伊斯上校
Martin West	马丁·韦斯特
Theophilus Shepstone	西奥菲勒斯·谢普斯通
Wesleyan	卫斯理派
Amaxosa	阿玛克索萨人
Frederic Thesiger	弗雷德里克·塞西杰
Isandhlwana	伊桑德尔瓦纳
Ubuti	乌布提
Isanusi	伊萨努西
Mr. Warner	沃纳先生
Amaxosa Kafirs	阿玛克索萨卡菲尔
Umhlakaza	乌姆拉卡扎
Kreli	克雷利
Umhala	乌姆哈拉
Macbeth	《麦克白》
Ukukufula	乌库鲁法
Dick King	迪克·金
Hendrik Potgieter	亨德里克·波特希特
Potchefstroom	波切夫斯特鲁姆

Vaal	瓦尔河
Limpopo	林波波河
Sand River	沙河
Thomas Baines	托马斯·贝恩斯先生
Sir Arthur Cunynghame	阿瑟·库宁盖姆爵士
Pilgrim's Rest	朝圣休息地
Sir Benjamin Pine	本杰明·派恩爵士
Langalibalele	朗格里巴莱
Bishop Colenso	科伦索主教
Sir Garnet Wolseley	加尼特·沃尔斯利爵士
Kimberley	金伯利
Gealekas	吉列卡人
Sandilli	桑迪利
Gaikas	盖卡人
Buffalo River	布法罗河
Pongolo river	蓬戈拉河
Sirayo	西拉约
High Commissioner	高级专员
Lieutenant-Governor	副总督
Luneberg	卢内堡
Colonel Pearson	皮尔逊上校
Colonel Parnell	帕内尔上校
Colonel Welman	威尔曼上校
Lieutenant Lloyd	劳埃德中尉
Tenedos	"特纳多斯"号
Captain Campbell	坎贝尔舰长
Captain Barrow	巴罗上尉
Captain Arbuthnot	阿巴斯诺特上尉
Alexander Mounted Rifles	亚历山大骑兵队
Captain Sauer	索尔上尉
Victoria Mounted Rifles	维多利亚步枪骑兵队
Captain Norton	诺顿上尉

Natal Hussars	纳塔尔轻骑兵
Major Graves	格雷夫斯少校
Stanger	斯坦格
Krantz Kop	将军山
Lieutenant Russell	贝克·拉塞尔中尉
Helpmakaar	海尔普马卡尔
Grey Town	格雷镇
Ladysmith	雷地史密斯
Natal Carbineers	纳塔尔马枪兵
Captain Robson	罗布森上尉
Captain Bradstreet	布拉德斯特里特上尉
Lonsdale	朗斯代尔
Colonel Glyn	格林上校
Utrecht	乌得勒支
Redvers Buller	雷德弗斯·布勒
Colonel Evelyn Wood	亨利·伊夫林·伍德上校
Bemba's Kop	考普山
Nkudu Hill	恩库杜山
Colonel Degacher	德加彻上校
Battle of Isandhlwana	伊桑德尔瓦纳战役
Rorke's Drift	洛克渡口
Etshowe	埃索威
Mr. Samuelson	萨缪尔森先生
Entumeni	恩图米尼
Insandhla Hill	伊桑达拉山
Equideni Forest	白蚁森林
Lieutenant-Colonel Durnford	杜恩福德中校
Empand-leni Hill	恩潘列尼山
Isipezi Hill	伊西佩兹山
Inhlazatze mountain	因拉扎兹山
Swazies	斯威士人
Bevan River	贝文河

Lebombo mountains	莱波波山脉
Major Dartnell	达特内尔少校
Matyana	马提亚纳
Major Clery	克利里少校
Colonel Durnford	杜恩福德上校
Undi Corps	乌迪团
Umcityu regiments	乌姆希图团
Nkobamakosi regiments	恩科巴马科西团
Inbonambi regiments	因博纳姆比团
Oliver Cromwell	奥利弗·克伦威尔
Captain Degacher	德加彻上尉
Captain Mostyn	莫斯廷上尉
Captain Wardell	沃德尔上尉
Lieutenant and Adjutant Melvill	中尉副官梅尔维尔
Surgeon-Major Shepherd	外科主任谢菲尔德
Helpmakaar	海尔普马卡尔
Matyana's Stronghold	马提亚纳要塞
Major Dartnell	达特内尔少校
Lieutenant Milne	米尔恩中尉
Major Gossett	戈塞特少校
Lieutenant Chard	查德中尉
Lieutenant Adendorff	阿登多夫中尉
Lieutenant Bromhead	布隆海德中尉
Daniells	丹尼尔斯
Sergeant Milne	米尔恩中士
Captain Stephenson	斯蒂芬森上尉
Williams	威廉姆斯
Hook	胡克
King William's Town	威廉国王镇
Conservative Ministry	保守党
Battle of Inyezane	因耶赞战役
Lieutenant-Colonel Pearson	皮尔逊上校

Ekowe	埃科韦
Captain Harrison	哈里森上尉
Captain Wild	怀尔德上尉
Captain Wynne	韦恩上尉
Ulundi	乌伦迪
Stanger	斯坦格
Natal Hussars	纳塔尔轻骑兵
Colonel Ely	伊利上校
Active	"激越"号
Captain Beddoes	贝多斯上尉
Maritzburg	马里茨堡
Oham	奥罕
Umbellini	乌姆贝里尼
Manyanyoba	曼扬约巴
Wagner	瓦格纳
Luhlanya	鲁兰亚
Makkatees mountain	马卡蒂斯山
Shah	"沙阿"号
St. Helena Garrison	圣赫勒拿守备部队
Baker	贝克
Pretoria	"比勒陀利亚"号
Tamar	"塔玛尔"号
Ceylon	锡兰
Rev. Mr. de Witt	牧师德威特先生
Archibald Forbes	阿奇博尔德·福布斯
Basutoland	巴苏陀兰
Tenedos	"特纳多斯"号
Bartholomew Sulivan	巴塞洛缪·沙利文
Hudson Ralph Janisch	哈得孙·拉尔夫·詹尼斯
Captain Bradshaw	布拉德肖上尉
Zlobane Mountain	兹洛巴内山
Piet Uys	皮特·厄伊斯

Battle of Kambula	坎布拉战役
Intombe Disaster	因托姆贝大捷
Battle of Ghinghelovo	吉恩赫洛沃战役
Raaff's Corps	拉夫步兵团
Weatherley's Rangers	威瑟利突击队
Major Tremlett	特雷姆莱特少校
Major William K. Leet	威廉·K. 利特少校
Lieutenant Williams	威廉姆斯中尉
Sherbrooke	谢尔布鲁克
Zinquin neck	辛昆海峡
Commandant Guys	指挥官盖伊斯
Lieutenant Lysons	莱森斯中尉
Private Fowler	二等兵福勒
Humansdorp	曼斯多普
Calverley	卡尔弗利
Lieutenant Coghill	科吉尔中尉
Captain D'Arcy	达西上尉
Blaine	布莱恩
Hutton	赫顿
Francis	弗朗西斯
Baiter Spruit	巴特斯普瑞特
Blood River	布拉德河
Snider	施耐德式
Mitford	米特福德式
Captain Woodgate	伍德盖特上尉
Scherm Rucker	舍姆·鲁克
Captain Moriarty	莫里亚蒂上尉
Derby	德比
Lieutenant Harvard	哈弗中尉
Mr. Josiah Sussons	约西亚·苏森先生
Whittington	惠廷顿
Sergeant Booth	布斯中士

Goss	戈斯
Mayne Reid	梅恩·里德
Zunguin Neck	尊根隘口
Grandier	格兰迪尔
Captain Maude	莫德上尉
Fort Tenedos	特内多斯堡
Amatekulu River	阿马特库鲁河
Ginghelovo camp	金格洛沃营地
Amatekulu Bush	阿马特库鲁丛林
Colonel Crealock	克里洛克上校
Captain Molyneux	莫利纽克斯上尉
John Dunn	约翰·邓恩
Sir Henry Bulwer	亨利·布尔沃爵士
Sir Garnet Wolseley	加尼特·沃尔斯利爵士
Chard	查德
Bromhead	布隆海德
Battle of Ginghelovo	金格洛沃战役
Forester	"福里斯特"号
Port Durnford	杜恩福德港
Doornberg	多恩伯格
Colonel Harness	哈尼斯上校
Colonel Tatton Browne	塔顿·布朗上校
Captain Anstey	安斯蒂上尉
Conference Hill	康夫雷斯山
Colonel Davies	戴维斯上校
Bettington	贝丁顿
Sand Spruit	沙斯普鲁特河
Landman's Drift	兰德曼渡口
Biggarsberg	比加斯伯格山
Gibson	吉布森
Commandant Schermbrucker	舍姆布鲁克
Kaffrarian Eiflemen	卡夫兰艾菲尔人

Intombe	英托姆贝
Batlee Spruit	巴特利斯普鲁伊特
Nettleton	内特尔顿
Thomas F. Burgers	托马斯·F. 伯格斯
Bapedi People	巴佩迪人
Sekukuni	塞库库尼
Lydenburg	莱登堡
Mathebi's Kop	马修比孤山
Captain Clark	克拉克上校
Colonel Rowland	罗兰上校
Sir Michael Hicks Beach	迈克尔·希克斯·比奇爵士
McDonald	麦克唐纳德
Cochrane	科克伦
Lord William Beresford	威廉·贝雷斯福德勋爵
Adjutant Frith	副官弗里斯
Military College of Woolwich	伍尔维奇皇家军事学院
Royal Military Academy Sandhurst	桑赫斯特皇家军事学院
Chiselhurst	基色赫斯特
Lady Frere	弗莱尔夫人
Duke of Cambridge	剑桥公爵
Uhlmami	乌尔玛米
Ityotyozi Valley	伊托乔兹山谷
Incqutu	因克图河
Lieutenant Carey	凯里中尉
Incenci Mountain	印加西山
Ityotyozi River	伊托乔兹河
Mbazani	姆巴扎尼河
Private Le Tocq	二等兵勒托克
Rogers	罗杰斯
Abel	亚伯
Surgeon-Major Scott	外科医生斯科特少校
Colonel Harrison	哈里森上校

Itelezi Range	伊特莱兹山
Colonel Malthus	马尔萨斯上校
Major Le Grice	莱格莱斯少校
Colonel Whitehead	怀特海德上校
Colonel Courtney	考特尼上校
Major Bouverie	布维里少校
Major Anstruther	安斯特拉瑟少校
Brander	布兰德
Captain Crookenden	克鲁肯登上尉
Corporal Grubb	格拉布下士
Trooper Cochrane	骑兵科克伦
Sergeant Willis	威利斯中士
Colonel Bellairs	贝莱尔斯上校
Tombokala River	托姆博卡拉河
Empress Eugenie	欧仁妮皇后
Fort Napier	纳皮尔堡
Commercial Road	商贸路
Sir Henry Bulwer	亨利·布尔沃爵士
City Guard	城市卫队
Colonel Mitchell	米切尔上校
Odd Fellows	奥德·费洛斯家族
Foresters	福雷斯特家族
Father de Lacy	德·莱西神父
Father Baudry	鲍德里神父
Bishop Macrorie	麦克罗里主教
Dean Green	迪安·格林
Archdeacon Usherwood	领班神父厄舍伍德
Captain Willoughby	威洛比上尉
Captain Fox	福克斯上校
Major Russell	拉塞尔少校
Lieutenant-Colonel East	伊斯特中校
Lieutenant-Colonel Steward	斯图尔德中校

Colonel Reilly	赖利上校
Lieutenant Westmacott	韦斯特马科特中尉
General Bisset	比塞特将军
Major Spalding	斯伯丁少校
Polkinghorn	波尔金霍恩
Lieutenant Scoones	斯库恩斯中尉
Longmarket Street	朗马克特街
Father Barrett	巴雷特神父
Assistant Adjutant-General	助理副官
Major W. P. Butler	W.P. 巴特勒少校
the Natal Mercury	《纳塔尔水星报》
Major Huskisson	赫斯基森少校
Captain Haynes	海恩斯上尉
Captain Granville	格兰维尔上尉
Captain Young	扬上尉
Captain Brunker	布伦克尔上尉
Major Leslie	莱斯利少校
the Paris Figaro	《巴黎费加罗报》
Deleage	德莱吉
Graaff-Reinet	赫拉夫－里内特镇
Swellendam	斯韦伦丹镇
George Town	乔治镇
Queen's Town	女王镇
Maquilizine	马奎利兹
Babincinqu	巴宾金屈
Inyayene	因亚耶尼
Kopje Alleen	科佩阿莱恩
Nondanai River	农达乃河
Fort Napoleon	拿破仑堡
Sir Michael Hicks Beach	迈克尔·希克斯·比奇爵士
Griqualand West	西格里夸兰
St. Vincent	圣文森特

Middle Drift	密德利渡口
Colonel Colley	科利上校
Colonel Bracken Bury	布拉肯·伯里上校
Major McCalmont	麦卡蒙特少校
Captain Edric Gifford	埃德里克·吉福德上尉
Captain Bushman	布什曼上尉
Captain Yeatman Biggs	叶特曼·比格斯上尉
Captain Maurice	莫里斯上尉
Captain Brathwaite	布拉思威特上尉
Captain Doyle	多伊尔上尉
Blauwkrantz	布劳克兰茨
Abyssinia	阿比西尼亚
Ashantee	阿善堤
Attila	阿提拉
Vogel	沃格尔
Mahize Kanye	马希兹坎耶
Nodwengu kraal	诺德温古克拉尔
Tyingwayo	泰因瓦约
Manyamane	曼尼亚曼
Dabulamanzi	达布拉曼齐
Mondula	蒙杜拉
Mehkla Ka Zulu	梅克拉·卡·祖鲁
Undungunyanga	乌东贡扬
Umgegane	乌姆盖尼
Inkandampeonvu Regiment	英坎登庞武团
Captain Edgell	埃杰尔上尉
Captain DruryLowe	德鲁里洛上尉
Lieutenant James	詹姆斯中尉
Entonganini	安东加尼尼
Kuamagaza	夸马加萨
Fort Marshall	马歇尔堡
Umhlatusi Bush	乌姆拉图西丛林

Lieutenant C.Everitt	埃弗里特中尉
Major William K.Leet	威廉·K.利特少校
Surgeon-Major James Henry Reynolds	詹姆斯·亨利·雷诺兹少校
Edward S. Browne	爱德华·S.布朗
Wassail	瓦塞尔
Intabankawa	英塔班卡瓦
Colonel Villiers	维利尔斯上校
Macleod	麦克劳德
Jumna	亚穆纳河
Mounted Infantry	骑步兵部队
Captain Norse	诺斯上尉
Captain Hayes	海耶斯上尉
Jantje	詹特杰
Corporal Acutt	阿库特下士
Zonyamma	佐尼亚玛
River Mona	莫纳河
Umbopa	乌姆波帕
Funwayo	福恩瓦约
Umgitya	乌姆吉特亚
Umnyamna	乌姆尼姆纳
Mr.Lysight	莱森特先生
Colonel Clarke	克拉克上校
General Colley	科利将军
Captain Plesh	普莱什上尉
Lieutenant Wingh	温格中尉
Uzililo	乌兹利洛
Captain Gibbing	吉宾上尉
Godsden	戈斯登
Umkozana	乌姆科扎纳
Ondini	昂迪尼
Battle of Ingenane	英根纳恩战役
Mahabolin	玛哈柏林

Magulisin	马古利辛
Umgayna	乌姆盖纳
Usibilo	乌斯比洛
Umcitsobu	乌姆西索布
Somkelu	索姆克鲁
Gonzi	贡齐
Wheel Wright	惠尔赖特
Mongolia	蒙格利尔
Sadhana	萨达纳
Sekhukhune	塞库克因
Soraya	索拉亚
Minyama	明亚马
Tennyson Locksley Hall	《洛克斯利大厅》
Exeter Hall Party	埃克塞特大厅派
Mnguni I	姆恩古尼一世
Lufenu	鲁菲努
Gumede	古梅德
Yeye	厄页
Mnguni II	姆恩古尼二世
Mdlani	姆德拉尼
Luzumana	鲁祖马纳
Malandela kaLuzumana	马兰德拉·卡鲁祖马纳
Zulu I kaMalandela	祖鲁一世·卡鲁祖马纳
Nkosinkulu	恩科辛库鲁
Ntombela	恩图姆贝拉
Zulu II kaNtombela	祖鲁二世·卡恩图姆贝拉
Gumede kaZulu II	古梅德·卡祖鲁二世
Phunga kaGumede	蓬加·卡古梅德
Mageba kaGumede	马格巴·卡古梅德
Ndaba kaMageba	恩达巴·卡马格巴
Jama kaNdaba	贾马·卡恩达巴
Mkabayi kaJama	姆卡巴伊·卡贾马

Senzangakhona kaJama	辛赞格科纳·卡贾马
Zulu Kingdom	祖鲁王国
KwaZulu-Natal Province	夸祖鲁-纳塔尔省
Melmoth	梅尔莫斯
Nandi	南迪
Dingiswayo	丁吉斯瓦约
Ndwandwe	恩德万德韦
Mhlangana	姆兰加纳
Sugujana	苏古贾纳
Zwide	策韦德
Sangoma	女祭司
Thukela River	图盖拉河
Qwabe	奇瓦贝
Bulawayo	布拉瓦约
Mkhize	姆基兹部
Zihlandlo	齐兰多
Sithole	西索尔部
Jobe	约伯
Thuli	图利部
Mathubane	马图班
Mfolozi River	姆福洛兹河
Battle of Gqokli Hill	格考克利山战役
Mhlatuze River	姆拉图兹河
Mvuzane stream	姆武扎内溪
Mjanji	马扬吉
Soshangane	索尚甘
Mozambique	莫桑比克
Sikhunyane	锡库尼亚内
Henry Francis Fynn	亨利·弗朗西斯·费恩
IziYendane	伊兹扬丹人
Couper Street	库珀街
Mmungungundlovo	姆蒙贡贡德洛沃

Voortrekkers	沃特雷克人
John Laband	约翰·拉班德
Nguni shield	恩古尼盾
The Washing of the Spears	《清洗长矛》
Like Lions They Fought	《雄狮之战》
Anatomy of the Zulu Army	《祖鲁军队探究》
Battle of Blood River	布拉德河战役
town of Kambula	坎布拉镇
Hlubi	赫鲁比人
Ndwandwe	恩德万德韦人
Dlamini	德拉米尼人
Langene	兰格尼人
Ndwandwe	恩德万德韦人
Swazi	斯威士人
Nathaniel Isaacs	纳撒尼尔·艾萨克斯
James Stuart	詹姆斯·斯图亚特
The James Stuart Archive	《詹姆斯·斯图亚特档案》
Olden Times in Zululand and Natal	《祖鲁兰和纳塔尔的过去》